CATALOGUE HISTORIQUE

DES

GÉNÉRAUX FRANÇAIS

CONNÉTABLES, MARÉCHAUX DE FRANCE

LIEUTENANTS GÉNÉRAUX, MARÉCHAUX DE CAMP

PAR

M. LOUIS DE LA ROQUE

I0136712

PREMIER FASCICULE

CONNÉTABLES ET MARÉCHAUX DE FRANCE

Depuis les premiers temps de la Monarchie jusqu'à la fin du règne de Louis XIV

PARIS

PH. DESAIDE, GRAVEUR HÉRALDIQUE, ÉDITEUR DE MÉDAILLES

56, QUAI DES ORFÈVRES, 56

1896

CATALOGUE HISTORIQUE

DES

GÉNÉRAUX FRANÇAIS

CATALOGUE HISTORIQUE

DES

GÉNÉRAUX FRANÇAIS

CONNÉTABLES, MARÉCHAUX DE FRANCE

LIEUTENANTS GÉNÉRAUX, MARÉCHAUX DE CAMP

PAR

M. LOUIS DE LA ROQUE

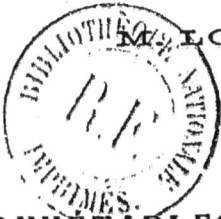

—

PREMIER FASCICULE

CONNÉTABLES ET MARÉCHAUX DE FRANCE

Depuis les premiers temps de la Monarchie jusqu'à la fin du règne de Louis XIV

PARIS

ALPH. DESAIDE, GRAVEUR HÉRALDIQUE, ÉDITEUR DE MÉDAILLES

56, QUAI DES ORFÈVRES, 56

1896

PRÉFACE

L'armée a tenu en tout temps une grande place dans l'organisation sociale de notre pays. C'est par elle que s'est constituée et consolidée notre unité nationale. En écrire l'histoire serait refaire celle du pays même, et telle n'est pas notre prétention. Nous poursuivons un but plus modeste qui n'est pas, croyons-nous, sans utilité.

Les noms des chefs qui ont eu la gloire de contribuer aux succès de nos armes à travers les siècles sont épars dans les biographies générales, et l'histoire militaire ne leur a pas toujours donné dans ses annales une place suffisante. Les travaux entrepris pendant le dernier siècle par le P. Anselme dans l'*Histoire des grands officiers de la Couronne;* par l'annaliste Pinard dans sa *Chronologie militaire;* et sous la Restauration par Courcelles dans son *Dictionnaire des Généraux français,* sont restés incomplets et ne se trouvent qu'en un bien petit nombre de mains, leur prix n'est pas à la portée de toutes les fortunes. La vie de ces chefs militaires, illustres pour la plupart, mérite d'être mieux connue.

Nous avons formé le dessein de publier sur chacun d'eux une courte notice, en adoptant, sous forme de catalogue, l'ordre chronologique des *promotions*, ce qui permettra de suivre avec plus d'intérêt la succession des évènements militaires auxquels leur nom s'est trouvé mêlé.

Il s'en faut de beaucoup, cependant, que les noms de tous soient connus.

Pour les connétables et les maréchaux de France, qui faisaient partie des grands officiers de la Couronne et par conséquent de l'entourage du Souverain, le nom a été conservé depuis les temps les plus anciens. Il en est autrement des chefs des milices communales, urbaines et féodales qui composaient de petites bandes commandées, suivant le temps, jusqu'à la formation des armées régulières, par les consuls, les curés, les viguiers ou vicomtes, les baillis, les seigneurs, et surtout par les sénéchaux du roi ou des grands feudataires, chargés de les convoquer pour les mener à la guerre.

Les cadres tels que nous les comprenons aujourd'hui, ou à peu près, ne remontent pas au-delà du XVIᵉ siècle et ont commencé avec la formation des LÉGIONS sous François Iᵉʳ et Henri II. Avant cette époque on ne connaissait pas encore le titre de colonel, ni celui de mestre de camp, mais seulement ceux de capitaine, de lieutenant et d'enseigne, qui étaient des charges très considérables. (1)

Les maréchaux de camp ne remontent pas au-delà du règne d'Henri IV et les lieutenants généraux furent institués sous Louis XIII.

A l'énumération de leurs faits d'armes, ou états de services, nous avons ajouté quelques détails sur leur famille en donnant leur origine, le nom et les alliances de leurs enfants et la description de leurs armes, ce qui permet de retrouver l'identification de chaque personnage dans les recueils de généalogies.

Ce *Catalogue historique des Généraux français* sera publié par fascicules ou livraisons de dix feuilles in-8° à deux colonnes, qui formera le résumé succint de notre histoire militaire depuis le XIIᵉ siècle jusqu'à nos jours. Il est à peine besoin d'ajouter que nous avons apporté dans sa rédaction la plus entière impartialité. L'ordre que nous avons suivi nous oblige de commencer par l'ancienne monarchie.

« L'armée de l'ancienne monarchie a légué aux soldats de la République les plus nobles exemples », a dit le général Thoumas, dans la préface du livre *Les combattants de 1870-1871*, par le commandant L. Rousset.

N'est-ce pas à la solidarité des générations entr'elles, inspirée par l'amour du foyer domestique et des progrès réalisés au prix de tant d'efforts, que nous devons cet héritage de patrio-

_____

(1) V. le P. Daniel, *Histoire de la milice française*, t. 1, p. 255. — Paris 1721.

tisme si fidèlement conservé, qui a survécu, dans tous les temps, à nos divisions et à nos revers ?

« Qu'importe, dit un auteur contemporain, le régime sous lequel des Français se sont illustrés, s'ils ont contribué à la grandeur de notre pays ? Qu'importe la couleur du drapeau si ce symbole sacré de la patrie a abrité la victoire ! La France, quel que soit le système politique qui la régit, est toujours la France, notre mère à tous, et ses fils doivent être fiers des exploits de leurs devanciers » (1).

Ce sentiment, nous en sommes persuadé, se dégagera de la lecture des courtes notices que nous livrons au public, elles n'ont été inspirées que par un ardent amour de la Patrie et par le désir de perpétuer le souvenir de ses enfants qui, sous tous les régimes, lui ont fait le généreux sacrifice de leur vie pour assurer sa grandeur, sa prospérité et sa gloire.

(1) F. Bellanger, *Les Gardes du corps sous les anciennes monarchies*. Paris, 1895, p. 9.

Paris, décembre 1895.

CATALOGUE

DES

GÉNÉRAUX FRANÇAIS

CONNÉTABLES

MARÉCHAUX DE FRANCE, LIEUTENANTS GÉNÉRAUX

MARÉCHAUX DE CAMP [1]

AVANT-PROPOS

Le titre de *connétable*, en latin, *comes-stabuli*, comte ou chef de l'étable et celui de *maréchal*, en allemand, *marsh-schalk*, préposé au soin des chevaux, constituaient les premières fonctions militaires sous l'ancienne monarchie. L'un et l'autre tirent leur nom du rôle prépondérant donné à la cavalerie sous le régime féodal, à la guerre et dans les tournois.

La noblesse combattait toujours à cheval. Ce privilège dont elle a joui

jusques vers la fin du moyen-âge n'a pas été sans influence sur la formation des mots de *chévalier, caballero, cavaliere*, restés dans les diverses langues de l'Europe; nous pourrions même ajouter celui d'*écuyer* puisque l'on est d'accord pour donner à celui-ci comme origine les *scutarii* ou *scutiferi*, qui désignaient, sous les empereurs d'Orient, des *cavaliers* armés de la lance et du *bouclier*, et constituaient l'élite de l'armée; ils portaient le bouclier et combattaient à cheval. On désignait, à Rome, l'ordre des chevaliers sous le nom de *equites*. De là sont venus encore les *écuyers - cavalcadours*, les *grands-écuyers*, pour désigner des fonctions de cour, et les *ordres équestres*, pour désigner les ordres de chevalerie.

Plus tard, l'éducation de la jeune

(1) Ce Catalogue a été formé à l'aide de la *Chronologie militaire*, de Pinard; des *États militaires de la France*; des *Almanachs royaux*; du *Recueil concernant le tribunal de Nosseigneurs les maréchaux de France*, par M. de Beaufort, 2 vol. in-8o, publié en 1784; du *Dictionnaire des généraux français*, de M. de Courcelles; et revu sur l'*État officiel des généraux par ordre de promotion*, aux Archives du Ministère de la guerre.

noblesse commençait au milieu des chevaux par l'entrée dans les Pages de la grande ou de la petite écurie du roi ou des princes. Aussi, bien avant que Buffon appelât le cheval « la plus noble conquête de l'homme », son nom et son rôle dans l'organisation de nos armées l'avaient en quelque manière identifié avec les plus hautes fonctions et dignités militaires réservées à la noblesse, et à tout ce qui rappelait ses services. N'est-ce pas ce touchant souvenir qui veut, encore de nos jours, que le cheval d'un chef militaire ait sa place marquée, en tête du cortège, lorsque ce chef reçoit les derniers honneurs de la part de ses compagnons d'armes ?

Le *connétable* était le chef de l'armée pendant l'absence du roi ; il n'avait primitivement que le commandement de la cavalerie et était placé sous l'autorité du Grand-sénéchal dont les fonctions embrassaient les attributions que se partagèrent plus tard le Connétable et le Grand-maître du Palais. Lorsque Philippe-Auguste eut supprimé, en 1191, la dignité de Sénéchal, le Connétable devint le chef suprême des armées.

Dreux de Mello exerça le premier cette fonction.

Ce fut surtout, dit Chéruel (1), à partir de 1218, époque où Mathieu de Montmorency devint connétable de France, que cette dignité prit une grande importance. La marque de la puissance du connétable était une épée nue qu'il recevait des mains du roi, et qu'il portait devant le prince au sacre et dans toutes les pompes de la royauté.

Lorsque le roi siégeait aux Etats-Généraux ou dans les Lits de justice,

le connétable était assis à sa droite toujours l'épée nue à la main ; sa personne était inviolable, et l'attentat contre sa personne était puni comme un crime de lèse-majesté, ainsi que le montre le jugement rendu contre Pierre de Craon en 1392, pour avoir commis un attentat contre la personne d'Olivier de Clisson.

L'écu des armes du connétable avait pour ornements extérieurs, de chaque côté une épée nue, la pointe en haut, tenue par un dextrochère ou main droite, armée d'un gantelet et sortant d'une nuée.

Le connétable avait sa juridiction à la Table de marbre de Paris, qui comprenait l'Amirauté, la Connétablie, les Eaux et forêts. Cette juridiction tirait son nom d'une grande Table de marbre placée dans le palais de justice, autour de laquelle siégeaient les juges de ces trois juridictions spéciales, qui ont conservé ce nom jusqu'à la Révolution. Le tribunal du connétable ne subsista pas après la suppression de l'office de ce grand dignitaire en 1627 ; il se confondit avec celui des maréchaux de France.

Comme la puissance des connétables s'étendait à toute la France, qu'elle leur donnait une autorité presque absolue sur les armées et des droits considérables à percevoir à la suite de la prise des villes, elle inquiéta souvent les rois. Raoul de Brienne fut décapité en 1350 par ordre de Charles V ; Louis XI fit trancher la tête au connétable de Saint-Pol, convaincu de trahison (1475) et Louis XIII après la mort de Lesdiguières, supprima cette dignité qui ne répondait plus d'ailleurs à l'organisation militaire du pays. L'édit du mois de janvier 1627 contient défense de « la rétablir pour quelques causes, occasions, et en faveur

(1) V. le *Dictionnaire historique des institutions, mœurs et coutumes de la France.*

et considération de quelque personne, que ce puisse être (1) »

Depuis la suppression de cet office le doyen des maréchaux de France en remplissait les fonctions au sacre des rois ou remplaçait antérieurement le connétable, en cas d'empêchement ou de vacance de la fonction. Voici la liste des maréchaux qui furent appelés à cet honneur de 1575 à 1775 :

Le maréchal de Retz, au sacre de Henri III, le 13 février 1575.

Le maréchal de Matignon, au sacre de Henri IV, le 25 février 1594.

Le maréchal de la Chatre, au sacre de Louis XIII, le 18 octobre 1610.

Le maréchal d'Estrées, au sacre de Louis XIV, le 9 juillet 1654.

Le maréchal de Villars, au sacre de Louis XV, le 25 février 1722.

Le maréchal de Clermont-Tonnerre, au sacre de Louis XVI, le 11 juin 1775.

Devenu le commandant en chef des armées, depuis la suppression du Grand Sénéchal, le connétable avait sous ses ordres immédiats d'abord un, puis deux *maréchaux*, commandant la cavalerie, et, depuis Saint-Louis, le Grand maître des arbalétriers, commandant l'infanterie, remplacé plus tard par le Grand maître de l'artillerie. Le maréchal conduisait l'avant-garde, c'était lui, d'après le témoignage de Guillaume le Breton, auteur de la *Philippéide*, qui sous Philippe-Auguste engageait et dirigeait les premières batailles :

(1) L'édit de Louis XIII fut respecté par ses successeurs, et la dignité de Connétable n'a jamais été rétablie sous la monarchie. Napoléon Ier voulut en faire revivre le nom, pour la splendeur de son trône, en donnant le titre de *Grand Connétable* à son frère Louis, qui fut depuis roi de Hollande, et celui de *Vice-Connétable* au maréchal Berthier, prince de Neufchâtel, (1806) et de Wagram (1809), duc de Wagram, en 1817.

Cujus erat primum gestare in praelia pilum,
Quippe *marescalli* claro fulgebat honore.

Il n'y avait dans l'origine qu'un maréchal. De Saint-Louis à François Ier, il y en eut deux. Ils avaient, sous la direction du connétable, la conduite de l'armée, faisaient la *montre* ou revue des troupes, constataient si chaque seigneur féodal avait amené son contingent et maintenaient la discipline dans les armées.

M. Chéruel soutient que primitivement la dignité de maréchal était amovible ; ainsi sous Philippe de Valois, dit-il, Bernard de Moreuil dût quitter cette dignité pour devenir gouverneur du Dauphin. Nous ne connaissons pas d'autre exemple d'abandon de cette dignité par celui qui en était revêtu, mais cet abandon volontaire n'autorise pas à conclure que la fonction était amovible.

Le nombre des maréchaux s'accrut avec l'importance que prenait notre organisation militaire. Après l'institution des *légions provinciales* (1532), d'où sortirent plus tard les régiments, François Ier ajouta un troisième maréchal ; Henri II un quatrième. Comme le nombre s'en était accru sous les successeurs de ce prince, les Etats de Blois exigèrent, en 1577, qu'il n'y eut que quatre maréchaux. Mais Henri IV, Louis XIII et Louis XIV dépassèrent cette limite. A la mort de Turenne en 1675 on créa huit maréchaux, c'était, disait-on, *la monnaie de M. de Turenne*. Il y en eut jusqu'à vingt après la promotion de 1703. On n'en comptait que neuf au moment de la Révolution, dont le plus ancien était le maréchal de Contades, né en 1704, nommé le 24 août 1758.

Comme plusieurs princes souverains et grands vassaux de la couronne avaient aussi des maréchaux, ceux du roi se distinguèrent de ces derniers en s'appelant *Maréchaux de France*.

Le signe de la dignité de *maréchal* était un bâton de commandement fleur-delysé. Leurs armoiries portaient *deux bâtons d'azur semés de fleurs de lis d'or passés en sautoir derrière l'écu*.

Louis XIV exigea qu'on donnât « à tous et un chacun de MM. les maréchaux de France le titre de *Monseigneur*, lorsqu'on leur écrit, et celui de *Nosseigneurs* à leur tribunal, lorsqu'on y présente des mémoires ou placets » (1). Ils étaient qualifiés en outre du titre de *cousins du roi*.

Malgré d'éclatantes résistances cet ordre fut exactement observé.

M. de Boufflers, n'étant encore que colonel du régiment des Gardes-Françaises, et se trouvant dans le cas d'écrire à MM. les maréchaux de France, demanda à Louis XIV, s'il devait donner le titre de *Monseigneur* à un maréchal de France, le roi lui répondit : « J'ai toujours vu cela ; mais que vous « importe ? vous le serez bientôt ». Il le fut en effet le 27 mars 1693.

En 1763, M. de Trémolet, marquis de Montpezat, revêtu d'un brevet de *Duc* du pape, écrivit une lettre à M. le maréchal de Biron, en mettant en tête de sa lettre *Monsieur le Maréchal*. Elle fut soumise au tribunal, qui décida qu'elle serait renvoyée sans réponse. Le marquis de Montpezat en écrivit une seconde, qui fut également rapportée au tribunal. Alors MM. les maréchaux de France décidèrent qu'il serait enjoint au Sr de Montpezat de se servir d'expressions plus respectueuses, et de donner le titre de *Monseigneur* au maréchal de France à qui il avait l'honneur d'écrire. Le marquis de Montpezat

s'obstinant dans son refus, sous le prétexte de privilèges attachés à son titre, fut arrêté le 10 octobre 1764 et constitué prisonnier jusqu'à ce qu'il eut écrit une lettre d'excuse. Il ne sortit de prison que le 20 novembre suivant.

Quelques personnes de qualité voulurent s'autoriser de l'ancienneté et de l'illustration de leur maison, et du titre de *cousin* dont le roi les honorait, pour se mettre au dessus de la loi imposée au reste de la noblesse. Les ducs de Laval, de Fitz-James, le prince de Bauffremont, le comte de Rieux et le comte de Chabot présentèrent un mémoire au roi dans lequel ils exposaient les raisons par lesquelles ils se croyaient en droit de ne pas employer le terme de *Monseigneur*, en écrivant à MM. les maréchaux de France ou à l'un d'eux en particulier. Mais le roi fit répondre par le comte de Saint-Florentin le 7 janvier 1768, « qu'il n'avait rien à changer à ses décisions antérieures, et que le titre de *cousin*, accordé aux familles qui ne sont ni *pairs* ni *ducs* ne doit pas les dispenser de se conformer aux décisions anciennes des rois ses prédécesseurs. » Le droit des maréchaux ne fut plus contesté.

Les *maréchaux* formaient un tribunal ou juridiction appelée *connétablie* et *maréchaussée* de France. Il y avait en France cent vingt maréchaussées qui en dépendaient et qui étaient chargées de faire *sommairement* le procès des soldats en marche quand ils s'éloignaient du quartier pour piller, aux voleurs de grand chemin, aux faux-monnayeurs, aux vagabonds, etc. Les prévôts des maréchaux jugeaient avec l'assistance de sept officiers de justice tirés du présidial le plus voisin.

La juridiction des maréchaux de France était constituée, en outre, pour régler les différends entre gentilshom-

(1) *Recueil concernant le tribunal de Nosseigneurs les maréchaux de France*, t. I, p. 24, 1784.

mes, et être le juge souverain de ce que l'on appelait « le point d'honneur ». Pour instruire ces sortes d'affaires, il y avait auprès du gouverneur général militaire de chaque province des officiers délégués sous le titre de *lieutenants des maréchaux de France*.

Cette partie n'était pas la moins importante, la moins délicate, ni la moins active de la juridiction du Connétable et plus tard de celle des Maréchaux de France.

Depuis la fin du xvie siècle ces grands dignitaires avaient l'habitude de se réunir en un seul tribunal pour juger et arranger les affaires dites du point d'honneur.

Nous allons en citer quelques-unes pour montrer de quel respect ce tribunal jouissait auprès de la noblesse de tout rang.

Il y avait eu en 1598 des paroles un peu vives entre le duc d'Epernon et le maréchal d'Ornano. Le désaveu imposé de part et d'autre en présence du connétable et des maréchaux à Saint-Germain-en-Laye termina le différend.

Deux ans après, une autre affaire entre le comte de Soissons, prince du sang, et M. de Rosny, pour certains propos tenus contre le prince, fut portée devant les maréchaux de France. Craignant les suites d'un pareil démêlé ceux-ci prièrent le roi d'interposer son autorité.

Henri IV s'y prêta de fort bonne grâce en écrivant lui-même au comte de Soissons une lettre dans laquelle il se portait garant des intentions de M. de Rosny, tout en obligeant ce dernier à donner par écrit pleine satisfaction à son adversaire, dans les termes suivants :

« Monsieur, j'ay sçu les langages que l'on vous a rapportés que j'ay tenus de vous : je vous supplie très humblement de croire que je n'ay eu la volonté de dire chose qui vous put offenser, et que pour mourir je ne voudrois me tant oublier, que si bien j'ay dit des choses qui ayent pu vous offenser, en la forme qu'elles vous auront été rapportées de moy par ceux qui les ayent ouïes, ils ont fait jugement contre mon intention. Je vous supplie très humblement me le pardonner, et me tenir pour votre très humble serviteur. »

Signé DE ROSNY.

En d'autres occasions le connétable et les maréchaux jugeaient que l'affaire était sans importance ou n'avait qu'une cause futile, et ordonnaient aux adversaires et témoins, ou seconds, de s'embrasser, nous dirions aujourd'hui de se tendre la main, et de n'en plus parler, ainsi que cela fut décidé dans la querelle de Messieurs de Montespan et le marquis de Cœuvres et Messieurs de Termes et de Villars-Houdan, qui les voulaient seconder :

« Nous avons ouï le discours de votre querelle par la bouche de l'un et de l'autre, disait le jugement du connétable, et avons trouvé qu'elle a procédé d'un seul désir que vous aviez d'essayer vos épées, sans que vous y ayez été provoqués par aucune offense. Vous avez fait ce que vous avez pu pour vous contenter en cela; vous en avez été empêchés; de sorte qu'il n'y a rien qui vous doive ou puisse empêcher que vous ne soyez amis, comme le Roy le veut. Par ainsi je vous commande de sa part de vous embrasser, et qu'il ne s'en parle jamais, ni pareillement de vos seconds, ni entr'eux. »

Signé MONTMORENCY. (1)

(1) V. Les accords de querelles faits par Monseigneur le connétable de Montmorency, assisté

Décision analogue dans la querelle entre MM. de Créquy et de Chambret :

« Messieurs: Tout ce qui s'est passé par les appelés et envoyés de vos amis l'un vers l'autre, il n'y a rien dont il vous doive souvenir. C'est pourquoi je vous prie de demeurer amis et me le promettre et vous embrasser ensemble. »

Il arrivait parfois suivant la gravité de l'affaire et pendant son instruction, que pour éviter des voies de fait, un lieutenant de la connétablie était attaché à la personne de chacun des adversaires, qui ne pouvaient s'en séparer sans l'autorisation du connétable, ou du doyen des maréchaux, ainsi qu'il advint aux ducs d'Aumont et de Ventadour en 1748, pour un différend entre leurs valets et dans lequel les maîtres avaient pris parti comme dans une affaire personnelle.

Le duc d'Estrées et le comte d'Harcourt, prince de la maison de Lorraine, qui à la suite d'une dispute survenue entr'eux devant nombreuse compagnie chez Madame la duchesse d'Albret, refusèrent de garder auprès de leur personne le lieutenant de la connétablie, furent par ordre du roi envoyés à la Bastille en 1713. Ils n'obtinrent la mise en liberté qu'après leur soumission.

Nous pourrions multiplier ces exemples, et tous dans la hiérarchie nobiliaire, qu'il s'agisse de duc et pair, ou de secrétaire du roi, ne serviraient qu'à établir la sagesse des décisions rendues et acceptées par des hommes dont personne n'a jamais mis en doute l'honneur et le courage.

On n'ignore pas avec quelle rigueur exceptionnelle les édits et ordonnances punissaient le duel. La privation des

charges ou emplois, la confiscation des biens, la peine de mort étaient prononcées, depuis Charles IX, suivant les circonstances, contre ceux qui avaient provoqué ou accepté une rencontre, sans avoir au préalable saisi de leurs griefs le tribunal du connétable et des maréchaux de France. Malgré ces rigueurs, les duels ne disparurent pas de nos mœurs, mais ils diminuèrent d'une manière sensible, et l'intervention de l'autorité des maréchaux de France les empêcha bien souvent. Il n'est jamais arrivé, croyons-nous, que leurs décisions n'aient pas été respectées.

Avec la dignité de connétable et celle de maréchal, nos rois en avaient créé une autre, celle de *maréchal général*, qui plaçait temporairement à la tête de l'armée celui qui en était revêtu. Elle eut pour titulaire Lesdiguières, lorsque Luynes fut nommé connétable (1621). Louis XIV la rétablit en faveur de Turenne (7 avril 1660). Les maréchaux de Bellefonds, de Créquy, de Grammont ayant refusé d'obéir aux ordres de Turenne en 1672 furent exilés. A la mort de Turenne la dignité ne fut pas rétablie. Le dernier maréchal général a été le maréchal Soult, duc de Dalmatie, élevé à cette dignité par Louis-Philippe en 1846.

Nous en donnerons la liste après celle des maréchaux de France, qu'ils remplaçaient quelquefois dans le commandement des armées.

Le titre de *Feld-maréchal*, usité dans les pays du Nord de l'Europe, en Allemagne et en Autriche, désigne un grade absolument équivalent à celui de nos maréchaux de France, et celui de *Feld-maréchal lieutenant* correspond à celui de nos généraux de division, appelés autrefois *Lieutenants-généraux*.

Dans notre hiérarchie militaire le

titre de *lieutenant-général des armées du roi* venait après celui de maréchal. Les lieutenants-généraux commandaient une armée ou du moins une division considérable de l'armée, et avaient sous leurs ordres des *maréchaux de camp* créés sous François Iᵉʳ, chargés de distribuer les logements aux troupes et de leur désigner la place qu'elles devaient occuper sur le champ de bataille.

Sous Louis XIV, on créa des *Brigadiers* de cavalerie en 1667, et d'infanterie en 1668, assimilés aux maréchaux de camp, mais plus spécialement chargés du commandement; ils furent appelés sous l'Empire et de nos jours *Généraux de brigade*.

Nous allons donner le Tableau ou Catalogue de ces divers officiers généraux jusqu'à la Révolution, suivant leur ordre de promotion; nous y ajouterons les officiers généraux de la marine, et dans un second Catalogue nous continuerons ce Tableau depuis la Révolution jusqu'à nos jours.

LES CONNÉTABLES DE FRANCE

Les Grands Officiers de la couronne les plus anciens, dont la fonction remonte au delà du XIIᵉ siècle, ne sont connus que par leur prénom.

Les charges de Grand Sénéchal, de Connétable, de Maréchal, de Chancelier de France n'étaient pas héréditaires, et comme ceux qui les exerçaient n'étaient pas en possession de fiefs, ou n'en portaient pas le nom, il devient impossible de savoir à quelle famille appartenaient les premiers titulaires. Nous allons néanmoins donner la succession de ces hauts dignitaires, telle que nous la trouvons dans l'*Histoire des Grands Officiers de la couronne* par le P. Anselme, en les complétant par quelques notes biographiques, extraites de divers auteurs et notamment de la *Chronologie militaire* de Pinard.

807

Le premier connu est Burchard, connétable de Charlemagne, qui fut envoyé par lui en Corse en 807, pour défendre cette île contre les Maures. Il n'est plus question de connétables jusqu'au milieu du XIᵉ siècle.

1060

Albéric, signe la charte de fondation ou dotation du prieuré de Saint-Martin des Champs de Paris, sous Henri Iᵉʳ.

1065

Baudry ou Balderic, souscrit une charte pour la fondation de Saint-Germain des Prés en 1065, et assiste à la dédicace de Saint-Martin des Champs.

1069

Gautier, signe la charte de fondation de l'abbaye de Saint-Germain de Pontoise.

1071

Adel, Adelelme ou Aleaume, souscrit l'acte d'immunité de Saint-Loup de Corbeil, le 25 novembre 1071.

1079

Adam, signe la charte de fondation de l'abbaye de Saint-Quentin de Beauvais, sous Philippe Ier.

1083

Thibault de Montmorency, souscrit plusieurs chartes pour les abbayes de Grand-Selve et de Saint-Jean d'Angély en 1083, 1085, 1086.

Il était fils de Bouchard II, sgr de Montmorency, et mourut en 1090, sans postérité.

1107

Gaston de Chaumont, sgr de Poissy, second fils de Robert de Chaumont, qui avait épousé Jacqueline, héritière des sgrs de Poissy.

On le croit issu de la maison des comtes de Chaumont en Bassigny.

1108

Hugues de Chaumont, dit le Borgne, signa diverses chartes en faveur des abbayes de Saint-Denis, de Tiron et de Saint Samson d'Orléans de 1108 à 1138; il mourut en Terre Sainte en 1138.

Il n'apparaît pas qu'il fut de la même famille que le précédent.

1138

Mathieu Ier de Montmorency, fils de Bouchard III et d'Agnès de Beaumont, dame de Conflans, près Pontoise, épousa Aline, fille naturelle du roi d'Angleterre Henri Ier, et n'eut qu'un fils Henri, mort jeune avant son père.

En secondes noces il épousa Adélaïde de Savoie, veuve du roi Louis VI et mère de Louis le Jeune, sans enfants.

Pendant la deuxième croisade il partagea l'administration du royaume avec Suger, abbé de Saint-Denis.

D'or, à la croix de gueules cantonnée de quatre alérions d'azur.

1174

Simon, sgr de Neauphle le Chatel, fut enterré à l'abbaye des Vaux de Cernay, dont il avait été le fondateur en 1128.

Il épousa une dame nommée Eve, et il en eut: 1. Milon; 2. Godefroy; 3. Amaury; 4. Sanceline; dont on ignore la destinée.

1174

Raoul Ier, comte de Clermont en Beauvoisis, entre Beauvais, Senlis et Compiègne, accompagna Philippe-Auguste à la croisade, et mourut au siège d'Acre en 1191.

Il était fils de Renaud comte de Clermont et de Clémence de Bar; il ép. Alix dame de Breteuil et il en eut deux filles:

1. Catherine, dame de Clermont, qui épousa Louis comte de Blois et de Chartres. Thibaud leur fils mourut sans enfants en 1218 et le roi Philippe-Auguste acquit le comté de Clermont qu'il donna en apanage à Philippe de France l'un de ses fils, dont la fille Jeanne mourut sans enfants en 1251. Le comté de Clermont fut donné par Saint Louis à Robert de France son sixième fils, tige de la maison royale de Bourbon. Le comté de Clermont resta dans la maison de Bourbon jusqu'à Charles III, duc de Bourbon, connétable, sur la tête duquel il fut confisqué par François Ier, et de nouveau réuni

au domaine de la couronne au mois de janvier 1531.

2. Mahaud, ép. Hervé sgr de Vierzon.

De gueules, semé de trèfles d'or à 2 bards adossés de même.

1194

Dreux de Mello, sgr de Saint-Prisc, vulgairement nommé Saint-Bris, au diocèse d'Auxerre, accompagna Philippe-Auguste en Terre Sainte en 1191, et donna tant de preuves de courage que le roi le nomma connétable, à la mort de Raoul de Clermont. La branche aînée de cette maison s'éteignit à la troisième génération avec Isabeau de Mello, dame de Saint Bris, qui ép. 1° Guillaume comte de Joigny; 2° Humbert de Beaujeu, qui fut connétable de France en 1277.

D'or, à deux fasces de gueules, accompagnées de neuf molettes de même, rangées en orle.

1218

Mathieu II de Montmorency, dit le Grand, sgr de Montmorency, commanda les armées de Philippe-Auguste et de Louis VIII.

Il signala sa valeur en 1202 au siège de Château-Gaillard, et enleva l'année suivante une partie de la Normandie a Jean-sans-Terre; il prit une part glorieuse à la bataille de Bouvines. Le roi lui permit d'ajouter *douze alérions* aux armes de ses ancêtres en souvenir des douze enseignes gagnées dans cette bataille sur les ennemis. Jusquelà le blason de la maison de Montmorency avait été: *D'or, à la croix de gueules cantonnée de 4 alérions d'azur.*

Nommé connétable en 1218; il fit la campagne de Saintonge avec Louis VIII, qu'il accompagna également contre les Albigeois. Il fut chargé de la tutelle de Louis IX encore enfant. Marié avec l'héritière de la maison de Laval, a fait la branche de Montmorency-Laval éteinte dans les Lévis-Mirepoix.

1231

Amaury VI, comte de Montfort l'Amaury, fils de Simon III de Montfort, comte de Leicester, qui dirigea la guerre contre les Albigeois, et d'Alix de Montmorency. Il épousa à Carcassonne, en 1214, Béatrix de Bourgogne-Viennois, et en eut un fils : Jean, comte de Montfort, qui accompagna Saint-Louis en Terre-Sainte ; il mourut dans l'île de Chypre en 1249. Il avait épousé Jeanne de Châteaudun qui, devenue veuve, épousa Jean de Brienne, bouteiller de France.

Sa fille, Béatrix, comtesse de Montfort, et dame de Rochefort, épousa Robert IV, comte de Dreux, fils de Jean et de Marie de Bourbon, et fut la dernière de la branche aînée de la maison de Montfort.

De gueules, au lion d'argent la queue nouée fourchée et passée en sautoir.

1240

Humbert V, sire de Beaujeu, diocèse de Mâcon, prit part à la guerre des Albigeois, assista au couronnement de Baudouin de Courtenay, empereur de Constantinople, son cousin, en décembre 1239 ; fut pourvu de la charge de connétable à son retour. Il était fils de Guichard III et de Sibille de Haynaut; il ép., le 13 juillet 1219, Marguerite de Baugé, dame de Mirebel, dont il eut : 1. Guichard IV, mort sans postérité ; 2. Isabeau, dame de Beaujeu, mariée en 1247, au comte de Forez, à qui elle porta la terre de Beaujeu.

D'or, au lion de sable chargé d'un lambel de 5 pendants de gueules.

1248

Gilles, dit le Brun, sgr de Trasignies, quoique n'étant pas de France, fut nommé connétable par Saint-Louis en 1248, « pour la grant renommée qu'il oyt dire, de craindre et aimer Dieu ainsi que li faisoit. » Il accompagna Saint-Louis à la croisade, et eut la conduite des troupes que le roi envoyait en Italie pour la conquête du royaume de Sicile. Famille originaire du Haynaut. Sa postérité s'éteignit avec Agnès de Trasignies son arrière petite-fille, mariée avec Eustache sgr de Rœux et de Silly, dont le fils, Oston de Rœux, prit le nom de Trasignies.

Bandé, d'or et d'azur de six pièces; une ombre de lion sur le tout, et une bordure engrelée de gueules.

1271

Robert d'Artois fit la fonction de connétable de France au sacre de Philippe le Hardi en 1271, selon toutes les apparences, par l'absence de Gilles le Brun. On trouve un sceau de Robert d'Artois apposé au bas d'un acte de 1276, lequel représente un écu *Semé de fleurs de lis à un lambel de trois pièces, chaque pièce chargée de trois châteaux;* l'écu accosté de *deux épées.* C'est le plus ancien sceau que l'on ait trouvé avec les épées de connétable.

1277

Humbert de Beaujeu, sire de Montpensier, gouverneur de Languedoc sous Louis VIII, prit part aux premières guerres contre les Albigeois, accompagna Saint Louis à la croisade de 1246; il était à la bataille de la Massoure; au siège de Tunis en 1270, il commanda l'armée que le roi envoya au pape pour la sûreté du Concile de Lyon en 1274, commanda l'armée qui prit Pampelune et réduisit la Navarre en

1276; connétable au mois de février 1277.

Humbert de Beaujeu, fils de Guichard frère d'Humbert V, qui fut la tige des sgrs de Montpensier et de Montferrand, par son mariage avec Catherine, dauphine d'Auvergne, fille de Guillaume, dauphin d'Auvergne, comte de Clermont et de Montferrand. Il ép. Isabeau de Mello, dame de Saint-Bris, de Saint-Maurice et de Tirouelle, veuve de Guillaume, comte de Joigny. Sa postérité s'éteignit en 1312 avec deux filles : Dauphine et Guillemette religieuses à l'abbaye de Blesle, et deux fils : Louis et Humbert, morts sans être mariés. Il mourut en 1285.

1285

Raoul de Clermont, sgr de Neelle et de Briois, se croisa avec Saint Louis en 1267, connétable en 1285, fut envoyé en Guienne par Philippe le Hardi avec une puissante armée, chassa le seigneur de Saint Jean, lieutenant d'Edouard, roi d'Angleterre, après l'avoir forcé de lever le siège de Bordeaux, 1293; accompagna Charles de France, comte de Valois, dans toutes ses expéditions en Gascogne, puis combattit en Flandre à la suite du roi en 1297; il périt à la fameuse journée de Courtray, avec quantité de noblesse française, le 11 juillet 1302.

Il était fils de Simon de Clermont sgr de Neelle et d'Ailly (branche cadette des Clermont en Beauvoisis) et d'Alix de Montfort; il ép., 1° Alix de Dreux, vicomtesse de Chateaudun et en eut trois filles; 2° Isabel de Haynaut, sans enfants.

De gueules, à deux bars adossés d'or, l'écu semé de trèfles de même, au lambel d'argent.

1302

Gautier ou Gaucher de Châtillon, comte de Porcean, sgr de Châtillon-sur-Marne, de Crécy, etc., d'abord connétable de Champagne, en 1286, puis connétable de France, après la journée de Courtray où il se signala à côté de Raoul de Clermont qui y perdit la vie; eut une grande part au gain de la bataille de Mons en Puelle 1307, à celle de Montcassel en 1328; fut un des exécuteurs testamentaires de Louis X le Hutin; il assista à Reims au sacre de Philippe le Long et de Charles le Bel; il mourut en 1329 à l'âge de 80 ans, comblé d'honneurs et de gloire.

De gueules, à trois pals de vair, au chef d'or et une merlette de sable au canton dextre.

1329

Raoul Ier de Brienne, comte d'Eu et de Guines, lieutenant du roi en Haynaut, puis en Languedoc 1331, 1337, commanda en Italie où il suivit Jean roi de Bohême, fut envoyé en Guienne où il réduisit les villes de Bourg et de Blaye sous l'obéissance du roi, mourut le 18 janvier 1344 d'un coup de lance au tournoi qui se fit à Paris aux noces de Philippe de France duc d'Orléans.

Il était fils de Jean de Brienne, tué à la bataille de Courtray et de Jeanne comtesse de Guines; il ép. Jeanne de Mello dame de Lorme et de Chateau-Chinon, fille aînée et héritière de Dreux de Mello, dont il eut: 1. Raoul, qui lui succède dans la charge de connétable; 2. Jeanne, dame de Lorme et de Chateau-Chinon ép. Gautier VI comte de Brienne, qui fut aussi connétable de France et duc d'Athènes.

Ecartelé, aux 1 et 4 d'azur au lion d'or semé de billettes de même, qui est de Brienne; aux 2 et 3, de Champagne, et, sur le tout, de Jérusalem.

1344

Raoul II de Brienne, comte d'Eu et de Guines, renommé pour sa valeur et son expérience à la guerre, succéda à son père dans la charge de connétable; fait prisonnier à l'assaut de la ville de Caen, resta trois ans prisonnier en Angleterre; condamné pour félonie par sentence du prévôt de Paris, fut décapité à l'hôtel de Néele le 19 novembre 1350.

Il ép. en 1340 Catherine de Savoie veuve d'Azzon de Visconti sgr de Milan, fille de Louis II, sgr de Vaud, de Bugey et Valromey et d'Isabeau de Chalon, dame de Joigny, elle se remaria en troisièmes noces en 1352 à Guillaume de Flandres, comte de Namur, sans enfants de ces trois unions.

1351

Charles de Castille, dit d'Espagne, comte d'Angoulême, sgr de Lunel, de Benaon en Aunis, et de Fontenay-Labatut en Poitou; de Tralaisans et de Marsan, par donation du roi; nommé en 1347 pendant la prison du comte de Guines en Angleterre pour le remplacer, pourvu au mois de janvier 1351, après la mort du comte de Guines; lieutenant du roi de Languedoc en 1352; fut assassiné dans son lit à l'Aigle en Normandie le 6 janvier 1354, à l'instigation du roi de Navarre, Charles le Mauvais. Petit-fils de Ferdinand, infant de Castille, dit de La Cerda et de Blanche de France, troisième fille de Saint-Louis.

Il était fils d'Alphonse de la Cerda et de Isabeau, dame d'Antoing et d'Espinoy; il ép. Marguerite de Chatillon, fille de Charles comte de Blois et de Jeanne duchesse de Bretagne, sans enfants.

Ecartelé, aux 1 et 4 de gueules au

château d'or sommé de 3 tours de même, qui est de Castille ; *au 2 d'azur, semé de fleurs de lis d'or,* qui est de France ; *au 3 d'argent au lion de gueules,* qui est de Léon.

1354

Jacques de Bourbon, comte de la Marche et de Ponthieu, troisième fils de Louis duc de Bourbon, commandant en Languedoc, 1349 ; servit en Picardie 1351 ; connétable en 1354 ; commandant en Guienne 1355 ; se démit de la charge de connétable en 1356 ; fait prisonnier à la bataille de Poitiers, demeura en Angleterre jusqu'en 1360 (Traité de Brétigny) ; périt de ses blessures reçues à la bataille de Brignais contre les Grandes Compagnies en 1361.

Semé de France, à la bande de gueules chargée de trois lionceaux d'argent.

1356

Gauthier VI, comte de Brienne, duc d'Athènes, comme héritier de la branche aînée de sa famille éteinte en 1312, sgr de Liches, tué à la bataille de Poitiers, fils de Gauthier V et de Jeanne de Chastillon (fille aînée de Gaucher de Chastillon connétable de France et d'Isabelle de Dreux) ; il ép. Marguerite de Sicile Tarente, fille aînée de Philippe de Sicile, prince de Tarente et d'Achaïe, sans enfants.

Sa sœur Isabeau de Brienne, duchesse d'Athènes, comtesse de Brienne, dame de Liches, ép. Gauthier IV sgr d'Enghien, dont le fils Sohier d'Enghien, comte de Brienne, Sgr d'Enghien fut décapité au Quesnoy en 1317, par ordre d'Albert de Bavière, comte de Hainaut et de Hollande ; il avait ép. Jeanne, dame de Condé ; son fils Gauthier fut tué au siège de Gand en 1381, non marié.

D'azur, au lion d'or semé de billettes de même.

Marguerite d'Enghien, fille de Louis d'Enghien, comte de Brienne et petite-fille d'Isabeau, héritière du comté de Brienne et de la seigneurie d'Enghien les porta à son mari Jean de Luxembourg, comte de Saint-Pol, dont les descendants les portèrent plus tard dans les maisons de Montmorency, et de Bourbon-Condé.

1356

Robert de Fiennes, sire de Tingry, de Belles et de Ruminghen servit en Picardie et en Normandie ; lieutenant du roi en Picardie 1358, puis commanda en Bourgogne et en Languedoc 1361 ; se démit de la charge de connétable en 1370, en faveur de du Guesclin à cause de son âge, mourut en 1372. Il était fils de Jean, baron de Fiennes et de Tingry ; ép. Isabelle de Flandres, fille de Guy et de Isabelle de Luxembourg, mourut sans enfants.

D'argent, au lion de sable.

1370

Bertrand du Guesclin, fit ses premières armes au siège de Rennes en 1347, sous Charles de Blois ; entré au service de France, il battit le roi de Navarre à Cocherel, en 1364 ; fut maréchal de Normandie, sgr de la Roche-Derrien, par donation de Charles de Blois, et vicomte de Pontorson, par donation du roi de France. Battu et fait prisonnier à Auray par Chandos il paya une rançon de 100,000 livres. Pour délivrer la France des grandes compagnies il les mena en Espagne au secours de Henri de Transtamarre ; d'abord vaincu par le Prince Noir à Navarette, en 1367, il prit une éclatante revanche à Monteil en 1369 et rétablit Henri de Transtamarre qui lui donna le comté de Soria, et le nomma duc de Molina et de Transtamarre, en Castille, comte de Longueville et de Burgos. Il fut nommé connétable de France en 1370, remporta de grandes victoires contre les anglais en Normandie, en Guyenne, en Saintonge, dans le Poitou et le Limousin ; gouverneur et lieutenant du roi en Languedoc après le duc d'Anjou, d'après le P. Anselme; mourut de maladie au siège de Chateauneuf-Randon, en Gévaudan, en 1380.

Il était fils de Robert de Gayclic, depuis du Guesclin, sgr de Broon et de Jeanne de Malesmains, ép. 1° Tiphaine Raguenel; 2° Jeanne de Laval et mourut sans enfants.

Il y avait encore deux autres branches dites de Vauruzé, de la Roberie et de Beaucé, qui se rattachaient à celle du connétable par Guillaume du Guesclin, sgr de Broon, auteur commun vivant en 1337.

D'argent, à l'aigle éployée à deux têtes de sable couronnées d'or, à la bande de gueules brochant sur le tout.

1380

Olivier IV sire de Clisson, comte de Porhoët, sgr de Belleville, de Montagu, de la Garnache, etc., suivit du Guesclin en France, fut lieutenant du roi dans les Basses Marches, servit en Bretagne sous le duc d'Anjou, puis en Castille sous Pierre le Cruel, nommé connétable le 28 novembre 1380, faillit être assassiné par Pierre de Craon; dépossédé de sa charge par les oncles du roi Charles VI, en 1392, et banni par arrêt du parlement, mourut dans ses terres au château de Josselin en 1407.

Il était fils d'Olivier III, décapité en 1341, et de Jeanne de Belleville, héritière de sa maison, dame de Belleville, Montagu, la Garnache, Palluau, Chas-teaumur, Beauvoir-sur-Mer, etc.; il ép. Catherine de Laval, fille de Guy et de Béatrix de Bretagne, dont il eut: 1. Béatrix comtesse de Porhoët, mariée au vicomte Alain VIII de Rohan, sire de Léon ; 2. Marguerite, mariée en 1387 à Jean de Chastillon-Blois, dit de Bretagne, comte de Penthièvre, fils aîné de Charles de Chastillon, dit de Blois surnommé le Saint, duc de Bretagne, comte de Penthièvre et de Jeanne de Bretagne.

Il ép. en secondes noces Marguerite de Rohan fille d'Alain VII vicomte de Rohan et de Jeanne de Rostrenan, veuve de Jean sire de Beaumanoir.

De gueules, au lion d'argent, armé, lampassé et couronné d'or.

1392

Philippe d'Artois, comte d'Eu, créé connétable le 25 novembre 1392, après la déposition d'Olivier de Clisson, prêta serment le 31 décembre 1392 ; fils de Jean d'Artois comte d'Eu et d'Isabel de Melun; suivit le duc de Bourbon dans son expédition d'Afrique prit part au siège de Tunis; entreprit le voyage en Terre sainte, où il fut pris, retenu longtemps et enfin délivré par le maréchal de Boucicaut ; connétable en 1392 il suivit le comte de Nevers en Hongrie, se trouva au siège et à la bataille de Nicopolis en 1396 perdue par sa faute; il mourut en 1397, prisonnier de Bajazet, à Constantinople.

Il ép. Marie de Berry, veuve de Louis de Chatillon comte de Dunois, seconde fille de Jean de France duc de Berry et de Jeanne d'Armagnac.

La branche masculine des comtes d'Artois et d'Eu prit fin avec son fils Charles d'Artois comte d'Eu, pair de France, prisonnier à la bataille d'Azincourt et conduit en Angleterre à l'âge de 22 ans; il était tellement renommé par sa valeur et son courage que le roi d'Angleterre Henri V, en mourant, ordonna que ce prince ne fut pas délivré jusqu'à ce que le jeune Henri VI, son fils, eut l'âge nécessaire pour gouverner ses Etats. Il mourut sans enfants, en 1472 à l'âge de 78 ans.

Semé de France, au lambel de 4 pendants, de gueules, chaque pendant chargé de 3 châteaux d'or.

1397

Louis de Sancerre, sgr de Charenton, de Beaumez, de Condé et de Luzy, frère d'armes de Bertrand du Guesclin, du sire de Clisson, etc., se distingua dans les guerres contre les Anglais en Guyenne, Saintonge et Poitou, connétable en 1397, fils de Louis comte de Sancerre et de Béatrix de Roucy, mort le 6 février 1402, sans être marié, laissant deux enfants naturels : Louis et Jeannette.

De Champagne au lambel de trois pendants de gueules.

1402

Charles, sire d'Albret, comte de Dreux, vicomte de Tartas dit de Lebret, qualifié neveu du roi Charles V, dans une ordonnance de 1375, obtint du roi Charles VI, lors de son voyage à Toulouse, la permission d'écarteler ses armes de celles de France en 1389, suivit le duc de Bourbon au voyage d'Afrique en 1390, connétable le 4 janvier 1402, fit la guerre de Gascogne contre les Anglais, 1404, se démit de sa charge en 1411, n'étant pas agréable à la faction de Bourgogne ; rétabli après la mort du comte de Saint Paul 1413 ; capitaine des ville et château de Melun, tué à la bataille d'Azincourt en 1415 où il commandait l'avant garde de l'armée française.

Il était fils d'Arnaud-Amanieu, sire

d'Albret, vicomte de Tartas, qui fut grand chambellan de France, et de Marguerite de Bourbon, fille aînée de Pierre I, duc de Bourbon et d'Isabelle de Valois ; il ép. Marie de Sully, dame de Sully et de Craon, héritière de sa maison, veuve de Guy sire de la Trémoïlle. C'est de lui que descendait au sixième degré Jeanne d'Albret, mère d'Henri IV.

Écartelé, aux 1 et 4 de France ; aux 2 et 3 de gueules.

1411

Valeran de Luxembourg, comte de Saint Paul et de Ligny, châtelain de Lille, sgr de Fiennes et de Bohain, suivit le parti du duc de Bourgogne, fut grand bouteiller de France en 1410, gouverneur de Paris et connétable en 1411, à la place du sire d'Albret, qui en avait été démis par la faction de Bourgogne ; mourut le 19 août 1413.

Il était fils aîné de Guy de Luxembourg et de Mahaud de Chastillon ; il ép. Mahaud de Rœux, dont Jeanne de Luxembourg, mariée à Antoine de Bourgogne duc de Brabant.

D'argent, au lion de gueules, la queue nouée fourchée et passée en sautoir, armé et couronné d'or lampassé d'azur.

1415

Bernard VII, comte d'Armagnac et de Fézensac, suivit le parti des enfants de Louis duc d'Orléans, contre le duc de Bourgogne; fut élevé à la dignité de connétable de France le 30 décembre 1415, après la mort du sire d'Albret, qui en avait été dépossédé par la faction de Bourgogne, et qui fut rétabli en 1413.

Il fut massacré par les Bourguignons dans une émeute survenue à Paris le 12 juin 1418.

Il était second fils de Jean II, comte

d'Armagnac, et de Jeanne de Périgord; il épousa Bonne de Berry, fille aînée de Jean de France, duc de Berry, et de Jeanne d'Armagnac; elle était veuve du comte Amé VII, comte de Savoie. Sa fille épousa Charles d'Orléans, et c'est, dit-on, à ce mariage qu'il dût la dignité de connétable, il devint ainsi le plus puissant appui du parti politique auquel il donna son nom.

Écartelé, aux 1 et 4 d'argent au lion de gueules, aux 2 et 3 de gueules, au lion léopardé d'or.

1418

Charles, duc de Lorraine, combattit à la bataille de Rosebecq, en 1382, et au siège de Gand, et servit l'Empereur son beau-père au siège de Francfort contre les comtes de Bar, de Julliers et de Nassau; nommé connétable par Isabeau de Bavière en 1418. Il était fils de Jean, duc de Lorraine, et de Sophie de Wurtemberg.

D'or, à la bande de gueules chargée de 3 alérions d'argent.

1424

Jean Stuart, comte de Boucan et de Douglas, passa en France en 1420 avec plusieurs seigneurs écossais et des troupes au secours du Dauphin régent du royaume, qui fut depuis Charles VII. Il gagna la bataille de Baugé, en Anjou, 1421, contre les Anglais; perdit un œil à celle de Crevant, 1423, et fut nommé connétable le 4 avril 1424, et tué à la bataille de Verneuil, au Perche, contre les Anglais, le 17 août de la même année.

Il était second fils de Robert Stuart, duc d'Albanie, régent du royaume d'Ecosse. Il avait épousé Marie de Douglas, fille de Jacques-Archambault, comte de Douglas, capitaine de la

garde écossaise sous Charles VII, dont il n'eut pas d'enfants.

Écartelé, aux 1 et 4 d'azur à trois fleurs de lis d'or, à la bordure de gueules, chargée de 8 fermeaux d'or; aux 2 et 3 d'or à la fasce échiquetée d'argent et d'azur de 3 traits; sur le tout, de gueules à trois jambes armées, appointées et éperonnées d'or.

1425

Artus III, duc de Bretagne et de Touraine, comte de Richemont, de Dreux, d'Étampes et de Montfort, sgr de Parthenay, succéda à son neveu Pierre II comme duc de Bretagne, capitaine de la ville de Compiègne, nommé connétable le 7 mars 1425, fils puîné de Jean V, duc de Bretagne et de Jeanne de Navarre, mourut à Nantes, sans postérité, le 24 décembre 1458.

D'hermines plein.

1465

Louis de Luxembourg, comte de Saint-Paul, de Brienne, de Ligny et de Conversan, fut châtelain de Lille, sgr d'Enghien, d'Oisy, de Ham, de Bohain, de Beauvoir, de Condé en Brie, et de Bourbourg. Louis XI pour se l'attacher le nomma connétable de France en 1465, lui donna le collier de Saint-Michel à la création de l'Ordre, 1469, mais ayant encouru sa disgrâce, le duc de Bourgogne près duquel il s'était retiré le livra au roi. On lui fit son procès comme criminel de lèse-majesté, et il eut la tête tranchée en place de Grève, à Paris, le 19 décembre 1475. Il était fils de Pierre de Luxembourg, et de Marguerite de Baux; il avait épousé Jeanne de Bar, comtesse de Marle et de Soissons, vicomtesse de Meaux, dame d'Oisy, de Dunkerque, de Bourbourg, de Gravelines, d'Alluye et de Montmirail, fille unique et héritière de Robert de Bar, comte de Marle et de Soissons, d'où sont sortis les comtes de Brienne et les ducs de Piney.

Pierre de Luxembourg, son fils, comte de Saint-Paul, ép. Marguerite de Savoye, fille aînée de Louis et de Anne de Chypre, dont la fille Marie, comtesse de Soissons, épousa Jacques de Savoye, son oncle maternel ; devenue veuve, elle épousa François de Bourbon, comte de Vendôme, aïeul du roi Henri IV.

(V. les armes ci-dessus, année 1411.)

1483

Jean II, duc de Bourbon et d'Auvergne, comte de Clermont, de Forez, de l'Isle Jourdain, fut connétable et chambrier de France en 1483, fils de Charles Ier, duc de Bourbon, pair de France, et d'Agnès de Bourgogne, mourut à Moulins en 1488, sans enfants légitimes.

De France, à la bande de gueules.

1515

Charles III, duc de Bourbonnais, d'Auvergne et de Chatellerault, comte de Clermont en Beauvoisis, pair et chambrier de France, fit ses premières armes avec Bayard, La Trémoille et La Palice contre les Génois, puis contre les Vénitiens, gagna la bataille d'Agnadel en Lombardie, 1509, fut avec Gaston de Foix un des plus grands hommes de guerre de son temps. Nommé connétable par François Ier au début de son règne en 1515; trahit son pays en offrant ses services à Charles-Quint en haine de la reine-mère Louise de Savoie, duchesse d'Angoulême, mère de François Ier; fut l'auteur de notre défaite à Pavie en 1524 et trouva la mort sous les murs de Rome en 1527. Il était fils de Gilbert

de Bourbon, comte de Montpensier et de Claire de Gonzague. Il avait épousé sa cousine Suzanne, duchesse de Bourbon et d'Auvergne, fille unique et héritière de Pierre II et d'Anne de France, fille de Louis XI, dont il eût trois enfants morts jeunes.

Avec lui et sa femme avait fini la branche aînée des ducs de Bourbon, et des comtes de Montpensier, les chefs à cette époque de la maison de Bourbon.

(Mêmes armes que le précédent.)

1538

Anne duc de Montmorency, premier baron pair, maréchal, grand maître et connétable de France, chevalier de l'ordre de Saint Michel, et de celui de la Jarretière d'Angleterre, gouverneur du Languedoc, comte de Beaumont-sur-Oise, élevé auprès de François Ier, capitaine général des Suisses dans le Milanais, se distingua au siège de Novarre, à Corbie, à Thérouanne; vainqueur de l'armée de Charles-Quint en Provence en 1536; commandant de l'armée française en Picardie; fut nommé connétable en 1538; assista au sacre du roi à Reims en 1548; reconquit le Boulonnois, Metz, Toul et Verdun; accompagna le roi Charles IX aux sièges de Bourges et de Rouen; mourut de ses blessures après la bataille de Saint Denis le 12 novembre 1567.

Il était fils de Guillaume, sgr de Montmorency et d'Anne Pot, dame de La Rochepot.

D'or, à la croix de gueules, cantonnée de seize alérions d'azur.

1593

Henri I duc de Montmorency, premier baron pair, maréchal puis connétable de France, chevalier des ordres du roi, gouverneur du Languedoc, fils d'Anne de Montmorency et de Madeleine de Savoie, porta le nom de seigneur de Damville du vivant de son père et de son frère aîné; suivit son père dans la défense de Metz contre les Impériaux, fut lieutenant-colonel des chevau-légers en Piémont; en disgrâce sous Henri III il demeura vingt ans dans son gouvernement de Languedoc sans venir à la cour; se ligua avec les protestants, puis revint dans son devoir, fut le chef du parti catholique, succéda à son frère François dans le duché-pairie de Montmorency. Henri IV le nomma connétable en 1593; il se trouva au siège d'Amiens en 1597 et mourut fort âgé en 1614.

Il avait épousé : 1° Antoinette de la Marck; 2° Louise de Budos, fille de Jacques de Budos, vicomte de Portes et de Catherine de Clermont-Montoison dont il eut, Henri II duc de Montmorency et de Damville, surnommé la gloire des braves qui fut décapité à Toulouse le 30 octobre 1632; il avait épousé : 1° Jeanne de Scépeaux, mariage qui fut annulé; 2° Marie-Félice des Ursins, qui se retira après la mort de son mari dans le monastère de Sainte-Marie, de Moulins, et y mourut supérieure le 5 juin 1666.

La sœur d'Henri II duc de Montmorency, Charlotte-Marguerite, fut la mère du Grand Condé.

(Mêmes armes que le précédent).

1621

Charles d'Albert de Luynes, duc, pair, connétable et grand fauconnier de France, chevalier des ordres du Roi, gouverneur de Picardie, du Boulonnois et pays conquis, d'Amiens, de Calais et d'Amboise; il débuta comme page du roi de Navarre, depuis Henri IV ; ami et compagnon de jeux du Dauphin, depuis Louis XIII, qui le combla de faveurs, gouverneur d'Amboise en 1615 et conseiller d'Etat, grand fauconnier de France 1617, premier gentilhomme de la chambre et lieutenant général du gouvernement de Normandie à la mort du maréchal d'Ancre; gouverneur de l'Isle de France, de Picardie; pair de France 1620, connétable le 2 avril 1621, commanda l'armée aux sièges de Saumur, de Saint-Jean d'Angély, de Clérac, et de Montauban; fut garde des sceaux de France après la mort de Guillaume du Vair le 5 août 1621 et les garda jusqu'à sa mort le 12 décembre 1621.

Il était fils aîné de Honoré d'Albert, sgr de Luynes et d'Anne de Rodulf; et avait épousé Marie de Rohan, fille aînée d'Hercule de Rohan duc de Montbazon, et de Madeleine de Lenoncourt.

De gueules, au lion d'argent armé, lampassé et couronné d'or.

1622

François de Bonne, duc de Lesdiguières, pair, maréchal, puis connétable de France, chevalier des ordres du roi, gouverneur du Dauphiné, se distingua par ses talents militaires dans les guerres des huguenots, dont il avait embrassé le parti et la religion; prit Montélimar, Embrun et Grenoble pour le roi Henri IV; lieutenant général des armées du roi en Piémont et Savoie où il prit nombre de villes contre les troupes du duc de Savoie; maréchal de France en septembre 1608; duc et pair en 1611, par lettres données pour lui, et après lui pour Charles de Créquy son gendre; commandant pour le roi en Dauphiné 1613; maréchal de camp général des armées aux sièges de Saint-Jean-d'Angély et de Montauban; connétable, le 29 août 1622, et chevalier des ordres du roi, commanda l'armée en Italie contre les Génois et les Espagnols, mourut à Valence le 28 sept. 1626 à l'âge de 84 ans. Ce fut le dernier connétable de France.

Il était fils de Jean de Bonne, sgr de Lesdiguières et de Françoise de Castellane ; il ép. 1° en 1566 Claudine Bérenger du Gua, morte en 1608, dont une fille, Madeleine, mariée en 1595 à Charles de Blanchefort, sire de Créquy, de Fressein et de Canaples, prince de Poix, duc de Lesdiguières, pair et maréchal de France, chevalier des ordres du roi, tige des comtes de Canaples ducs de Créquy ; 2° le 16 juillet 1617, Marie Vignon, marquise de Treffort, qui, d'après le P. Anselme, avait été longtemps attachée à François de Bonne duc de Lesdiguières son mari, et en avait eu deux filles :

1. Françoise mariée en 1612 à Charles-René du Puy, sgr de Montbrun, dont elle fut séparée après la mort de sa sœur aînée pour épouser Charles de Blanchefort son beau-frère, le 23 décembre 1623, avec dispense du Pape ;

2. Catherine, ép. le 10 février 1619 François de Créquy de Bonne d'Agoult, de Vesc, de Montlor et de Montauban, comte de Sault, son neveu, fils de Charles de Créquy et de Madeleine de Bonne, et mourut sans enfants.

Il y a eu d'autres branches de la maison de Bonne, dites d'Auriac, des Halloys, de Marguerite et de Misècle ; elles avaient pour auteur commun, d'après le P. Anselme, avec la branche de Lesdiguières, François de Bonne, qui vivait en 1373 en Dauphiné.

De gueules, au lion d'or, au chef cousu d'azur chargé de trois roses d'argent.

LES MARÉCHAUX DE FRANCE

La dignité de maréchal de France, comme la plupart de celles des Grands officiers de la couronne, n'a pas eu, dans son origine, le lustre et l'éclat qu'elle a eu par la suite. Le nom de maréchal ne désigna d'abord, ainsi que nous l'avons dit, qu'un officier de la maison du roi ayant autorité sur la cavalerie. « Il n'est pas aisé de prouver, dit le P. Anselme, VI. p. 615, que cette dignité a été plustôt distinguée entre les militaires que celle de connétable. La fonction du maréchal était de mener au combat l'avant-garde de l'armée dont le Connétable avait le commandement. »

Les auteurs, qui ont donné des listes chronologiques des maréchaux de France, sont loin d'être d'accord sur le nom des premiers personnages qui furent investis de cette fonction ou dignité.

Le P. Anselme commence la sienne dans l'*Histoire des grands officiers de la couronne*, avec Albéric Clément, sgr du Mez en 1190.

Pinard, dans sa *Chronologie militaire*, désigne par le prénom de Pierre celui dont le nom figure dans diverses chartes et ordonnances de Philippe-Auguste de 1185 à 1190.

C'est à ce même Pierre que commence la *Chronologie des maréchaux de France lieutenants-généraux et maré-*

chaux de camp dressée tout récemment (en 1886) sous le contrôle des Archives du ministère de la Guerre.

Un officier du dernier siecle, M. de Beaufort, qui possédait toute la confiance du tribunal de MM. les maréchaux de France, pour avoir rempli pendant 20 ans la fonction de premier lieutenant de la connétablie et de prévot général des maréchaussées, publia en 1784 le *Recueil concernant le tribunal de nosseigneurs les maréchaux de France, les prérogatives et les fonctions des officiers chargés d'exécuter ses ordres,* etc. (2 vol. in-8°) approuvé par le Tribunal.

Il a imprimé dans ce livre une liste chronologique des maréchaux de France, dans laquelle il donne le nom de « maréchal » à quelques-uns des commandants d'armée, qui combattirent à côté des rois de la première et de la deuxième race, investis d'une autorité que nous retrouvons plus tard chez les grands dignitaires de la couronne appelés maréchaux de France. C'est ainsi que d'après cet auteur et à la date indiquée (p. 93) :

543

Wambert, qualifié prince d'Ardenne et d'Ansoy, aurait été maréchal, sous Clotaire 1er.

653

Girard, de Dommartin, ou Dammartin, aurait eu la même fonction ou le même rôle, sous Clovis II.

751

Waltier, duc d'Elsats ou d'Alsace, comte de Hainaut, sous Pépin-le-Bref.

772

Waltier ou Wautier III, duc d'Alsace, comte de Hainaut, sous Charlemagne.

850

Robert II, duc et marquis de France, comte d'Anjou et du Maine, fils de Robert 1er le Fort, reconnu comme le chef de la race capétienne, aurait été maréchal sous Charles-le-Chauve.

865

Remelus, fut selon la *Grande Chronique* et Godefroy, sur Le Féron, maréchal en 865.

950

Hugues-le-Grand, duc de France et comte de Paris eut le commandement des troupes sous le règne de Louis IV d'Outre-Mer, et fut le père d'Hugues Capet.

1067

Guy, signa en qualité de maréchal avec plusieurs autres grands seigneurs une charte de l'église de Saint-Martin-des-Champs de Paris en 1067, sous Philippe 1er.

Anselin ou Anselme, souscrivit une charte dans la même année, pour l'église de Saint-Martin-des-Champs, en qualité de maréchal.

1112

Ansel ou Anseau de Garlande, sgr de Gournay-sur-Marne, et gendre de Guy de Montlhéry, dit le Rouge, comte de Rochefort est désigné comme maréchal en 1112. C'est, sans doute, le même qui avait été sénéchal de France au mois de juillet 1108.

1184

Thibault, comte de Blois, de Chartres, de Champagne et de Sancerre est indiqué comme maréchal en 1184, sous Philippe-Auguste.

1185

Pierre est désigné comme maréchal

en diverses chartes et ordonnances de Philippe-Auguste de 1185 à 1190.

C'est le premier titulaire de cette fonction ou dignité indiqué par la *Chronologie militaire* de Pinard et celle des Archives du ministère de la Guerre.

1190

Albéric Clément, sgr du Mez, en Gastinois, commença, dit le P. Anselme, qui ne parle pas de ceux qui l'ont précédé, d'élever la dignité de maréchal de France, et de la rendre militaire. Il accompagna Philippe-Auguste en Terre Sainte et se signala par son courage au siège de Saint-Jean-d'Acre où il fut tué à un assaut en 1191.

Il était fils de Robert Clément, sgr du Mez, principal ministre d'Etat et régent du royaume sous Philippe-Auguste, pendant la croisade.

De... à la croix ancrée de...

1192

Guillaume de Bournel, maréchal de France, mentionné aux archives du ministère de la guerre, non porté sur la Chronologie du P. Anselme. Il vivait en 1194 et 1195, date d'un don que le roi Philippe-Auguste lui fit, la quinzième année de son règne.

1193

* Aubry, comte de Dammartin, était fils de Renaud comte de Boulogne. Leur postérité s'est éteinte au XIIIᵉ siècle dans la maison de Trie.

1202

Nevelon d'Arras, maréchal de France, en 1202 et 1217 ; il avait été baillif d'Arras. On croit qu'il ne fit qu'exercer la charge de maréchal en 1217 pour Jean Clément qui était fort jeune.

---

* Les noms des maréchaux précédés d'un astérisque ne figurent pas sur la liste des Archives de la Guerre.

1204

Henry Clément, sgr du Mez et d'Argentan, fils de Robert, et frère d'Albéric, mentionnés plus haut, appelé le *petit maréchal* à cause de sa taille ; le roi lui donna la seigneurie d'Argentan en Normandie au mois de juin 1204, en récompense de sa valeur, car l'histoire dit qu'il rendit la charge de maréchal « la plus illustre de son temps ».

Il était à la journée de Bouvines en 1214, où il donna des marques signalées de son courage ; il mourut de maladie la même année à Angers, et fut enterré au monastère de Turpenay, quoiqu'il eut ordonné qu'on le portât en l'abbaye de Cercanceaux au tombeau de ses prédécesseurs.

Mêmes armes que ci-dessus.

1207

* Guillaume des Roches.

1213

* Henri de Chatillon, frère de Gervais et de Gautier de Chatillon, comte de Saint-Paul. Le prénom Henri ne figure pas à cette date dans la généalogie de Chatillon.

1215

* N...., vicomte de Melun.
* Adam de Beaumont.

1219

* Bernard, sgr de Moreuil et de Brennes, ... ; issu des comtes de Soissons et de Vermandois, se trouva à la prise du Constantinople en 1203.

D'azur, semé de fleurs de lis d'or, au lion issant d'argent.

1220

* Guillaume de la Tournelle.

1225

Jean Clément, sgr du Mez et d'Argentan, fut conservé par le roi Philippe-Auguste en la charge de maré-chal quoiqu'il fût fort jeune, en reconnaissance des services de son père ; il était en exercice au mois de juillet 1225.

Il était fils d'Henri Clément et de N... de Nemours.

1226

* Philippe de Nemours.

De sinople, à 3 jumelles d'argent, à la bordure engreslée de gueules.

1226

* Robert de Coucy était maréchal de France à la mort de Louis VII. La Chaize, historien de Saint Louis, dit qu'il fut du nombre des seigneurs auxquels Louis VIII, malade à Montpensier, fit jurer de reconnaître Louis, son fils aîné, et de le faire couronner le mardi avant la fête de Tous les Saints, en 1225.

Fascé, de vair et de gueules de six pièces.

1226

Ferry Pasté, sgr de Chaleranges, sur la rivière d'Aisne près Sainte-Menehould, de Taissy et de Saint-Pierre à Arnes, maréchal de France, fut envoyé en ambassade en Flandres, avec Raoul de Mello en 1226 pour recevoir de Jeanne comtesse de Flandres le château de Douai ; il est encore mentionné dans deux actes en 1240 et 1244.

Ses descendants qui ont fourni trois générations étaient seigneurs du Bois-Malesherbes et de Chaleranges.

De... au chef palé de plusieurs pièces.

1250

Jean de Beaumont, chevalier, prend la qualité de maréchal de France dans une obligation de 230 livres, dont le roi Saint-Louis avait répondu pour lui envers Pierre de Chambly dit le chambellan, étant à Acre en 1250.

1255

* Guillaume de Beaumont est donné comme maréchal de France en 1250 par M. de Beaufort, et Jean de Beaumont en 1257. * Henry de Cousances, est nommé maréchal de France dans un titre de l'abbaye du Jard de 1255 et dans un autre de 1262 ; il est qualifié chevalier du roi, maréchal de France, sénéchal de Gascogne, dans un titre de l'abbaye du Jard du mois de novembre 1267. Henri de Cozanciis chevalier, sénéchal pour le roi aux diocèses de Limoges, de Périgueux et de Cahors, au mois de novembre 1265, peut-être le même que le précédent, portait sur son sceau :

De... à trois bandes de...

1257

Gautier III du nom, sgr de Nemours en Gastinois, est qualifié maréchal de France dans un acte du mois de novembre 1257.

Il était fils de Philippe II, sgr de Nemours et de Guercheville, chambellan de France et de Marguerite d'Achères ; il épousa Alix, et mourut sans enfants.

Philippe, sgr de Nemours, était le petit-fils de Gauthier de Villebéon sgr de la Chapelle en Brie, appelée de son nom la Chapelle-Gauthier, chambellan de France, qui ép. Aveline, dame de Nemours, fille unique d'Ursion, sgr de de Nemours et d'Aveline de Tracy.

De sinople, à trois jumelles d'argent, à la bordure engreslée de gueules.

1261

* Guy de Lévis, IIIe du nom, sgr de

Mirepoix, était petit-fils de Guy 1er, qui fit la guerre des Albigeois avec Simon de Montfort, fut maréchal de l'armée de la foi en 1209 et transmit à ses successeurs le titre héréditaire de « maréchal de la foi », mais aucun des successeurs de Guy 1er n'a figuré à ce titre sur la chronologie des maréchaux de France, avant Pierre-Louis de Lévis, duc de Mirepoix, maréchal de France en 1757, et François-Gaston, duc de Lévis, maréchal de France en 1783.

D'or, à trois chevrons de sable

1262

Henry Clément II du nom, sgr du Mez et d'Argentan, était maréchal de France en 1262 ; il avait suivi Saint-Louis à son premier voyage en Terre-Sainte, en 1249, et mourut en 1265.

Il était fils de Jean Clément, aussi maréchal, et d'Aveline, dame du Buisson près Guercheville. Il n'apparaît pas qu'il ait eu des enfants. Le P. Anselme dit que les Clément, qui sont dans la recherche de la Picardie, prétendent être issus du maréchal Henry Clément II du nom. Sa sœur Marguerite ép. Jean sgr de la Roche-Guyon au mois de mai 1242.

Mêmes armes que ci-dessus.

1265

Héric de Beaujeu, sgr d'Herment, fils de Guichard et de Catherine Dauphine d'Auvergne, maréchal de France, mort sans lignée en 1270 au siège de Tunis, cité par Baluze en son *Histoire d'Auvergne*, t. I. p. 167.

D'azur, au lion de sable, armé et lampassé de gueules, brisé d'un lambel de trois pièces.

Renaud de Précigny, maréchal de France depuis peu, fit le voyage d'Afrique avec Hugues de Beauçay son fils et Guy son frère, dans la suite du roi Saint-Louis en 1270. Il mourut dans cette expédition. Les anciens seigneurs de Précigny, dans lesquels est fondue la première maison de Sainte-Maure, portaient pour armes :

De... à une bordure componnée de... et de...

1270

Raoul de Sores, surnommé d'Estrées, maréchal de France, suivit Saint-Louis au voyage d'Afrique en 1270 ; il est qualifié Raoul d'Estrées, chevalier, sire du Bos, en 1281.

Il était fils d'autre Raoul d'Estrées vivant en 1214. Il épousa Adenette, fille d'Hervé, vicomte de Busancy, sgr du Bos et de Cérisy, dont il eut : 1. Raoul, marié en 1273 avec Marguerite de Courtenay, fille de Guillaume, sgr de Champignelles et de Marguerite de Bourgogne-Chalon dont il n'eut pas d'enfants ; celle-ci étant veuve se remaria en 1285 avec Renaud de Trie ; 2. Catherine, ép, 1° Wauthier d'Antoing, sgr de Bertonne ; 2° Louis du Plessis-Brion, en 1312.

D'azur, à une quintefeuille de gueules, à l'orle de huit merlettes de même.

1270

Lancelot de Saint-Maard, maréchal de France, suivit aussi le roi St-Louis au voyage d'Afrique, en 1270, ayant à sa suite cinq chevaliers. Le roi Philippe le Hardy lui fit don de 50 livres de rente à prendre sur le Temple, à Paris, au mois de juin 1271, en considération de ses services.

Il ép. Alix dame de Luzarches à laquelle il fit une donation au mois de juin 1276. L'acte est scellé d'un sceau chargé *d'une bande fuselée avec un lambel de 5 pendants,* avec cette légende : *S. Lanceloti de sancto Mardo marescalli Franciæ.*

On trouve, deux siècles plus tard, Jean de Saint-Mæard, sgr de Blosseville, conseiller et maître d'hôtel du roi, lequel fut maître des eaux et forêts de Normandie et Picardie, 1471-1475. Son sceau dans les titres de l'abbaye du Val était une *bande fuselée avec un lambel de cinq pendants.*

D'autres actes de Jean de Saint-Maard, vicomte de Blosseville, portent comme sceau *trois molettes; supports deux griffons; cimier tête de dogue dans un vol.* (P. Anselme, VI, 631.)

1272

Ferry de Verneuil était maréchal de France en 1272, lorsque tous les sgrs qui furent cités à Tours, du mandement du roi, comparurent devant lui; il était échanson de France en 1288. Famille originaire de Bretagne.

D'azur, au lion couronné, armé de gueules, cantonné à gauche de trois étoiles de même.

1276

* Hugues de Conflans, sgr de Gisancourt près d'Orléans. Il était maréchal de Champagne. (Issu de la maison de Brienne.)

D'azur, au lion d'or, semé de billettes de même.

1278

* Ansel de l'Isle, mentionné comme maréchal dans un arrêt du Parlement de Pentecôte 1278.

1280

* Miles, sieur de Noyers et de Vendœuvres. C'est sans doute le même qui fut maréchal en 1303.

1282

Guillaume Crespin, Vᵉ du nom, dit le jeune, sgr du Bec-Crespin, de Varenguebec, de Neaufle, de Dangu et d'Estrepagny, connétable héréditaire de Normandie, est qualifié maréchal de France en 1283. Il fut nommé avec l'archevêque d'Auch commissaire pour la réformation du royaume aux bailliages d'Amiens, Lille et Tournay.

Il était fils de Guillaume Crespin, baron du Bec-Crespin, sgr de Dangu, etc., et d'Amicie de Roye ; il ép. Jeanne de Mortemer, fille unique de Guillaume, baron de Varenguebec, de la Luthumière, etc. Ses descendants furent seigneurs de Mauny et de Lisores. Le dernier, Jean Crespin, sgr de Mauny, du Bec-Crespin et d'Auvricher était maréchal héréditaire de Normandie, en 1447; il ép. Marguerite d'Amboise, fille de Pierre, sgr de Chaumont, et d'Anne de Bueil, qui devenue veuve sans enfants, ép. Jean de Rochechouart, sgr de Mortemart.

Fuselé, d'argent et de gueules.

1284

* Raoul de Raiz, d'une ancienne maison de Bretagne, éteinte dans les Chabot, barons de Raiz ou de Retz, par le mariage d'Eustache de Retz, dite Aliette, fille et héritière de Raoul, sire de Raiz, Machecoul, Faleron et Fredefond, avec Gérard Chabot, sgr de la Mothe-Achard et de la Maurière.

Il y a eu plus tard un maréchal de

Raiz ou de Retz, l'aîné des fils de Guy de Laval et de Marie de Craon La Suze.

1284

Jean II du nom, sire de Harcourt, de Cailleville, de Briosne et de Lislebonne, vicomte de Chatellerault, chevalier, était maréchal de France en 1284; il mourut en 1302.

Il était fils de Jean I, sire de Harcourt, et d'Alix de Beaumont.

De gueules, à deux fasces d'or.

1285

Raoul de Flamenc, Vᵉ du nom, sgr de Cany, de Varennes, de Barbeuse, de Mélaincourt, etc., était maréchal de France en même temps que Jean, sire de Harcourt.

Il était fils de Raoul IV et de Marie. Il ép. Helvide de Conflans, fille d'Eustache sgr de Conflans, maréchal de Champagne. Sa postérité s'éteignit avec Jeanne le Flamenc, dame de Cany et de Varennes, mariée avec Jean de Barbançon, sénéchal héréditaire de Haynaut, comte de Jeumont. Elle était fille d'Aubert Le Flamenc, sgr de Cany et de Varennes, conseiller et chambellan du roi, et de Marie d'Enghien mariée en 1389; « dix-sept ans après ce mariage, dit le P. Anselme, Louis duc d'Orléans la prit auprès de lui et en eut un fils qui fut depuis le comte de Dunois », né en 1403, surnommé le *Victorieux* et le *Triomphateur*, dont le nom se rattache à tous les grands événements militaires des règnes de Charles VII et de Louis XI.

Dunois fut marié deux fois; 1° avec la fille du fameux président Louvet; 2° avec Marie d'Harcourt baronne de Montgomery, dont il eut : 1. François comte de Dunois et de Longueville; 2. Marie d'Orléans; 3. Catherine d'Or-

léans. Sa postérité s'est éteinte depuis plus de deux siècles.

De... à dix losanges de... posés 3, 3, 3, et 1.

1288

Jean de Varennes était maréchal de France en 1288. Le P. Anselme ne donne sur lui aucun détail. Le plus ancien personnage de ce nom que nous connaissions est Hugonin, chevalier, sgr de Varenne, en Bourgogne, dont la fille Jeanne porta en 1300 la seigneurie de Varenne dans la maison de Nagu, aujourd'hui éteinte, qui a donné un maréchal de camp et deux lieutenants généraux sous Louis XIV.

1289

* Guy de la Marche, comte de Castres.

1290

Simon de Melun, sgr de la Loupe, de Marcheville, de la Salle, etc., chevalier, sénéchal de Périgord, de Quercy et de Limousin en 129., fut élevé à la dignité de maréchal de France avant 1293 et tué à la bataille de Courtray, le 11 juillet 1302.

Il était le quatrième fils de Adam III vicomte de Melun et de Comtesse de Sancerre; leur postérité s'éteignit avec Alix de Melun, dame de Cernoy, d'Autry, de la Salle et de Viezvy, mariée avant 1391 avec Geoffroy de Husson, chevalier.

D'azur, à sept besans d'or 3, 3 et 1; au chef d'or.

1292

Guy de Clermont Iᵉʳ du nom, dit de Néelle, sgr de Breteuil et d'Offemont, était maréchal de France avant 1296, et se trouva aux premières guerres de Flandre en 1297; il était le frère de Raoul, sire de Neelle, connétable de France; il fut tué à la bataille de Courtray le 11 juillet 1302.

Il était le second fils de Simon de Clermont, sgr de Néelle et de Alix de Montfort; il ép. Marguerite de Thorotte, dame d'Offemont et de Thorotte. Leur postérité finit avec Louise de Néelle, dame d'Offemont, de Mello, d'Encre et de Braye-sur-Somme, mariée avec Jean de Bruges, sgr de la Gruthuse, sénéchal d'Anjou, dont elle n'eut pas d'enfants; étant veuve elle donna tous ses biens le 13 avril 1524 à François de Montmorency, sgr de la Rochepot, gouverneur de l'Isle de France et à Charlotte d'Humières, sa femme, à condition que s'ils venaient à mourir sans enfants les terres d'Offemont et de Mello demeureraient à la maison de Montmorency et celles d'Encre et de Bray à celle d'Humières.

Écartelé, aux 1 et 4 de Néelle; aux 2 et 3 bandé d'or et de gueules de six pièces, au franc canton de Montmorency, brisé au 1er quartier, d'argent, à une molette de sable.

1302

Foucaud dit Foulques, sgr du Merle, fut maréchal de France en 1302, avec Miles, sgr de Noyers, par le décès de Guy de Néelle et de Simon de Melun, tués à la bataille de Courtray.

Foulques du Merle, IIIe du nom, chevalier, baron de Merlerault, sgr de Messey, Gorron, Gacé, Briouze, Bellou, Ronfeugeray, etc., d'une des plus vieilles familles féodales de Normandie, qui compte des représentants à la conquête de l'Angleterre en 1066 et aux Croisades, est mentionné pour la première fois sur le *Rôle des* chevaliers *du bailliage de Caen*, réunis à Tours en 1272 par le roi Philippe-le-Hardi. Dix-huit ans plus tard il servit de second au sire de Harcourt dans sa grande querelle avec le sire de Tancarville, et en 1290 encourut momentanément, pour ce fait, la disgrâce de son souverain. (*Histoire de la maison d'Harcourt*, t. IV, p. 1647). Ce fut pour peu de temps; car, en 1295, Foulques du Merle fut chargé de s'opposer à Edouard Ier, roi d'Angleterre, qui menaçait les côtes de France dans les environs d'Abbeville.

Nommé maréchal de France avec Miles de Noyers, le 11 juillet 1302, après la désastreuse bataille de Courtray; vainqueur des Flamands près de Tournay, le 18 avril 1303; présent à la première séance du Parlement de Toulouse, le 11 janvier 1304; gratifié par Philippe-le-Bel, au mois de février suivant, d'une rente de 200 livres tournois, à prendre sur le Trésor de Paris (*Bibl. Nat.*; Table des Regist. des Chartes, p. 97, no 55), rente échangée au mois de juillet 1306 contre la donation royale des fiefs de Briouze et de Bellou (*Trésor des Chartes*); il prit une part active et glorieuse à la bataille de Mons-en-Pewèle, livrée avec succès aux Flamands, le 17 août 1304 (*Recueil des Historiens de France*, p. 249 et suiv., 381 et suiv.), et mentionné avec éloge dans un poëme du temps intitulé: *La branche des royaux lignages*, dont l'auteur, Guillaume Guiart, écrivait en l'année 1306.

Gratifié, par Lettres-patentes données à Loches en 1307, de tous les fruits et revenus de la terre de feu Guillaume de Clisson; commandant l'armée royale en Lyonnais, en 1310; encore présent à l'armée des Flandres, en 1314, il était décédé en 1315, puisqu'on voit dans les *Anciennes chroni-*

ques *de Flandre* (page 403) qu'il fut remplacé en cette année par Jean de Beaumont, « dit de Loheraine ».

Il laissa au moins trois fils ; la postérité de l'un d'eux, Guillaume, l'aîné, compte encore de nos jours plusieurs représentants.

De gueules, à trois quintefeuilles d'argent, 2 et 1.

1303

Miles VI du nom, sgr de Noyers, de Villebertin et de Vendeuvre, maréchal, porte oriflamme et grand bouteiller de France, fut un des exécuteurs du testament du roi Philippe-le-Bel, et servit avec distinction sous Philippe-le-Long, Charles le Bel et Philippe de Valois, dans les guerres de Flandre et de Gascogne. Il mourut fort âgé en 1350 ; fils de Miles V, sire de Noyers, et de Marie de Chatillon (fille de Gaucher de Chatillon et d'Isabeau de Villehardouin).

Il épousa 1° Jeanne de Flandres, fille de Jean II, sgr de Dampierre et de Marguerite de Brienne-Eu.

Leur petit-fils Miles VIII, sire de Noyers et de Montcornet, ép. Isabeau de Pacy, et mourut sans enfants en 1369.

En secondes noces il avait ép. Jeanne de Montbéliard, dont un fils, Jean, qui fut l'auteur des comtes de Joigny, et des sgrs de Rimaucourt et de Maisy.

D'azur, à l'aigle d'or.

1308

Jean de Corbeil, dit de Grez, chevalier, sgr de Jalemain, maréchal de France en 1308, servit en Flandre et mourut à la fin de l'année 1318.

Il était fils de Jean de Corbeil, sgr de Grez en Brie, neveu de Guillaume de Grez, évêque et comte de Beauvais, pair de France en 1257 ; frère de Pierre de Corbeil, dit de Grez, mort en 1295, et d'autre Guillaume de Corbeil, évêque d'Auxerre, nommé chancelier de France en 1308.

Sa sœur Isabelle ép. Jean de Courtenay, sgr d'Yerre.

D'or, au dragon volant de sinople lampass(é) de gueules.

1315

Jean V de Beaumont, dit le Déramé, conseiller du Conseil étroit du roi, sgr de Clichy et de Courcelles-la-Garenne, gouverneur d'Artois et maréchal de France en 1315 ; il mourut en 1318. Il était fils de Jean IV de Beaumont ; sa postérité s'éteignit vers la fin du XIVe siècle.

Gironné, d'argent et de gueules.

1318

Renaud II de Trie, chevalier, sgr du Plessis-Billebault et de Mareuil, conseiller du Conseil étroit du roi, fut fait chevalier de la maison du roi Philippe-le-Bel en 1313, et maréchal en juillet 1318 ; mourut avant le 6 juin 1324. Les documents des Archives du ministère de la guerre et la *Chronologie* de Pinard l'appellent Mathieu de Trie.

Il était fils de Renaud I de Trie, sgr du Plessis, près Clermont, et de Marguerite de Courtenay, dame de Cloyes, veuve de Raoul d'Estrées (fils du maréchal de France) et fille de Guillaume de Courtenay, sgr de Champignelles et de Marguerite de Bourgogne-Chalon.

Il ép. Isabelle d'Heilly, dame de Mareuil, d'où sont venus les sgrs du

Plessis et de Moucy, éteints au commencement du xve siècle. L'arrièregrand-père de Renaud de Trie s'appelait Mathieu, sgr de Trie ; il mourut en 1275.

Les seigneurs de Trie descendaient de la maison de Chaumont, par Dreux de Chaumont sgr de Trie, fils cadet de Wallo de Chaumont, que Guibert, abbé de Nogent, dit avoir été connétable et être mort Outre-mer au siège d'Antioche en 1098. (P. Anselme, VI, 42, 661.)

D'or, à la bande d'azur.

1318

Jean des Barres, chevalier, sgr de Chaumont - sur - Yonne, conseiller du Conseil étroit du roi, fut maréchal de France en 1318, à la place de Jean de Corbeil du Grez. Il ép. Hélissans, dame de Chaumont-sur-Yonne, fille unique et héritière de Guillaume, sire de Prunay, et de Gillette. Pierre son fils ép. Alaïs, dont il eut : Guillaume et Guy des Barres.

Lozangé, d'or et de gueules.

1320

* Mathieu de Trie, sgr d'Araines, de Vaumain, etc., conseiller du Conseil étroit du roi, fut elevé à la dignité de maréchal en 1320 et assista au sacre de Charles-le-Bel ; le roi l'établit son lieutenant général sur la frontière de Flandres en 1342 ; il mourut le 26 novembre 1344.

Il était fils de Renaud de Trie sgr de Vaumain et de Fontenay (d'une branche collatérale des sgrs du Plessis et de Mareuil) et de Jeanne de Hodenc ; il ép. 1º Jeanne d'Araisnes, veuve de Raoul de Soissons, vicomte d'Ostel ; 2º Ide de Mauvoisin de Rosny, veuve

de Jean II comte de Dreux, et n'eut pas d'enfants de ces deux unions.

D'or, à la bande d'azur.

1325

Robert Bertrand VII du nom, baron de Briquebec, vicomte de Roncheville, sgr de Fontenay le Marmion et de Magueville, maréchal de France et lieutenant du roi en Guyenne, Saintonge, Normandie et Flandres ; fut fait maréchal en 1325, puis envoyé en Guienne avec le comte d'Eu contre les Anglais ; il remplaça dans le commandement de l'armée Alphonse d'Espagne, sgr de Lunel, obligé de se retirer pour cause de maladie ; il est qualifié maréchal de France et lieutenant du roy en la guerre de Gascogne en 1327 ; il mourut en 1347.

Il était fils de Robert Bertrand VIe du nom et d'Alix de Néelle ; il ép. le 3 mai 1318, Marie de Sully, fille d'Henri VI sire de Sully et de Jeanne de Vendome, et ne laissa que des filles.

Le P. Anselme dit que, François Blanchard, dans des mémoires faits depuis l'impression des *Premiers Présidents du Parlement de Paris*, a affirmé que Guillaume Bertrand, premier président en 1340, était fils de Robert Bertrand et de Marie de Sully.

D'or, au lion de sinople, armé, lampassé et couronné d'argent.

Dans un ordre qu'il donna au trésorier de la guerre à Agen, le 1er juin 1327, son sceau ou écusson représentait : *Un lion soutenu par un homme armé ayant le casque en tête, tenant de la main droite une épée haute.*

1338

* Ancel ou Anceau, sire de Joinville

et de Risnel, sénéchal de Champagne, est qualifié maréchal de France dans un compte de l'ordinaire de Paris de 1338.

Il était fils de Jean sire de Joinville et de Risnel, sénéchal de Champagne, auteur de l'*Histoire du roi Saint-Louis* qu'il avait suivi à la croisade, et de sa seconde femme Alix de Risnel ; il ép. 1° Laure de Sarrebruck ; 2° Marguerite de Vaudemont, sœur et héritière de Henry comte de Vaudemont, tué à la bataille de Crécy en 1346 ; il eut de ce second mariage un fils, Henri, sire de Joinville, comte de Vaudemont, sénéchal de Champagne marié avec Marie de Luxembourg, dont une fille, Marguerite comtesse de Vaudemont, qui épousa en secondes noces Ferry de Lorraine, comte de Guise, sgr de Rumigny dont descendent les ducs de Lorraine.

D'azur, à trois broyes d'or, au chef d'argent chargé d'un lion naissant de gueules.

1343

Charles, sire de Montmorency, d'Ecouen, de Damville, chevalier, conseiller et chambellan du roi, pannetier de France et gouverneur de Picardie, maréchal de France en 1343, eut la conduite de l'armée que Jean duc de Normandie mena en Bretagne, au secours de Charles de Blois, son cousin, en 1344. Il accompagna ce prince en Guienne contre le comte Derby en 1345 et se comporta vaillamment à la bataille de Crécy, en 1346; il fut un des signataires du traité de Brétigny, avec le roi d'Angleterre, le 8 mai 1360; il fut parrain du roi Charles VI et mourut le 11 septembre 1381.

Il était fils aîné de Jean I du nom, Sgr de Montmorency et de Jeanne de Calletot, fille du Sgr de Berneval en Caux; il ép. 1° Marguerite de Beaujeu; 2° Jeanne de Roucy ; 3° Perrenelle de Villiers. C'est de cette troisième union qu'est issu Jacques, auteur des branches dites de Croisilles et de Courières, de Nivelle, de Fosseux et des ducs de Montmorency.

D'or, à la croix de gueules cantonnée de douze alérions d'azur.

1344

Robert de Waurin, chevalier, sire de Saint Venant en Artois, servit en Flandre avec le sieur de Noyers en 1325, suivit Charles de Montmorency en Bretagne, puis en Guienne, où il fut honoré de la dignité de maréchal, en 1344 ; il servit plus tard avec le maréchal d'Audeneham, à Ardres, en Picardie, puis en Berry et en Nivernais avec Arnault de Cervoles en 1359 et mourut en 1360.

Il était fils de Guillaume de Nesle, d'après M. de Beaufort, p. 98.

D'azur, à un écusson d'argent en cœur ou en abime.

1344

Bernard VI. sgr de Moreuil et de Cœuvres, conseiller du roi, maréchal de France, l'un des commissaires pour la réformation du royaume vers 1337, fut chargé de réunir la noblesse de Picardie à Amiens pour se joindre à celle de Normandie et se rendre en l'ost assemblé à Bouvines. Quelque temps après il fut nommé maréchal.

Les documents des Archives du ministère de la Guerre et Pinard, placent la nomination de Bernard de Moreuil en 1326, M. de Beaufort en 1340, et le P. Anselme en 1344.

Le roi le releva de cette dignité pour lui confier l'éducation de Jean son fils ; il fut rétabli dans la charge de maréchal après la bataille de Crécy et le roi le fit son lieutenant en Picardie, pour défendre Boulogne contre les Anglais. Il vivait encore en 1350.

Il était fils de Bernard V et de Yolande de Soissons, dame de Cœuvres, fille unique de Raoul de Nesle, qui porta à son mari le comté de Soissons ; il ép. Mahaud de Clermont-Néelle, fille de Guy de Clermont dit de Néelle, sgr de Breteuil, maréchal de France et de Marguerite de Thorotte, dame d'Offemont.

Rogues, son fils, sgr de Moreuil et de Cœuvres, quitta le surnom de Moreuil pour prendre celui de Soissons, du consentement de Marguerite de Soissons, qui n'avait point d'enfants mâles de Jean de Haynaut son mari. Il épousa Ade de Montigny ; leur postérité finit avec Jean de Soissons, sgr de Moreuil qui ép. 1° Barbe de Chatillon dame de Beauval dont une fille Jossine de Soissons, dame de Moreuil, de Poix, de Beauval, etc., mariée le 23 juillet 1497 avec Jean VII, sire de Créquy, de Fressin et de Canaples ; 2° Marie Bournel, fille de Louis, sgr de Thiembrune, dont Jacqueline de Soissons, mariée : 1° à Aloph Rouault, sgr de Gamaches ; 2° à Louis, baron d'Orbec, en Normandie.

D'azur, semé de fleurs de lys d'or, au lion issant d'argent.

1347

Édouard sire de Beaujeu et de Dombes, maréchal de France en 1347 par la démission de Charles de Montmorency. Il fut tué au combat d'Ardres contre les Anglais en 1351 ; son corps fut porté à Villeneuve et enterré à l'abbaye de Belleville, dans la sépulture des sgrs de Beaujeu.

Il était fils de Guichard sgr de Beaujeu, de Dombes et de Semur et de Marie de Chatillon ; il ép. Marie du Thil, fille de Jean sgr du Thil en Auxois et de Marie de Frolois, dont il eut : 1. Antoine, qui suivit le connétable du Guesclin en ses diverses expéditions ; il ép. Béatrix de Chalon et mourut sans enfants à Montpellier, en 1374 ; 2. Marguerite, ép. Jacques de Savoye prince d'Achaïe et de Morée.

D'or, au lion de sable, armé et lampassé de gueules, brisé d'un lambel de trois pièces de gueules.

1348

Guy de Néelle, sgr de Mello et de Guinemicourt, lieutenant du roi, capitaine général et souverain ès parties d'Artois et Boulonois, depuis en celles du Poitou, Limousin, Saintonge et Périgord par deça la Dordogne, était maréchal de France le 22 août 1348.

Il était fils aîné de Jean de Néelle, chambellan du roi, queux de France, le premier de cette maison qui ait quitté le nom de Clermont pour prendre celui de Néelle ou Nesle, sgr d'Offemont, et de Marguerite dame de Mello ; il ép. 1° Jeanne, fille de Thomas sgr de Bruyères-le-Chastel ; 2° Isabeau de Thouars.

Cette branche finit avec Jean de Néelle, sgr d'Offemont, de Mello et d'Encre, marié avec Jacqueline de Croy fille de Jean de Croy, comte de Chimay et de Marie de Lalain, et n'eut qu'une fille, Louise, mariée à Jean de Bruges, sgr de la Gruthuse, sénéchal d'Anjou.

De gueules, semé de trèfles d'or, à deux bars adossés de même.

1351

Arnoul, sire d'Audencham, en Boulonois, chevalier, conseiller du roi, maréchal et porte oriflamme de France, capitaine souverain du comté d'Angoulême en 1349 à la place du maréchal de Néelle. Il demeura prisonnier des anglais avec le maréchal de Néelle en 1351. Après sa délivrance et la mort du maréchal de Beaujeu, il fut nommé maréchal de France le 1er septembre 1351 et gratifié par le roi de la terre de Wassignies près de Guise. Il fut successivement lieutenant général pour le roi en Saintonge, Poitou, Limousin, Angoumois, Périgord, Bretagne, Normandie, Picardie, Languedoc, accompagna du Guesclin en Espagne en 1366; il mourut en 1370.

Il avait ép. Jeanne de Walaincourt, dame de Hamelincourt, dont il n'eut pas d'enfants. Son héritier fut Jean de Neufville, son neveu, qui avait été commis par lettres du 21 octobre 1356, pour exercer la charge de maréchal pendant la captivité de son oncle en Angleterre après la bataille de Poitiers. Cette commission temporaire a fait ranger mal à propos Jean de Neufville parmi les maréchaux de France. Le maréchal d'Audenham avait reçu l'épée de connétable peu de temps avant sa mort.

Bandé de... et de... de six pièces, à une bordure de...

1352

Rogues, sgr de Hangest et d'Avesnecourt, pannetier, puis maréchal de France, le 1er septembre 1352 fut employé dans toutes les grandes affaires de guerre et de paix sous Philippe-le-Long, Charles-le-Bel et Philippe de Valois.

Il était fils de Jean de Hangest et de Jeanne de la Tournelle; il ép. Isabeau de Montmorency, fille de Mathieu IV, sgr de Montmorency et de Jeanne de Levis.

D'argent, à la croix de gueules chargée de cinq coquilles d'or.

1352

Jean de Clermont, sgr de Chantilly, servit contre les Anglais sous le duc de Normandie 1337-1340, grand pannetier de France en 1345, fut nommé maréchal de France le 1er décembre 1352, prit le gouvernement de la guerre de Normandie après le sgr de Charny.

Il était petit-fils du maréchal de Néelle; second fils de Raoul de Clermont, sgr de Thorigny et de Jeanne de Chambly; fut tué à la bataille de Poitiers le 19 septembre 1356; il ép. Marguerite de Mortagne, vicomtesse d'Aunay, dame de Chef-Boutonne, de Mortagne, de Mirabel, de Conac, fille unique de Pons, vicomte d'Aunay et de Claire de Lezay.

Les mêmes armes que ci-dessus.

1352

* Guichard de Beaujeu, sieur de Perreux.

1356

Jean le Meingre de Boucicaut, remplaça comme maréchal de France Jean de Clermont en 1356; avait servi dans les guerres de Gascogne, puis en Languedoc, remplaça du Guesclin dans le commandement des troupes en Normandie; après la bataille d'Auray, dans laquelle périt Charles de Blois en 1365, il fut un des négociateurs de la paix entre le comte de Montfort et la veuve de Charles de Blois; le traité fut signé à Guérande en 1365. Il mourut en Bourgogne en 1367.

Il ép. Fleurie de Linières, dame d'Estableau, de la Brétinière et du Breuildoré, fille de Godemar et de Marguerite de Précigny, dont il eut : 1. Jean qui fut maréchal de France en 1391 ; 2. et Geoffroy, chevalier, sgr du Breuildoré, d'Estableau, de Luc, de Roquebrune et de Bolbonne en Provence, gouverneur de Dauphiné, mourut en 1429. Il ép. 1º Constance de Saluces ; 2º Isabeau de Poitiers, fille de Louis sgr de St-Vallier et de Catherine de Giac ; il eut deux fils : a. Jean ; b. Louis, morts sans enfants, ayant institué l'un et l'autre comme héritiers de tous leurs biens Aymar de Poitiers, sgr de Saint-Vallier, leur cousin-germain, à condition qu'il écartèlerait ses armes de celles de Boucicault.

On trouve aux archives des Bouches-du-Rhône une donation par Louis II comte de Provence à Constance de Saluces épouse de François le Meingre dit de Boucicault des châteaux de Luc, Roquebrune, etc., confisqués sur Dominique Lascaris, de Gênes, partisan de Charles de Duras.

D'argent, à l'aigle éployée à deux têtes de gueules, becquée et membrée d'azur.

1356

* Jean sire de Neuville, chevalier, servit sous le maréchal d'Audeneham son oncle dans les guerres de Gascogne, de Normandie et de Picardie. Le maréchal ayant été fait prisonnier des Anglais à la journée de Poitiers, il fut commis par lettres du 21 octobre 1356 pour exercer l'office de maréchal de France jusqu'à sa délivrance ; le roi le fit en outre son lieutenant en Picardie. Il servit avec dix écuyers sous le connétable de Fiennes en 1358, et il est qualifié maréchal de France dans le journal du Trésor en 1359.

Écartelé, aux 1 et 4 de... à trois doloires de... posées 2 et 1, les deux premières adossées ; aux et 3 de... à 3 bandes de...

1357

* Jean, sire de Bueil.

1358

* Jacques de Marcilly, sieur de Cosan et de Creu.
* Arnoul de Bueil.
* Robert de Clermont, fils de Jean, sgr d'Oftemont.
* Rigaud de Fonteines.
* Baudran de la Hérisse.
* Châteauneuf, maréchal de Bourgogne, suivant les lettres d'octobre 1358 qui parlent d'un maréchal de ce nom.

1363

* Raymond... Il y a des lettres du 28 avril 1363, rapportées par M. Secousse, qui sont souscrites de lui en cette qualité.

1368

Jean de Mauquenchy, dit Mouton, sire de Blainville, servit en Normandie, fut gouverneur du château de Rouen, en 1364, et maréchal de France après la mort du maréchal de Boucicault en 1368 ; fut membre du conseil du roi en 1375, commanda l'avant-garde de l'armée à la bataille de Rosebecque, en 1382, mourut en 1391.

Il était fils de Jean de Mauquenchy, gardien des frontières de la mer en Normandie en 1326, et de Jeanne de

Chambly ; il ép. Jeanne de Mallet, fille de Jean sgr de Graville, dont il eut :

1. Moutonnet, mort sans enfants ; 2. Jeanne dame de Blainville, mariée en 1372 avec Nicolas dit Colart d'Estouteville, sgr de Torcy et d'Estoutemont.

D'azur, à la croix d'argent cantonnée de vingt croix d'or au pied fiché.

1369

Louis de Champagne, comte de Sancerre, sgr de Charenton, de Bomez, de Condé et de Luzy, rendit de grands services à Charles V qui le nomma maréchal de France à la mort du maréchal d'Audeneham en 1369. Il était frère d'armes du connétable du Guesclin, du sire de Clisson et eut part à leurs succès dans la guerre de Guienne ; il servit avec distinction en Touraine, en Anjou ; il commanda l'armée en Guienne contre les Anglais en 1381 et 1383 ; il prit une part brillante à la bataille de Rosebecque, et fut pourvu de la charge de Connétable le 26 juillet 1397.

De Champagne, au lambel de 3 pendants de gueules.

Dans une quittance de 1371, scellée de ses armes, son écu est appuyé sur le bras gauche d'un chevalier armé. Dans une autre quittance de 1386 l'écu est tenu par un sauvage assis, ayant un casque en tête, avec une couronne fleurdelysée ou fleuronnée appuyant sa droite sur un baton et tenant l'écu de la gauche. (P. Anselme vi. 760).

1370

* Louis de Bretagne, comte de Penthièvre.

1376

* Olivier de Beaucé, sgr de Dacé, de Boisné et de Prez-en-Pail, au pays du Maine.

1381

* Mathieu de Vienne, sgr de Saint-Georges.

1382

* Pierre de Craon, sgr de la Ferté Bernard, de Sablé, etc, est qualifié maréchal de France dans un dénombrement de fiefs de 1382, mais comme on ne trouve pas ailleurs cette qualité, on l'a considérée comme douteuse.

1391

Jean le Meingre, IIe du nom, dit de Boucicault, comte de Beaufort et d'Alais, vicomte de Turenne, sgr d'Anduze, né en 1364 à Tours, fut élevé jeune sous la tutelle de sa mère qui le mit à la cour où il fut compagnon de jeux du jeune Dauphin, depuis Charles VI. Il commença à porter les armes à l'âge de 10 ans ; il fut armé chevalier en 1382 la veille de la bataille de Rosebecque, où il combattit près de la personne du roi. Il se signala dans les guerres contre les Anglais et fut nommé maréchal de France en 1391, à la mort du maréchal de Blainville ; fit la guerre à Constantinople contre les Turcs ; Manuel Paléologue le nomma connétable de son empire ; il fut capitaine général en Languedoc, en 1414, nommé par le duc de Berry ; il eut de grands succès militaires en Italie ; battu par les Anglais à Azincourt, en 1415, il fut emmené prisonnier en Angleterre et mourut à Londres en 1421, son corps transporté en France y fut enseveli dans l'église de Saint-Martin de Tours. (V. *Bulletin* de 1888, col. 51, sur la découverte des tombes des deux maréchaux de Boucicault, à Saint-Martin de Tours.)

Il ép. Antoinette de Beaufort, fille unique de Raymond-Louis, comte de Beaufort et d'Alais, vicomte de Turenne, sgr d'Anduze, et de Marie d'Auvergne, dont il n'eut pas d'enfants.

Mêmes armes que ci-dessus.

1392

* Guillaume de Nesle, sgr d'Offémont, frère de Raoul de Nesle.

1395

* Gautier des Roches.

1397

Jean II° du nom, sire de Rieux et de Rochefort, de Nozé, de Fougeré, de Dicé, maréchal de France et de Bretagne, était l'un des braves et vaillants chevaliers de son temps ; suivit le connétable Du Guesclin en Espagne ; se distingua dans les guerres en Flandre, en Bretagne ; il fut nommé maréchal de France lorsque Louis de Sancerre fut nommé connétable en 1397 ; il mourut à l'âge de 75 ans et fut remplacé par son fils Pierre de Rieux, en 1417.

Il était fils de Jean I°r de Rieux, d'une très ancienne famille de Bretagne et d'Isabeau de Clisson ; il ép. Jeanne de Rochefort, dame d'Ancenis.

D'azur, à dix besants d'or.

1400

* Louis d'Orléans.

1403

* Jean de Trie, fils de Renaud de Trie.

1405

* Geoffroy Le Meingre, dit Boucicault, gouverneur du Dauphiné, fils de Jean I°r, maréchal.

1412

* Louis, sgr de Loigny, chevalier, conseiller et chambellan du roi, suivit Louis d'Anjou à la conquête du royaume de Naples et de Sicile et commanda l'avant-garde de son armée à la journée de Rocca-Secca en 1411, fut nommé maréchal de France à son retour, après la destitution du maréchal de Rieux ; il prit d'assaut la ville de Dreux en 1413, et fut plus tard gouverneur de Paris.

Il était fils de Nicolas de Loigny, du Perche, il ép. Anne de Graville, fille de Guy de Malet sire de Graville, chambellan du roi, dont il eut trois enfants, Nicolas, Marguerite et Jeanne, morts sans postérité.

D'azur, à trois quintefeuilles d'or posées 2 et 1 accompagnées de sept billettes de même posées 3, 1, 2 et 1.

1412

* Jacques III du nom, sgr d'Heilly, dit le « maréchal de Guienne », fut l'un des principaux chefs de l'armée du duc de Bourgogne en Flandre ; eut le commandement de ses troupes en Picardie ; fit la guerre en Poitou contre le duc de Berry, et réduisit sous l'obéissance du roi Poitiers, Chizay, Niort, etc., exerça la charge de maréchal de France en 1412 au siège de Bourges au lieu du sire de Boucicault ; fut lieutenant général du roi en Guienne contre les Anglais en 1413 ; fut prisonnier à Azincourt « et tué par les Anglais sous prétexte que contre sa foi et parole il s'était échappé deux ans auparavant de sa prison. »

Jacques d'Heilly était de la maison de Créquy, second fils de Jacques II, sgr d'Heilly et de Pas, et de Ade de Raineval (fille de Raoul, sgr de Pierrepont, pannetier de France, et de Philippe de Luxembourg) ; il mourut sans enfants. Cette branche finit avec Jean III, frère aîné du maréchal, tué en 1413, sans avoir été marié.

Les sgrs d'Heilly, de la maison de Créquy, descendaient de la famille de Créquy et d'Alix dame d'Heilly et de Rumilly, qui eut en partage la terre d'Heilly ; leur fils prit le surnom et les armes d'Heilly, comme ayant eu la succession de sa mère, et les transmit à sa postérité.

D'azur, à la bande fuselée d'or de huit pièces.

Supports : *Deux lions.*

Cimier : *Une tête de sanglier.*

1413

* Louis de Lévis, maréchal de la Foi, titre dès lors héréditaire dans sa maison, baron de La Voute, chambellan du roi Charles VIII, qu'il suivit dans son expédition au royaume de Naples.

Mêmes armes que ci-dessus, voir ce que nous avons dit, année 1261.

1417

* N..., sire de Gaules.
* N..., vicomte de Narbonne.

1417

Pierre de Rieux, dit de Rochefort, sgr d'Acerac et de Derval, gouverneur de Saint-Malo pour le duc de Bretagne, fut reçu en la charge de maréchal de France à la place du maréchal de Rieux, son père, le 12 août 1417, mais il en fut privé le 2 juin de l'année suivante, par la faction de Bourgogne, comme ayant suivi le parti du dauphin ; fut un des commissaires de la paix d'Arras, et combattit vaillamment contre les Anglais. En 1438 il fut arrêté et prisonnier devant la porte du château de Compiègne, par les gens de Guillaume de Flavy qui en était capitaine, puis transféré à Néelle en Tardenois, où il mourut d'épidémie, âgé de 48 ans, sans laisser de postérité.

Depuis, Jean de Morainvilliers et Jeanne de Flavy, sa femme, héritière de Guillaume de Flavy, furent condamnés par arrêt du parlement de Paris du 7 septembre 1509, à la poursuite de Jean, sire de Rieux, maréchal de Bretagne, petit neveu de ce maréchal, en la somme de dix mille livres parisis, pour l'avoir pris et retenu prisonnier, « laquelle somme serait employée pour le remède et salut de l'âme du maréchal Pierre de Rieux. » Son corps fut transféré le 19 octobre 1514 de Néelle en Tardenois en l'église de N.-D. de Rieux en Bretagne.

Mêmes armes que ci-dessus.

1418

* Claude de Rochefort.

Claude de Beauvoir, sgr de Chastellux, de Bourdeaux, de Mont Saint-Jean, de Baserne, de Basoches et de Coulanges, vicomte d'Avalon, suivit toute sa vie le parti des ducs de Bourgogne, dont il était né sujet ; conseiller et chambellan du duc Jean en 1409, gouverneur du Nivernais, qui appartenait aux ducs de Bourgogne, puis de Mantes, Pontoise, Meulan et Poissy, en 1417, fut fait maréchal de France le 2 juin 1418, gouverneur de plusieurs châteaux et forteresses, tant en Brie qu'en Bourgogne, en 1419, puis envoyé du roi en Guyenne ; à son retour il fut capitaine-général de la ville de Saint-

Denis ; il fut désappointé de sa charge de maréchal le 22 janvier 1421.

Il continua ses services aux ducs de Bourgogne et au roi d'Angleterre, et mourut en mars 1453.

Il était fils de Guillaume de Beauvoir, sgr de Bourdeaux, d'Aulcerre, de Chastellux, de Basoches, de Marigny, etc, conseiller et chambellan du duc de Bourgogne et de Jeanne de Saint-Vérain ; il ép. 1° Alix de Torcy, dame de Mont Saint-Jean, de Baserne et du Val d'Antigny ; 2° Jeanne de Longwy ; 3° Marie de Savoisy, qui porta à son mari la terre de Coulanges. Il n'eut des enfants que de sa troisième femme, d'où sont venus les sgrs de Chastellux et de Coulanges.

Claude de Beauvoir, sgr de Chastellux d'où sont sortis les comtes de Chastellux et les ducs de Rauzan, soutint avec valeur le siège de Crevant contre le connétable d'Ecosse en 1423 et acquit ainsi pour lui et sa postérité le droit d'entrer à l'Eglise-cathédrale d'Auxerre, d'y prendre séance en qualité de premier chanoine honoraire, l'épée au côté, revêtu d'un surplis, l'aumusse sur le bras, dans la première stalle, tenant un faucon sur le poing ; il avait aussi le droit pour lui et ses descendants de siéger aux assemblées du chapitre, en considération du service rendu à l'Eglise d'Auxerre en lui remettant la ville de Crevant qui lui appartenait.

Ce droit s'est exercé jusqu'au milieu du XVIII° siècle. Le comte de Chastellux, brigadier des armées du roi, capitaine des gendarmes de Flandre a pris possession de sa dignité le 2 juin 1732, succédant à son père César-Philippe de Chastellux qui y avait été reçu (V. le *Mercure de France* de juin 1732, page 1248).

Claude de Beauvoir eut un frère, Georges de Beauvoir et de Chastellux, qui fut amiral de France.

D'azur, à la bande d'or, accompagnée de sept billettes de même, 4 en chef, 3 en pointe, mises en orle.

1418

Jean de Villiers, sgr de l'Isle-Adam et de Villiers le Bel, conseiller et chambellan du roi, prisonnier des Anglais au siège d'Harfleur en 1415, maître des eaux et forêts en Normandie, prit le parti du duc de Bourgogne et s'empara avec lui de Paris, en mai 1418 ; il se trouva à l'horrible massacre qui s'y commit. La destitution de plusieurs grands officiers par ce duc le fit pourvoir d'une des charges de maréchal de France à la place du sgr de Boucicault, le 14 juin 1418 ; il fut destitué par le duc d'Exeter en 1421. Le duc de Bedford lui confia diverses missions militaires en Picardie, puis le nomma capitaine du château de Compiègne, à la place de Béraud de Monferrand ; le duc de Bourgogne le fit capitaine du Louvre en 1428, gouverneur de Paris et chevalier de la Toison d'Or.

Le 2 mai 1432, le duc de Bedford le rétablit dans sa charge de maréchal de France. En 1435 il rentra au service du roi Charles VII et prit Pontoise sur les Anglais ; il facilita la reddition de Paris au roi en 1436.

Il accompagna le duc de Bourgogne à Bruges et fut tué dans une sédition populaire le 22 mai 1437.

Il était fils de Pierre de Villiers II, sgr de l'Isle-Adam et de Valmondois, chambellan du roi, et de Jeanne de Chatillon ; il ép. Jeanne, héritière de Vallengoujart. Son fils Jean et son petit-fils Philippe de Villiers de l'Isle-

Adam, furent grands-maîtres de l'Ordre de Saint-Jean-de-Jérusalem.

D'or, au chef d'azur chargé d'un dextrochère revêtu d'un fanon d'hermine, brochant sur le tout.

1418

Jacques, sire de Montberon, sénéchal d'Angoumois, chambellan du roi et du duc de Bourgogne, fut souvent employé dans les guerres de Gascogne sous le maréchal de Sancerre; il embrassa le parti du duc de Bourgogne et du roi d'Angleterre et fut fait maréchal de France à la place du sire de l'Isle-Adam, arrêté prisonnier le 27 juillet 1418, mais il n'exerça pas longtemps cette charge, en ayant été lui-même destitué le 22 janvier 1421; il mourut en 1423.

Il était fils de Robert VI, sire de Montberon, en Angoumois, et de Yolande de Mastas, dame de Boissec; il ép. Marie de Maulevrier (fille de Renaud et de Béatrix de Craon); fut héritier par sa femme des baronnies de Maulevrier et d'Avoir, après la mort de Jean de Maulevrier, son beau-frère.

La branche aînée de cette maison finit avec Jacquette de Montberon, baronne d'Archiac, mariée le 27 juin 1558 avec André de Bourdeille, baron de la Tour Blanche, pannetier ordinaire du roi, d'où sont venus les marquis de Bourdeille.

Les autres branches de cette maison sont connues sous le nom de 1° barons de Mortagne et d'Avoir; 2° Sgrs de Fontaines et de Chalandray; 3° Sgrs d'Auzances; 4° Sgrs de Beauregard; 5° et une branche légitimée, dite de Tourvoye, dont la jonction avec les précédentes n'est pas indiquée, qui a donné le vicomte de Montberon et le comte de Montberon, lieutenant-général en 1677, chevalier des ordres du roi

père de : Charles-François-Anne, dit le marquis de Montberon, brigadier des armées du roi, mort à Ulm en 1704 sans être marié, et Marie de Montberon, mariée en 1689 à Charles-Eugène-Jean-Dominique de Bonnières, comte de Souastre, en Artois.

Écartelé, aux 1 et 4 fascé d'argent et d'azur; aux 2 et 3 de gueules.

1419

* Jean d'Orléans ou Louis d'Orléans, selon Le Féron, qui confond le fils avec le père, comte de Dunois et de Longueville, grand chambellan.

1421

Gilbert Motier IIIᵉ du nom, sgr de la Fayette, d'Ayes, de Pontgibaud, et Nebouzac, de St-Romain, de Monteil-Gelat, de Champestières en partie, chevalier, conseiller et chambellan du roi; servit en 1412 sous le duc de Nemours, qui le chargea de défendre avec Lautrec la place de Bologne contre les Vénitiens; suivit le duc de Bourbon au siège de Soubise, reprit Compiègne en 1415; ce prince le choisit pour son lieutenant général en Languedoc et duché de Guyenne, 1415; le dauphin Charles se l'attacha et le nomma Grand bailli de Rouen en 1417, puis son lieutenant et capitaine général en Lyonnais et Maconnais, puis gouverneur de Dauphiné, 1420; maréchal de France le 20 mai 1421, après la mort de Boucicaut; battit les Anglais a Baugé le 22 mars 1422; prit part au siège d'Orléans; accompagna le roi Charles VII à son sacre à Reims le 17 juillet 1429; fut sénéchal de Beaucaire et de Nîmes 1439, gouverneur de Toulouse 1441; eut une grande part à l'évacuation de la Normandie par les Anglais, et partagea avec les généraux de Charles VII la gloire d'avoir chassé les Anglais de France. Il mourut le 23 février 1463, et fut enterré dans l'église de l'abbaye de la Chaise-Dieu, en Auvergne.

Il était fils de Guillaume Motier, sgr de la Fayette et de Marguerite Brun du Peschin, dame de Pontgibaut. Sa descendance, qui s'est éteinte de nos jours, avait fait les branches des sgrs de Saint-Romain, de Champestières et des barons de Wissac.

De gueules, à la bande d'or, à la bordure de vair.

1422

* Tanneguy du Chatel, chambellan du roi, prévôt de Paris.

Antoine de Vergy, comte de Dampmartin, sgr de Champlite et de Rigney, conseiller et chambellan du roi Charles VI, gouverneur de Champagne et de Brie, chambellan du duc de Bourgogne, qu'il suivit à son entrée dans Paris en 1417; nommé maréchal de France le 22 janvier 1422, par le roi d'Angleterre régent de France; puis crpitaine général et gardien des duchés et comtés de Bourgogne et de Charolais; créé chevalier de la Toison d'or en 1430, mourut le 29 octobre 1439.

Il était fils de Jean III de Vergy, dit le Grand, sénéchal, maréchal et gouverneur de Bourgogne et de Jeanne de Chalon; il ép. 1° Jeanne de Rigney, fille et héritière de Hugues, sgr de Rigney et de Frolois, sénéchal du comté de Bourgogne; 2° Guillemette de Vienne, fille de Philippe, sgr de Persan et de Rolland, et de Philiberte de Maubec; sans enfants de ces deux mariages.

De gueules, à trois quintefeuilles d'or 2 et 1.

Jean de la Baume, comte de Montrevel, en Bresse, sgr de Valufin et de l'Abergement, conseiller et chambellan du roi, commanda les troupes du duc d'Anjou à la conquête du royaume de Naples et de Sicile, reçut en récompense le comté de Cynople en Calabre, 1383, suivit le duc de Savoie dans la guerre contre les Valaisans; fut échanson, conseiller et chambellan du duc de Bourgogne qu'il suivit en Flandre contre les Liégeois; commanda la ville et le château de Meaux; fut garde de la prévôté de Paris en 1420, puis chambellan du roi et gouverneur de Paris; maréchal de France le 22 janvier 1422. La terre de Montrevel fut érigée pour lui en comté par le duc de Savoie le 26 décembre 1427; il mourut en 1435.

Il était fils de Guillaume de la Baume et de Constantine Aleman, dame d'Aubonne, sa seconde femme, fille de Hugues, sgr de Valbonnais et de Sibille de Chateauneuf.

Il ép. en 1384, Jeanne de la Tour, fille unique de Antoine, sgr de la Tour d'Illeins, en Suisse, et de Jeanne de Villars. Sa postérité a formé les branches des comtes de Montrevel; des batards de la Baume, sgrs de Michery et d'Esté; des derniers comtes de Montrevel, (issus de Guy, sgr de la Roche du Vanel et de Jeanne de Longwy), qui a donné un second maréchal de France, chevalier des ordres du roi, mort sans enfants en 1716; branche éteinte en 1719; et la branche des marquis de Saint Martin, issue de la précédente.

D'or, à la vivre d'azur mise en bande.

1423

Amaury, sgr de Séverac, de Belcaire

de Chaudes-Aigues, sénéchal de Quercy ; il fit dans sa jeunesse la campagne de Flandre avec le comte d'Armagnac, visita les Lieux Saints et alla à son retour en Lombardie avec le même comte d'Armagnac qui l'avait fait son maréchal ; prit part aux guerres de Guienne contre les Anglais; sénéchal de Rouergue et de Quercy en 1410. Après la bataille d'Azincourt, en 1415, il commanda l'avant-garde des troupes du comte d'Armagnac contre les Anglais, en Normandie ; il fut nommé maréchal de France en 1423 (le 1er février 1424); lieutenant-général du roi en Maconnais, Lyonnais et Charolais en 1426, périt en 1427, assassiné par le comte de Pardiac.

Il était fils d'Alzias de Séverac et de Marguerite de Capendu, dame de Salelles ; il ép. Souveraine de Solages, dont il n'eut pas d'enfants.

D'argent, à quatre pals de gueules.

1427

Jean de Brosse, sgr de Sainte Sévère, de Boussac, d'Huriel et de la Pérouse, conseiller et chambellan du roi, maréchal de France en 1427, se signala à la prise d'Orléans et à la bataille de Paray en 1429, assista au sacre du roi à Reims, et fut nommé lieutenant-général du roi au delà des rivières de Seine, Marne et Somme, en 1430. Le roi lui fit don de la terre de Moucy, confisquée sur le sgr de Trie, qui avait pris le parti des Bourguignons. Il mourut en 1433. Il fut connu sous le nom de maréchal de Boussac.

Le maréchal de Boussac tua le favori de Charles VII, Le Camus de Beaulieu.

Il était fils de Pierre de Brosse, sgr de Boussac et de Sainte Sévère et de Marguerite de Malleval; il ép. Jeanne de Naillac.

Jean son fils avait eu pour curateur Jean de Bretagne, comte de Penthièvre; il épousa en 1437 Nicole de Blois, vicomtesse de Limoges puis comtesse de Penthièvre, fille unique de Charles de Blois ou de Chastillon, dit de Bretagne, baron d'Avaugour et d'Isabeau de Vivonne, et petite fille de Jean de Bretagne, à la condition que leur postérité porterait le nom et les armes de Bretagne.

Claudine de Brosse, née de ce mariage, ép. Philippe II duc de Savoie prince de Piémont, comte de Genève.

La postérité du maréchal de Boussac finit avec Jean de Brosse, dit de Bretagne, qui épousa Anne de Pisseleu (fille d'honneur de Louise de Savoie, duchesse d'Angoulême, mère de François Ier), qui fut sous le nom de duchesse d'Etampes, la maîtresse de François Ier. C'est pour lui que le comté d'Etampes, qui lui avait été donné par le roi, fut érigé en duché par lettres du mois de janvier 1536; la baronie de Chevreuse fut érigée en duché pour lui et pour sa femme en 1545. Il mourut sans enfants, en 1564.

D'azur, à trois gerbes ou brosses d'or, liées de gueules.

Pierre de Brosse, sgr de Boussac et de Sainte-Sévère, que l'on doit confondre avec son fils Jean de Brosse. Il n'y a eu qu'un seul maréchal dans cette famille.

1429

Gilles de Laval, sgr de Raiz ou Raitz, et Retz, de Blazon, d'Ingrande et de Chantocé, conseiller et chambellan du roi, se signala dans les guerres de Charles VII, contribua, en compagnie du comte de Dunois, à faire lever le siège de Lagny aux Anglais en 1431,

Il était maréchal de France, sous le nom de maréchal de Raits, avant le 21 juin 1429. Convaincu de magie il fut brûlé à Nantes par ordre du duc de Bretagne en 1440.

Il était fils de Guy de Laval II, sire de Raiz et de Marie de Craon; il ép. Catherine de Thouars, dont il n'eut qu'une fille, Marie de Laval, dame de Raiz, mariée 1° à Prégent de Coëtivy sgr de Taillebourg; 2° à André de Laval, sgr de Lohéac, qui fut amiral et maréchal de France.

D'or, à la croix de sable.

1431

* Germain de Vivonne ou de Valougnes.

* Louis de Vendosme.

1432

* Jean de Foucaud, sgr de St-Germain, Beaupré en la Marche, etc.

* Jacques de Clermont de Nesle, d'Offémont et de Roye.

1434

* Pierre de Rochefort.

1439

André de Montfort de Laval et de Lohéac, chevalier de l'ordre du roi, prit part aux guerres de Charles VII, il était amiral de France lorsqu'il abandonna cette charge pour prendre celle de maréchal en 1439; il fut connu sous le nom de maréchal de Lohéac. Louis XI lui rendit plus tard la charge d'amiral avec le collier de Saint-Michel en 1469; il mourut en 1486.

Il était le second fils de Jean de Montfort et de Lohéac, sgr de Kergorlay

et de Anne de Laval, fille unique et héritière de Guy XI de Laval et de Jeanne de Laval à condition que son mari et ses descendants porteraient les noms, cris et pleines armes de Laval; il ép. Marie de Laval dame de Raiz et mourut sans enfants.

D'or, à la croix de gueules chargée de cinq coquilles d'argent et cantonné de 16 alérions d'azur 4, 4, 4 et un lambel sur le tout.

1441

Philippe de Culant, chevalier, sgr de Jaloignes, etc., capitaine de la grosse tour de Bourges, sénéchal du Limousin en 1439, fut nommé maréchal de France pendant le siège de Pontoise en 1441; suivit le dauphin en Allemagne au secours du duc d'Autriche; gouverneur de Mantes; se signale au siège du Mans, de Pont-Audemer, de Châteaugaillard, de Rouen, de Bayeux, de Caen, de Cherbourg, dans les guerres de Guienne et particulièrement aux prises de Taillebourg, de Tartas, de Bergerac, de Castillon et de Cadillac; fut l'un des capitaines qui aidèrent le plus à chasser les Anglais de France, mourut en 1453.

Il était le second fils de Jean de Culant et de Marguerite de Sully; il ép. Anne de Beaujeu, fille du sgr d'Amplepuis, dont il eut une fille, Marie de Culant, mariée à Jean de Castelnau, sgr de Bretenoux et de Caumont.

Philippe de Culant était connu sous le nom de maréchal de Jaloignes.

D'azur, au lion d'or, l'écu semé d'étoiles de même, au lambel de gueules.

1441

* Jean sire de Talbot et de Fournival, comte de Shwerbury et de Water-

ford, nommé maréchal de France par
le roi d'Angleterre; chevalier de l'ordre
de la Jarretière, gouverneur d'Irlande;
joua un grand rôle dans l'armée anglaise pendant la guerre de Guyenne,
fut tué avec un de ses fils au siège de
Castillon, le 17 juillet 1453. Sa mort
fit perdre aux Anglais tout ce qu'ils
possédaient en Guienne.

La maison de Talbot, en Angleterre,
tire son origine des Talbot barons de
Cleuville, au pays de Caux, en Normandie. Cette baronnie donnait entrée
à l'Échiquier de Normandie.

Cette maison a fait plusieurs branches en Angleterre, connues sous les
noms de seigneurs de Waterford, de
Grafton de Longfort, puis comtes et
ducs de Shwerbury et de Tyrconnel.

Jean Talbot était fils de Richard Talbot V, sgr de Goderich et de Ankarette
de Lestrange, fille de Jean de Lestrange sgr de Blackenere; il ép. Ma-
haut de Newil, dame de Fournival.
Ses descendants ont donné des vice-
rois à l'Irlande dans le cours du dix-
huitième siècle.

*Ecartelé, aux 1 et 4 de gueules, au
lion d'or, à la bordure engreslée de
même; aux 2 et 3 de..., à la bande de...
accompagnée de 6 merlettes de... posées
3 en chef et 3 pointe.*

1442

* Prégent de Coëtivi, fut un de ceux
qui, en 1432, arrêtèrent dans le château
de Chinon le sieur de la Trémouille,
favori de Charles VII.

1445

* Guillaume de Jaloignes.

1448

* Gilles de Roye.

1450

* Charles de Culant.

1452

* Jean d'Albret, sieur d'Orval, fils du
comte d'Albret.

1454

Jean, dit Poton, sgr de Xaintrailles,
de Roques, de Salignac, en Limousin,
et de Villeton, vicomte de Bruillez, premier écuyer du roi, bailly de Berry,
sénéchal de Limousin et de Bordelois;
suivit le parti du Dauphin, depuis
Charles VII; se trouva au siège d'Orléans, où il fut blessé, en 1427, combattit vaillamment à Patay, où il fit
prisonnier le sire de Talbot, en 1429;
remplaça Camus de Beaulieu, comme
maître de l'écurie du roi; se comporta
vaillamment dans les guerres de Normandie et de Guienne; il fut nommé
maréchal de France en 1454 après
la mort du maréchal de Jaloignes; il
mourut à Bordeaux, au Château-Trom-
pette, dont il était gouverneur, le 7
octobre 1461. Un registre du parlement
lui donne la qualité de « Sénéchal de
Bordelois et un des plus vaillants capitaines du royaume de France, qui
fut cause avec Etienne de Vignolles,
dit la Hire, de chasser les Anglais de
France. » Il fut enterré dans l'église
des Cordeliers, de Nérac.

Il avait ép., avant 1437, Catherine
Brachet, dame de Salignac en Limousin, fille de Jean, sgr de Péruse et de
Montagne et de Marie de Vendôme; il
n'en eut point d'enfants.

*Ecartelé, aux 1 et 4 d'argent à la
croix alaisée de gueules; aux 2 et 3 de
gueules au lion d'argent.*

1454

* Jean, sieur de Bueil, comte de Sancerre.

1455

* Jean ou Jacques de Bourbon.

1461

Jean, bâtard d'Armagnac, surnommé de Lescun, comte de Comminges et de Briançonnois, sgr de Tournon, de Gourdon et de Fumel, gouverneur de Dauphiné, lieutenant-général du duché de Guyenne, conseiller et premier chambellan du roi Louis XI ; ce prince n'étant que Dauphin l'avait nommé sénéchal de Valentinois en 1450, puis maréchal de Dauphiné.

Il acquit en 1454 du comte d'Armagnac les baronnies de Mauléon et de Casaubon ; le roi Louis XI le nomma maréchal de France, et lui donna le comté de Comminges en 1461, le vicomté de Serrières et la seigneurie de Langoiran.

Il était fils naturel d'Armand-Guilhem de Lescun et d'Anne d'Armagnac, dite de Termes ; il ép. Marguerite de Saluces, fille de Louis marquis de Saluces, baron d'Anton, dont il eut trois filles : 1. Catherine, mariée avec Gaston de Montferrand ; 2. Madeleine, mariée avec Hugues d'Amboise, sgr d'Aubijoux, sénéchal de Beaucaire ; 3. Antoinette, dont l'alliance est ignorée.

Il obtint des lettres de légitimation en 1463, et la donation du comté de Briançonnais en 1464.

Écartelé, aux 1 et 4 d'Armagnac ; au 2 et 3 de Comminges, à la cotice de sable mise en barre, brochant cur le tout.

1461

Joachim Rouault, sgr de Boismenart, de Gamaches, de Chastillon et de Fronsac, capitaine de Fronsac et de Pontoise, gouverneur de Paris, conseiller et chambellan du roi, sénéchal du Poitou et de Beaucaire, premier écuyer du Dauphin, en 1441 ; se distingua à la prise de Creil et de Saint-Denis sur les Anglais, au siège de Pontoise, à celui d'Acqs en Guienne, suivit le Dauphin en Allemagne en 1444 ; prit une part glorieuse à la conquête de la Normandie, fut gouverneur de Caen et de Carentan ; servit aux sièges de Bergerac, Montguyon et Fronsac, dont il fut gouverneur en 1451, connétable de Bordeaux ; se trouva à la bataille de Castillon en 1453 ; fut envoyé en Angleterre au secours de la reine Marguerite et du roi d'Écosse contre le duc d'York. A son retour le roi lui donna la jouissance, sa vie durant de la terre de Fronsac en 1458.

A l'avènement de Louis XI il fut nommé maréchal de France le 3 août 1461 ; gouverneur de Paris après avoir défendu cette ville contre le comte de Charollais et les autres princes ligués. Il mourut le 7 mai 1476.

Joachim Rouault, connu sous le nom de maréchal de Gamaches, était fils de Jean Rouault, sgr de Boisménart, chambellan du roi, et de Jeanne du Bellay ; il ép. Françoise de Volvire, fille de Joachim baron de Ruffec, et de Marguerite Harpedane de Belleville. La terre de Gamaches fut érigée en marquisat en faveur de son arrière petit-fils Nicolas Rouault, au mois de mai 1620.

De sable, à deux léopards d'or armés lampassés et couronnés de gueules.

1464

Wolfart de Borzelle, sgr de la Vere en Hollande, comte de Boucan en Ecosse, et de Granpré en Champagne, chevalier de la Toison d'Or, fut nommé maréchal de France le 1er mars 1464 et mourut en 1487.

Il était fils de Henri de Borzelle, sgr de la Vere, de Sanderbourgh, de Falais en Hollande, lieutenant-général du roi au fait de la guerre de la mer, chevalier de la Toison d'Or en 1415, et de Jeanne de Halwin, dont il n'eut que des filles.

De sable, à la fasce d'or.

1476

Pierre de Rohan, chevalier, sgr de Gyé, du Verger, de Porhoët, de Baugé et de Ham, comte de Marle et de Porcean (Portien), chevalier de l'ordre du roi, dit le maréchal de Gyé; hérita d'une partie des biens confisqués sur Philippe de Croy ; fut en grande faveur auprès de Louis XI qui le nomma maréchal de France à la place du maréchal de Gamaches, le 16 mai 1476. Il gouverna l'Etat avec trois autres seigneurs pendant la maladie du roi à Chinon en 1482. Au sacre de Charles VIII il représenta le connétable en portant l'épée royale.

Il commandait l'avant-garde de l'armée royale à la bataille de Fornoue en 1495 et conclut la trève avec les Vénitiens. Il accompagna Louis XII en Italie qui le fit général de ses armées, puis son lieutenant en Bretagne et chef de son conseil.

Ayant fait arrêter le trésor et les joyaux de la reine Anne, lorsqu'elle les faisait transporter en Bretagne, après la mort de Louis XII, il tomba en disgrâce, fut privé de ses gouvernements et suspendu pendant cinq ans de la charge de maréchal par arrêt du parlement de Toulouse du 9 février 1506. Il mourut le 11 juillet 1514.

Il était le second fils de Louis de Rohan, sgr de Guéméné et de Marie de Montauban ; il ép. Françoise de Porohët ou Penhoët, héritière, du comte de Penhoët et de Françoise de Maillé, d'où sont venus les seigneurs de Gyé, ducs de Rohan, éteints en 1645, dans la maison de Chabot.

Ecartelé, aux 1 et 4 contrécartelé de de Navarre et d'Evreux ; aux 2 et 3 de Rohan, brisé d'un lambel, sur le tout de Milan.

* François d'Orléans I du nom, comte de Dunois, Longueville, Tancarville et Montgommery, vicomte de Melun, gouverneur de Normandie et grand chambellan de France.

* Jean de Rohan, baron ou sire de Montauban et sieur de Landal.

1482

* Robert de Bar comte de Marle.

1483

Philippe de Crévecœur, sgr des Cordes, vulgairement dit des Querdes, ou d'Esquerdes et de Lannoy, chambellan de France, chevalier de l'ordre du roi, lieutenant-général et gouverneur des pays d'Artois, Boulonnais et Picardie, chevalier de la Toison d'Or en 1468; se jeta dans le parti bourguignon et fut battu avec le duc de Bourgogne à Granson, à Morat en 1476, puis à Nancy. Après la mort du duc il prêta serment de fidélité à Louis XI qui lui conserva ses gouvernements ; il fut vainqueur de l'archiduc d'Autriche à Guinegate en 1479. Louis XI le nomma gouverneur et son lieutenant général en Picardie ; il fut le négociateur heureux du mariage de Marguerite de Flandres avec le Dauphin, depuis Charles VIII, qui le nomma maréchal de France, le 2 septembre 1483, puis gouverneur de la Rochelle et grand chambellan de France. Il mourut le 2 avril 1494.

Il était fils de Jacques sgr de Crève-cœur et de Thois, conseiller et chambellan du duc de Bourgogne et de Marguerite de la Trémoïlle ; il ép. Isabeau d'Auxy et mourut sans enfants. Il était connu sous le nom de maréchal d'Esquerdes.

De gueules, à trois chevrons d'or.

1486

Jean, seigneur de Baudricourt, de Choiseul, de la Fauche, de Vignory et de Blaise, chambellan du roi, chevalier de son ordre, bailli de Chaumont, gouverneur de Maconnais, Charolais, Auxerrois et Marche, dit le maréchal de Baudricourt, était d'abord sgr de Buxy en Champagne, suivit le parti du duc de Bourgogne et assista le comte de Charolais dans la guerre du Bien Public en 1465. Le roi Louis XI l'attira dans son parti, et lui donna les revenus de la terre de Vaucouleurs en 1472 ; bailli de Chaumont en 1479, lieutenant du roi en la ville d'Arras, gouverneur de Bourgogne en 1480, puis de la ville de Besançon, contribua sous Charles VIII au gain de la bataille de Saint-Aubin du Cormier en Bretagne en 1488 ; fut nommé maréchal de France le 21 janvier 1486.

Il était fils de Robert sgr de Baudricourt et de Blaise, était gouverneur de Vaucouleurs au temps de Jeanne d'Arc, en 1429, et puis conseiller chambellan du roi, bailli de Chaumont, et d'Aléarde ou Allarde de Chambley, veuve

de Jean de Manonville ; il ép. Anne de Beaujeu, veuve de Philippe de Culant, sgr de Jaloignes, maréchal de France, fille d'Edouard de Beaujeu, sgr d'Amplepuis, et mourut sans enfants.

D'azur, au lion de sable, couronné et lampassé de gueules.

1488

* Robert de Baudricourt, sgr de Vignory.

1493

* Jean de Haupart, sieur de Bandeville.

1494

* Jean IV du nom, sire de Rieux et de Rochefort, comte d'Harcourt.

1499

Jean-Jacques Trivulce, marquis de Vigevano, banni de Milan par les Gibelins alla servir en Arragon, puis à Naples d'où il passa en France avec Charles VIII. Il eut la conduite de l'avant-garde de l'armée avec le maréchal de Gyé à la journée de Fornoue. Le roi lui donna la terre de Château-du-Loir, qu'il échangea sous Louis XII avec celle de Castelarca au duché de Milan ; chevalier de Saint-Michel, lieutenant du roi en Lombardie où il contribua à la conquête du Milanais, dont il fut gouverneur en 1500 ; il fut nommé maréchal de France à la place de Jean de Baudricourt, le 1er juin 1499 ; prit une part glorieuse aux batailles d'Agnadel, de Novarre et de Marignan et mourut au mois de décembre 1518.

On l'avait surnommé « le grand Trivulce ». Son corps fut porté à Milan. Les agitations de sa vie sont rappelées dans cette inscription gravée sur son tombeau : *Hic quiescit qui nunquàm quievit.*

Il était le troisième fils d'Antoine Trivulce, conseiller du duc de Milan et ambassadeur du pape Sixte IV auprès de l'Empereur, et de Françoise Visconti ; il ép. Béatrix d'Avalos, dont il eut un fils Jean-Nicolas qui mourut avant lui, marié à Paule de Gonzague, dont un fils Jean-François, père de Jean-Jacques Trivulce, marquis de Vigevano, mort sans enfants.

Son cousin-germain Théodore Trivulce fut maréchal de France en 1526.

Palé, d'or et de sinople, de six pièces.

1506

Charles d'Amboise II du nom, sgr de Chaumont, de Sagonne, de Milan, et de Charenton, chevalier de l'ordre du roi, gouverneur de la ville de Paris et du duché de Milan, de la seigneurie de Gênes et de la province de Normandie; grand maître de France, lieutenant général du roi en Lombardie, nommé maréchal de France le 1er mars 1506, amiral de France en 1509, reprit Gênes, contribua à la victoire d'Agnadel, en 1509 et mourut en 1511.

Il était fils de Charles d'Amboise, conseiller chambellan du roi Louis XI, gouverneur de Langres, comte de Brienne, et de Catherine de Chauvigny; il ép. Jeanne de Malet-Graville, dont un fils Georges d'Amboise tué à la bataille de Pavie à l'âge de 22 ans non marié. Il était connu sous le nom de maréchal de Chaumont.

Palé, d'or et de gueules de six pièces.

1511

Odet comte de Foix, de Réthel et de Beaufort, sgr de Lautrec, d'Orval et de Chaource, des Iles et de Villemort, au bailliage de Troyes, chevalier de Saint-Michel, gouverneur et amiral de Guienne, lieutenant général des armées du roi en Italie, blessé très gravement à la bataille de Ravenne, contribua beaucoup à la conquête du Milanais, maréchal de France le 1er mars 1511, connu sous le nom de maréchal de *Lautrec;* prit Brescia et Vérone, commanda l'armée de la grande Ligue en Italie contre Charles-Quint, marcha contre Pavie qu'il emporta d'assaut, et mourut de maladie devant Naples le 15 août 1528, avec la réputation de l'un des hommes de guerre les plus vaillants de son siècle.

Il était fils de Jean de Foix, issu des comtes de Foix de la seconde race, vicomte de Lautrec et de Jeanne d'Aydie, fille et héritière d'Odet comte de Comminges et de Marie de Lescun; il ép. Charlotte d'Albret. Leurs enfants moururent jeunes et sans postérité.

Pierre de Foix, son grand-père, fils de Jean de Foix et de Jeanne d'Albret avait eu en partage le vicomté de Lautrec reçu en don du roi Charles VII par Jean de Foix.

Écartelé, aux 1 et 4 d'or à 3 pals de gueules, qui est de Foix; *au 2 d'or à deux vaches passantes de gueules accornées, accolées et clarinées d'azur,* qui est de Béarn; *au 3, de gueules à la croix pattée d'argent,* qui est de Comminges.

1515

Robert Stuart, comte de Beaumont le Roger, Sgr d'Aubigny-sur-Nerre, chevalier de l'ordre du roi et capitaine de 100 Gardes écossais, rendit de grands services au roi pendant les guerres d'Italie; il défendit Novarre, se trouva aux prises de Bologne, de Gênes, de Milan; fut gouverneur de

Bresse, et créé maréchal de France en 1515, (le 1er mai 1514), connu sous le nom de maréchal d'Aubigny ; défit les troupes de Prosper Colonne près de Villefranche en Piémont, servit brillamment dans les troupes du roi pendant la guerre de Provence en 1536, et mourut en 1543.

Il était le second fils de Jean Stuart II comte de Lennox et d'Élisabeth de Montgomery d'Eglinton ; il épousa Anne Stuart, comtesse de Beaumont le Roger et dame d'Aubigny, fille unique de Béraud Stuart, Sgr d'Aubigny, connétable de Sicile et d'Anne de Maumont. Il mourut sans postérité. Le roi lui avait fait don du comté de Beaumont le Roger, le 9 novembre 1543, l'année même de sa mort.

Écartelé, aux 1 et 4 d'azur à 3 fleurs de lis d'or, à la bordure de gueules chargée de 8 fermeaux d'or ; aux 2 et 3 d'or à la fasce échiquetée d'argent et d'azur de 3 traits à la bordure engreslée de gueules ; sur le tout : d'argent, au sautoir de gueules, cantonné de 4 quintefeuilles de même.

1515

Jacques de Chabannes, IIe du nom, Sgr de la Palice et de Pacy, chevalier de l'ordre du roi ; gouverneur et lieutenant-général pour le roi en Bourbonnais, Auvergne, Forez, Beaujolais, Dombes et Lyonnais ; se rendit célèbre dans toutes les guerres de son temps en Italie, servit avec éclat sous les rois Charles VIII, Louis XII et François Ier. Le roi Louis XII le fit capitaine de 500 hommes d'armes et le pourvut de la charge de Grand Maître à la place du Sgr de Chaumont ; il fut gouverneur du duché de Milan après la célèbre journée de Ravenne ; il fut créé maréchal de France en 1515, et

connu sous le nom de maréchal de Chabannes.

Il commanda un corps d'armée au combat de la Bicoque en 1522, secourut Fontarabie et fut tué glorieusement à la journée de Pavie le 24 février 1524. Sa vie a été écrite par Brantosme et Fourquevaux.

D'après quelques auteurs, dit le P. Anselme, VII, 130, on croit que cette maison est issue des anciens comtes d'Angoulême.

Lachesnaye-Desbois, d'après un mémoire sur titres vérifiés par le généalogiste des ordres du roi en 1761, en donne la filiation depuis Eschivat de Chabannes, ou Chabanées, qui épousa vers 1170 Matebrune de Ventadour, et s'établit dans le Bas-Limousin aux environs de Ventadour et de Charlus le Pailloux, qui en dépendait.

Le maréchal de Chabannes était fils de Geoffroy de Chabannes, chevalier, Sgr de Charlus, de la Palice, de Chastel-Perron, de Montagu le Blain, conseiller et chambellan du duc de Bourbon, son lieutenant-général au gouvernement de Languedoc, capitaine et gouverneur du comté et de la ville de l'Isle-Jourdain le 22 juin 1469, puis gouverneur du Pont Saint-Esprit, etc., et de Charlotte de Prie.

Il épousa : 1o Jeanne de Montberon ; 2o Marie de Melun. Sa postérité finit à la seconde génération par quatre filles : *a.* Éléonore, mariée ; 1o avec Just de Tournon ; 2o avec Philibert de Laguiche ; *b.* Marie, mariée : 1o avec Jean de Langheac ; 2o avec Louis d'Amboise, comte d'Aubijoux ; *c.* Suzanne, mariée en 1567 avec Jean Olivier, sgr de Leuville, fils aîné de François, chancelier de France ; *d.* Marguerite, mariée avec Antoine de Masquerel, sgr d'Hermanville, en Normandie.

Les branches des sgrs marquis de Curton, des comtes de Saignes, de Nozerolles, de Mariol, des sgrs du Verger et de Sainte-Colombe, de Trussy, de Pionzac, des comtes de Dammartin, descendaient de Gilbert, frère cadet de Geoffroy de Chabannes, le père du maréchal.

De gueules, au lion d'hermines couronné, armé et lampassé d'or.

1515

* Jean, ou Louis de Bruges, sieur de la Grutuse.

1516

Gaspard de Coligny, Ier du nom, sgr de Coligny, d'Andelot et de Châtillon-sur-Loing, de Dannemarie en Puisaye, et de Saint-Maurice-sur-Laveron, etc., chevalier de l'ordre du roi, capitaine de 100 hommes d'armes, suivit le roi Charles VIII en Italie et à la conquête de Naples ; se distingua à la bataille de Fornoue en 1495, à celle d'Aguadel en 1509, suivit François Ier dans le Milanais ; se distingua à la bataille de Marignan. Le roi créa, en sa faveur, une nouvelle charge de maréchal de France, 5 décembre 1516, la cinquième. Il y avait alors quatre maréchaux en fonctions : Jean-Jacques Trivulce ; Robert Stuart ; Lautrec ; et Jacques de Chabannes.

Il fut en même temps créé chevalier de l'ordre du roi, et fait lieutenant-général en 1519, pour l'exécution du traité d'alliance avec le roi d'Angleterre, et assista à l'entrevue des deux souverains, dite du *Camp du drap d'or* entre Ardres et Guines. Il servit depuis en Champagne et en Picardie. Le roi lui donna la jouissance de la principauté d'Orange ; il fut lieutenant-général en Guienne, commanda les troupes envoyées au secours de Fontarabie et mourut avant d'arriver devant cette place, à Acqs ou Dacqs (Dax), en Gascogne, le 24 août 1522. Son corps fut porté à Châtillon-sur-Loing où il fut inhumé. L'histoire de la maison de Coligny a été écrite par du Bouchet.

Cette maison tirait son nom de la seigneurie de Coligny, petite ville située sur la frontière du comté de Bourgogne et du pays de Bresse ; elle est connue depuis Manassès, sgr de Coligny et du pays de Revermont, vivant en 1086.

Gaspard de Coligny, qui en descendait au xive degré, était fils de Jean III de Coligny et d'Eléonore de Courcelles ; il épousa Louise de Montmorency, veuve de Ferry de Mailly, dont il eut quatre enfants : 1. Pierre, mort jeune ; 2. Odet, dit le cardinal de Châtillon, évêque et comte de Beauvais, pair de France ; 3. Gaspard II, amiral de France ; 4. François, sgr d'Andelot, colonel général de l'infanterie française, qui fut la tige des comtes de Laval et de Montfort, éteints à la troisième génération en 1605.

De gueules, à l'aigle d'argent, becquée, membrée et couronnée d'azur.

1518

Thomas de Foix, sgr de Lescun, chevalier de l'ordre du roi, dit le maréchal de Foix, quitta l'état ecclésiastique, qu'il avait embrassé dans sa jeunesse, pour suivre le roi François Ier dans le Milanais en 1513, et y fut laissé comme son lieutenant-général ; il assista Léon X dans la réduction du duché d'Urbin et fut nommé maréchal de France le 6 décembre 1518. Il fut blessé au visage et eut un cheval tué sous lui au combat de la Bicoque, le 27 avril 1522.

Ayant perdu par sa faute l'Etat de Milan, dont il était gouverneur, il se retira à Crémone où il fut assiégé et obligé de capituler. Il se comporta vaillamment à Pavie, où il fut blessé, fait prisonnier et mourut de ses blessures le 3 mars 1534, sans avoir été marié. Brantosme a écrit sa vie.

Il était fils puiné de Jean de Foix vicomte de Lautrec et de Jeanne d'Aydie.

Écartelé, de Foix et de Béarn; sur le tout, de Bigorre, avec un lambel d'argent de 3 pièces sur les deux premiers grands quartiers.

1522

Anne duc de Montmorency, pair et grand-maitre de France, fut créé maréchal de France le 6 août 1522 à la place du maréchal de Chatillon, son beau-frère, et honoré de la dignité de connétable le 10 février 1538. Il mourut de ses blessures, qu'il reçut à la bataille de Saint-Denis, le 12 novembre 1567.

Il était fils de Guillaume, sgr de Montmorency et d'Anne Pot.

D'or, à la croix de gueules cantonnée de seize alérions d'azur.

1526

Robert de la Marck III du nom, duc de Bouillon, sgr de Sedan et de Florenges, chevalier de l'ordre du roi, fut blessé à la bataille de Novarre (où il reçut quarante-six blessures) en 1513, et demeura prisonnier à celle de Pavie; enfermé au fort de l'Ecluse en Flandres, il employa sa captivité à écrire l'histoire des choses mémorables arrivées en France, Italie et Allemagne

de 1503 à 1521, sous le titre du *Jeune Aventureux*. Rendu bientôt après à la liberté, le roi lui donna le collier de Saint-Michel et le baton de maréchal de France le 23 mars 1526, à la place du maréchal de Foix. Il est connu sous le nom de maréchal de la Marck. Le roi lui donna les chatellenies de Chateau-Thierry et de Chastillon-sur-Marne. Il défendit vaillamment la ville de Péronne contre le comte de Nassau en 1536 et mourut l'année suivante à Longjumeau.

La maison de la Marck, tire son origine des comtes d'Alten ou d'Altenberg, d'où sont sortis les ducs de Juliers et de Clèves.

Leur filiation est établie depuis le commencement du XIIIᵉ siècle.

Le maréchal de la Marck était fils de Robert II de la Marck et de Catherine de Croï, fille de Philippe, comte de Chimay et de Walpurge de Mœurs; il ép. Guillemette de Sarrebruche, comtesse de Braine, dame de Montagu et de Neuchatel, de Pontarcy et de la Ferté-Gaucher; il n'eut qu'un fils Robert IV de la Marck, qui fut aussi maréchal de France en 1547, sous le nom de maréchal de Bouillon.

D'or, à la fasce échiquetée d'argent et de gueules de trois traits, au lion issant de gueules en chef.

1526

ThéodoreTrivulce, comte de Cauria, marquis de Picoléon et de Vallemagne, chevalier de l'ordre du roi et son lieutenant-général au royaume de Naples et de la République de Venise, gouverneur de Gênes, de Milan, de Vérone et de Lyon, servit dans l'avant-garde de l'armée aux batailles d'Agnadel et de Ravenne, se distingua au siège de Parme et à la bataille de Pavie; il fut maréchal de France à la place du sgr de la Palice le 13 mars 1526. Il mourut en 1531 étant gouverneur de Lyon, et fut enterré dans l'église des Jacobins.

Il était fils de Pierre Trivulce et de Laure de Bossis ; et cousin-germain de Jean-Jacques Trivulce, maréchal en 1499 ; il ép. Bonne de Bevilaqua, dont il ne paraît pas avoir eu d'enfants. Son frère Antoine Trivulce, sénateur de Milan, fut créé cardinal en 1500.

Palé, d'or et de sinople de six pièces.

Théodore Trivulce était fils de Pierre, le frère aîné de Antoine Trivulce, celui-ci père de Jean-Jacques Trivulce, maréchal, surnommé le grand Trivulce. C'est donc à tort que nous voyons imprimé, dans diverses publications biographiques, que Théodore Trivulce était le neveu de Jean-Jacques Trivulce.

1538

René, sgr de Montejan, en Anjou, de Sillé, de Cholet, de Beaupréau, etc, chevalier de l'ordre du roi, fit les guerres du Milanais, où il fut prisonnier en 1523, et eut le même sort à Pavie où il fut dangereusement blessé, le 24 février 1524. Trois ans après il servit sous le maréchal de Lautrec et réduisit la ville de Turin sous l'obéissance du roi, en 1536 ; moins heureux en Provence il fut battu et fait prisonnier à Brignoles. Sorti de prison il passa en Piémont, où il fut gouverneur et lieutenant-général pour le roi en 1537 ; fut créé maréchal de France le 10 février 1538, et mourut en Piémont au mois de septembre 1539.

Cette famille était originaire de l'Anjou, et connue depuis Briant, sgr de Montejan qui suivit Charles d'Anjou à la conquête de Sicile.

Le maréchal de Montejan était fils de Louis, sgr de Montejan et de Jeanne du Chastel, vicomtesse de la Bellière et de Cambour, fille unique et héritière de Taneguy du Chastel, sgr de Renac et de Jeanne de Raguenel, vicomtesse de la Bellière.

Il ép. Philippe de Montespedon et mourut sans enfants, le dernier de son nom ; il eut trois sœurs : *a. Anne* ép. Georges de Tournemine, baron de la Hunaudaye ; *b. Gillonne* ép. Jean Le Veneur, sgr du Hommet et de Carouges, baron de Tillières ; *c. Claude* ép. Christophe de Goulaines.

1538

Claude d'Annebant, baron de Retz et de la Hunaudaye, sgr d'Annebaut et de Saint-Pierre, chevalier de l'Ordre du roi, fit ses premières armes à la défense de Mézières, en 1521, contre le comte de Nassau, puis à la bataille de Pavie où il fut fait prisonnier ; défendit Turin contre les troupes de Charles-Quint ; conseiller et chambellan du roi, son bailli, et capitaine d'Evreux, 1535 ; lieutenant-général en Normandie conjointement avec l'amiral de Biron, 1536 ; commandant la cavalerie légère, défendit avec succès Moncalier, Saluces, Queyras ; secourut Thérouanne où il fut fait prisonnier, 1537 ; se trouva à la prise du château de Hesdin et fut fait maréchal de France à la place du maréchal de la Marck, le 10 février 1538 ; gouverneur et lieutenant-général en Piémont, en 1539 ; ambassadeur à Venise ; servit au siège de Perpignan sous le dauphin, en 1541 ; repassa en Piémont, fut créé amiral de France ; principal ministre après la disgrâce du connétable de Montmorency ; éloigné de la cour à l'avènement de Henri II, qui le priva de la charge de maréchal; conseiller de Catherine de Médicis, reprit la dignité de maréchal, fut nommé gouverneur de Normandie, et lieutenant-général pour le roi en Italie; il était un des généraux avec lesquels le roi prit Metz en 1552; il mourut à La Fère, en Picardie, le 2 novembre 1552. Son corps fut porté à Annebaut en Normandie, d'où sa famille était originaire et connue par filiation depuis 1387.

Il était fils de Jean II d'Annebaut, gentilhomme de la chambre du roi, connétable héréditaire de Normandie, ép. Marie Blosset, fille de Jean, sgr de Carouges. Son frère Jacques d'Annebaut fut évêque de Lisieux et cardinal.

Il ép. Françoise de Tournemine, baronne de la Hunaudaye et de Retz, fille de Georges et de sa première femme, Renée de Villeblanche. De ce mariage vinrent: 1. Jean III qui suit; 2. Madeleine, mariée 1° en avril 1550, au marquis de Saluces, fils puîné de Louis et de Marguerite de Montferrat; 2° avec Jacques de Silly, comte de la Rochepot, sans enfants de ces deux unions.

Jean III du nom, baron d'Annebaut, de Retz et de la Hunaudaye, chevalier de l'ordre du roi, gentilhomme de sa chambre, bailli et capitaine d'Évreux, mourut de ses blessures, reçues au siège de Dreux en 1562; il avait ép. 1° Antoinette de la Baume-Montrevel, dame de Chateauvillain, dont une fille Diane, morte jeune; 2° Claude-Catherine de Clermont, dame de Dampierre, héritière de son mari, qui porta la baronie de Retz, par un second mariage, à Albert de Gondy, duc de Retz (1522-1602), pair et maréchal de France.

De gueules, à la croix de vair.

1542

Oudart du Biez, sgr du Biez d'Escotelles, d'Araines, d'Argueil, de Ven-

dome et de Saint-Vaast en Artois, chambellan du roi, sénéchal et capitaine gouverneur de Boulogne et pays Boulonnais, 1523; servit aux guerres d'Italie, fut chevalier de l'ordre du roi en 1536; lieutenant général en Picardie 1542, maréchal de France, le 15 juillet 1542 à la place du maréchal de Montéjan, mort en 1536. Au camp de Marseille le Dauphin ne voulut recevoir que de sa main l'honneur de chevalerie, 1544; il défendit Montreuil contre les Anglais qu'il força de lever le siège après quatre mois; confirmé lieutenant-général du roi en Picardie, 1545, où il battit les Anglais en deux rencontres; tomba néanmoins en disgrâce avec son gendre, Jacques de Coucy, sgr de Vervins, à cause de la perte de Bologne, et fut condamné à mort en août 1551; le roi lui fit grâce de la vie et l'envoya prisonnier au château de Loches; mis en liberté au bout d'un an il mourut accablé de tristesse et d'ennui au mois de juin 1553, à Paris.

Sa mémoire et celle de son gendre furent réhabilitées par arrêt du Parlement du mois de septembre 1575.

Il était fils d'Antoine du Biez et d'Isabeau de Bergues Saint-Vinox.

Il ép. Jeanne de Senlis; après la mort de son mari le roi lui fit don de tous les biens de ce maréchal et des amendes auxquelles il avait été condamné.

Le maréchal du Biez n'eut que deux filles:

1. Isabelle dame du Biez, mariée à Jacques de Coucy, sgr de Vervins et de Chemery, gouverneur de Landrecies, qui fut décapité au mois de juin 1546, *aliàs* 1550, pour avoir rendu aux Anglais la ville de Boulogne dans laquelle il commandait sous les ordres de son beau-père.

2. Madeleine, mariée avec Jacques,

4

sgr de Fouquesolles et d'Audreham, guidon de la compagnie de son beau-père, tué pendant le siège de Bologne.

Arnoul du Biez, frère puîné du maréchal, avait formé la branche des seigneurs de Bécourt marquis de Savignies, qui finit avec Antoine-Oudart du Biez, marquis de Savignies, maréchal de camp, mort en 1723, dernier mâle de sa famille, marié avec Charlotte des Monstiers de Mérinville, morte le 11 décembre 1724, ne laissant qu'une fille Marie-Olympe du Biez mariée avec Isidore-Marie Lotin, marquis de Charny. Marie-Olympe du Biez mourut à l'âge de 22 ans, quelques jours après la mort de sa mère, le 28 décembre 1724, de douleur de l'avoir perdue.

D'or, à trois fasces de sable et 3 merlettes de même en chef.

1542

* Jean-Paul de Cere(?) suivit le roi aux guerres de Piémont en 1533.

1544

Antoine de Lettes, dit des Prez, sgr de Montpezat en Quercy, chevalier de l'ordre du roi, gentilhomme ordinaire de sa chambre en 1520, gouverneur et lieutenant général en Languedoc, combattit à Pavie où il fut fait prisonnier ; le roi paya sa rançon pour l'envoyer vers la Reine-mère, avec ses ordres secrets, puis vers l'empereur Charles Quint ; capitaine de 50 hommes d'armes des ordonnances du roi, en 1525 ; le roi lui donna la châtellenie d'Yenville en Beauce, en 1526, puis le créa maître particulier des eaux et forêts de Poitou à la mort de Jacques du Fou son beau-père ; sénéchal du Périgord, 1526 ; capitaine de 30 lances ; servit au siège de Naples, capitaine de la châtel-

lenie de Montluçon en Bourbonnais, chargé d'une ambassade en Angleterre il commanda en 1536 au siège de Marseille sous Antoine de la Rochefoucauld de Barbézieux ; il commandait au siège de Perpignan en 1541 ; lieutenant général en Languedoc en l'absence du connétable de Montmorency en 1542 ; créé maréchal de France le 13 mars 1544, à la place du maréchal d'Aubigny ; il mourut le 13 juin suivant dans une de ses terres près de Béziers, et fut enterré en l'église de Saint Martin de Montpezat.

La maison des Prez, sgrs de Montpezat, originaire du Quercy, est connue depuis 1286 Elle finit avec Blanche des Prez, fille aînée d'Antoine des Prez et de N..., dame de la Cortade, mariée le 6 décembre 1488 avec Antoine de Lettes, sgr de Puechlicon, écuyer, petit-fils de Nicolas de Lettes, chevalier, grand maître des eaux et forêts en Languedoc, à Narbonne, capitaine de Saintes, maître d'hôtel du duc d'Anjou ; de ce mariage naquit Antoine II de Lettes, maréchal, qui prit le nom des Prez et fut sgr de Montpezat comme héritier de son oncle maternel Pierre des Prez, mort sans enfants.

Antoine de Lettes des Prez ép. le 26 décembre 1521 Lyette, dame du Fou, en Quercy, fille de Jacques et de Jeanne d'Archiac, et en eut plusieurs enfants, dont l'aîné, Melchior, qui suit, et Jacques, évêque de Montauban.

Melchior, sgr de Montpezat et du Fou, maître des eaux et forêts, sénéchal du roi, chevalier de l'ordre du roi, gentilhomme de sa chambre et son lieutenant en Guienne, ép. le 26 juillet 1560 Henriette de Savoye, marquise de Villars, fille unique d'Honorat de Savoye, marquis de Villars, maréchal et amiral de France, et de Françoise de Foix, vicomtesse de Castillon ; devenue veuve, elle se remaria avec Charles de Lorraine, duc de Mayenne. De ce premier mariage étaient nés deux enfants, morts sans postérité, et quatre filles.

Le maréchal, connu sous le nom de maréchal de Montpezat, avait pris les armes de la maison des Prez de Montpezat, dont il avait été l'héritier.

Les armes de la maison des Prez étaient :

D'or, à 3 bandes de gueules, au chef d'azur chargé de 3 étoiles d'or.

La maison de Lettes portait :

De ..., à la bande chargée de 3 étoiles ..., avec un chef chargé d'un écusson sur lequel il paraît comme une croix ancrée.

1544

Jean Carracciolo, prince de Melphes, duc de Venouse, d'Ascoli et de Soria, grand sénéchal du royaume de Naples, prit le parti de la France et se trouva à la bataille de Ravenne, en 1512. Depuis ayant suivi l'empereur Charles Quint, il fut assiégé et pris dans la ville de Melphes, avec sa femme et ses enfants, par le maréchal de Lautrec, en 1528.

L'empereur ayant refusé de payer sa rançon, il eut recours à François 1er qui lui accorda la liberté et à sa famille, le fit chevalier de son ordre, lieutenant général de ses armées, et lui donna en considération de ses services et de la perte de ses biens en Italie les terres et seigneuries de Romorantin, Nogent, Brie-comte-Robert, Vitry aux Loges, Chateauneuf-sur-Loire, en 1544, et les îles de Martigues ; il servit avec éclat en Provence contre l'empereur, se distingua aux sièges du château de Hesdin, en 1547, de Luxembourg et de Landrecies ; fut créé maréchal de France en 1544 à la mort du maréchal de Montpezat, et lieutenant général du

roi en Piémont où il mourut en 1550. Il était connu sous le nom de prince de Melphes.

La maison de Carracciolo, à Naples, est une des plus anciennes est des plus illustres de ce royaume. Elle s'est divisée en plusieurs branches, « toutes « recommandables, dit le P. Anselme, « par leurs belles qualités et actions « militaires. »

Jean Carracciolo était fils de Trojan Carracciolo, prince de Melphes, grand sénéchal de Naples, et de Hippolyte-Paule de San Severino ; il épousa 1o Jeanne d'Aquaviva ; 2o Eléonore de San Severino. Sa postérité s'éteignit avec les enfants nés de ces deux mariages.

Bandé, d'or et de gueules de six pièces au chef d'azur.

1547

Robert de la Marck, IVe du nom, duc de Bouillon, comte de Braine et de Maulevrier, sgr de Sedan, Jamets, Florenges, Raucourt, Chateau-Thierry, Nogent le Roi, etc., chevalier de l'ordre du roi, capitaine de 50 lances de ses ordonnances et des cent Suisses de sa garde en 1543 ; il était appelé dans sa jeunesse le seigneur de Fleuranges ou Florenges et reçut le surnom de *Jeune Aventureux.* Il fut fait maréchal de France le 19 avril 1547, et connu sous le nom de maréchal de la Marck, puis maréchal de Bouillon.

Après la prise de Metz en 1552, le roi lui donna des troupes pour reprendre le duché de Bouillon, dont Charles-Quint s'était emparé ; son expédition réussit et le roi lui donna le gouvernement de Normandie. Il fut créé duc en France ; moins heureux dans la défense d'Hesdin, il fut obligé de capituler et fait prisonnier par les impériaux commandés par Philibert, duc de Savoie en 1553; enfermé au fort de l'Ecluse il paya sa rançon 60,000 écus. Il mourut en 1558 du poison qui lui avait été donné, dit-on, avant sa sortie.

Il était fils de Robert III de la Marck, qui avait été maréchal en 1526, et de Guillemette de Sarrebruche, comtesse de Braine et dame de Montagu; il épousa Françoise de Brézé comtesse de Maulevrier, baronne de Mauny et de Serignan, fille aînée et héritière de Louis de Brézé, grand sénéchal de Valentinois et de Diane de Poitiers. C'est à ce mariage qu'il dut le grand crédit dont il jouit à la cour pendant la première partie de sa vie. Il eut deux fils:

1. Henri-Robert duc de Bouillon, prince de Sedan, gouverneur de Normandie, chevalier de l'ordre du roi, qui épousa Françoise de Bourbon fille du duc de Montpensier et de Jacqueline de Longwi dont une fille, Charlotte, duchesse de Bouillon et princesse de Sedan, épousa le 15 octobre 1591 Henri de la Tour vicomte de Turenne, maréchal de France en 1592, qu'elle fit son héritier; de son second mariage avec Elisabeth, fille de Guillaume d'Orange, vinrent deux fils; l'aîné prit le titre de duc de Bouillon et l'autre fut le grand Turenne.

2. Charles-Robert de la Marck fut comte de Maulevrier et de Braine, vicomte de Huissay, baron de Pontarcy, de Mauny et de Serignan dont la postérité finit après deux générations avec deux filles; la seconde, Louise fut mariée en 1633 avec Maximilien Eschalart, marquis de la Boulaye, dont la postérité prit le nom et les armes de la Marck.

D'une branche collatérale de celle des deux maréchaux de la Marck, séparée vers 1460 étaient nés deux fils:

1. Evrard, sgr d'Arenberg et de Neufchatel, dont la postérité s'éteignit avec Marguerite de la Marck, comtesse d'Arenberg, mariée en 1547 avec Jean de Ligne, baron de Barbançon, d'où sont venus les princes de Ligne et d'Arenberg';

2. Guillaume (frère d'Evrard), sgr de Lumain, surnommé le *Sanglier des Ardennes*, dont la postérité était représentée en 1733 par Louis-Engilbert, comte de la Marck, marquis de Vardes, colonel du régiment d'infanterie de la Marck, marié avec Marie-Anne-Hyacinthe Visdelou, dame de Bienassis en Bretagne, dont une fille, Louise-Marguerite de la Marck, née le 18 juillet 1730.

D'or, à la fasce échiquetée d'argent et gueules de trois traits, au lion issant de gueules en chef.

1547

Jacques d'Albon, marquis de Fronsac, sgr de Saint-André, chevalier de l'ordre du roi et de celui de la Jarretière d'Angleterre, premier gentilhomme de la chambre du roi, conseiller en son Conseil privé, gouverneur et lieutenant général de Lyonnais, Forez et Beaujolais, haute et Basse-Auvergne, Bourbonnais, bailliage de Saint-Pierre-le Moutier, haute et Basse-Marche et Combrailles (21 février 1547), fut l'un des plus magnifiques seigneurs de la Cour de son temps; se signala à la bataille de Cérisolles, en 1544, et pendant le siège de Boulogne par les Anglais; fut créé maréchal de France à la mort du maréchal du Biez, en 1547; fit l'office de grand-maître de France au sacre de Henri II, et fut l'un des tenans au grand tournoi qui se fit à Paris en 1549. Le roi le choisit pour porter le collier de son ordre au roi d'Angleterre en 1550; eut le commandement de l'armée en Champagne en 1552; fut sénéchal de Lyon et bailli de Beaujolais et Dombes le 14 décembre 1552; se comporta vaillamment au combat d'Authie, à la prise de Marienbourg, au combat de Renty, à la prise de Cateau-Cambrésis, à la journée de Saint-Quentin où il fut fait prisonnier en 1557; il fit la fonction de grand-maître de France au sacre de Charles IX, reprit la ville de Poitiers sur les huguenots; fut fait prisonnier à la bataille de Dreux; il fut tué par le sieur Perdriel de Bobigny, sgr de Mézières, en 1562. Il était connu sous le nom de maréchal de Saint-André.

La maison d'Albon, en Dauphiné, était connue depuis le commencement du xiiie siècle; elle a fait les branches de Chazeul, Montaut, Saint-Didier et Gaudinières qui était l'aînée; de Saint-Forgeux; de Saint-Marcel; de Saint-André; de Baignols et de Chastillon d'Azergues.

Le maréchal de Saint-André était fils de Jean d'Albon, sgr de Saint-André et de Charlotte de la Roche, fille unique de Jean de la Roche, sgr de Tournoelles, et de Françoise du Bois; il ép. Marguerite de Lustrac, dame de Lustrac, fille d'Antoine et de Françoise de Pompadour, et n'eut qu'une fille, Catherine, fille d'honneur de la reine, qui mourut fort jeune, au monastère de Longchamps, du poison que l'on soupçonna sa mère de lui avoir fait donner, dans l'espérance d'épouser Louis de Bourbon, prince de Condé, auquel elle donna sa belle terre de Vallery, avec tous les riches et précieux meubles dont le château était garni. Marguerite de Lustrac épousa depuis Geoffroy, baron de Caumont, sgr de Castelnau, auquel elle porta la terre de Fronsac; elle en eut une fille, Anne, mariée : 1° à Henri d'Escars; 2° à François d'Orléans, comte de

Saint-Paul, fils du duc de Longueville et de Marie de Bourbon.

De sable, à une croix d'or.

1550

Charles de Cossé comte de Brissac, surnommé le *beau Cossé*, chevalier de l'ordre du roi, grand pannetier et grand fauconnier de France, lieutenant général du roi en Piémont; donna des preuves de courage à la guerre de Naples et du Piémont, se distingua aux sièges de Queyras et de Perpignan en 1541, colonel général de la cavalerie légère, puis grand-maître de l'artillerie de France, fut nommé maréchal le 21 août 1550, après la mort du prince de Melphes; gouverneur de Picardie en 1559, contribua à la prise du Havre de Grâce, en 1562, et battit les Huguenots à Chalons en 1563; il mourut à 57 ans le 31 décembre 1563.

La maison de Cossé est originaire de Cossé en Anjou. Elle compte deux chevaliers croisés en 1190 et 1248. Sa filiation est établie depuis Thibaud de Cossé vivant en 1360. Elle a donné quatre maréchaux de France.

Charles de Cossé était fils aîné de René de Cossé, sgr de Brissac et de Charlotte Gouffier, gouvernante des Enfants de France; il ép. Charlotte d'Esquetot; sa postérité a donné les ducs de Brissac, par érection du comté de Brissac en duché-pairie au mois d'avril 1611, en faveur de Charles de Cossé, fils puîné du maréchal de Brissac; son fils aîné Timoléon, colonel de l'infanterie française, fut tué d'un coup d'arquebuse au siège de Mussidan en Périgord, en reconnaissant la brèche, au mois de mai 1569, à l'âge de 26 ans, non marié.

De sable, à trois fasces d'or dentelées ou denchées par le bas.

1554

Pierre Strozzy, sgr d'Epernay, et de Belleville en Beaujolais, commença sa carrière militaire en Italie sous le comte Guy Rangon, se distingua au siège de Turin contre les impériaux en 1536; il passa en France et fut naturalisé avec Jean Strozzy son frère, en 1543, il se trouva la même année au siège de Luxembourg; il servit dans l'armée navale sous l'amiral d'Annebaut, fut créé général des galères de France et chevalier de l'ordre du roi en 1550; il eut le commandement de l'armée envoyée en Italie au secours des Siennois; il reçut le baton de maréchal le 27 avril 1554. Le roi, qui lui avait déjà donné la seigneurie de Belleville, lui donna celle d'Epernay; il fut lieutenant général de l'armée du pape Paul IV et reprit le port d'Ostie en 1557; il se trouva au siège de Calais et mourut d'un coup de mousquet au siège de Thionville, le 20 juin 1558, son corps fut porté à Epernay et y fut enterré dans un magnifique tombeau.

Cette maison était originaire de Florence et des plus considérables, connue depuis 1282.

Le maréchal Strozzy était fils de Philippe Strozzy II, qui fut de son temps, dit le P. Auselme, « le plus illustre citoyen de Florence et le plus renommé gentilhomme de toute l'Italie. Il joignit à la noblesse et à la splendeur de ses ancêtres des richesses immenses qui égalaient en argent comptant, celles des plus grands princes qui vivaient alors ».

Philippe Strozzy ép. Clarice de Médicis, sœur du duc Laurent, tante de Catherine, reine de France, et nièce de Léon X. Pierre Strozzy, né de cette union, ép. Laodamia de Médicis, fille de Pierre-François et de Marie Soderini.

Le P. Auselme ajoute cette remarque « que Pierre Strozzy était le plus riche particulier de l'Europe, quand il vint au service de France, et qu'en mourant il ne put laisser à son fils que 25,000 écus pour tous biens ».

Ce fils était Philippe Strozzy III, qui fut chevalier des ordres du roi, colonel général de l'infanterie française, non marié; il avait une sœur Clarice Strozzy, femme d'Honorat de Savoye comte de Tende, fils de Claude, comte de Tende et de Sommerive et de Marie de Chabannes; elle mourut sans enfants; avec elle finit la postérité du maréchal Strozzy.

D'or, à la fasce de gueules, chargée de 3 croissants contournés d'argent.

1558

Paul de la Barthe, sgr de Thermes, chevalier de l'Ordre du Roi, capitaine de 100 chevau-légers, puis de 50 hommes des ordonnances du roi, gouverneur de Paris et de l'Isle-de-France, dit le maréchal de Thermes, né en 1482, fit ses premières armes sous André de Foix, sieur de Lesparre, contre les Espagnols, puis dans la guerre d'Italie, se signala au siège de Naples en 1528; servit en Piémont, à Thérouanne, et au siège de Perpignan; gouverneur de Savillan; commandant la cavalerie de l'aile droite à la bataille de Cérisoles en 1544, où il eut un cheval tué sous lui et fut fait prisonnier; lieutenant du roi en Ecosse; ambassadeur près du pape Jules III en 1550; soutint vaillamment le siège de Parme contre les Impériaux au mois de novembre 1550; commanda l'armée envoyée au secours des Siennois; commanda en Corse et en Piémont; reçut en don le comté de Comminges le 10 février 1555; fut créé maréchal à la mort de Pierre Strozzy, le 24 juin 1558, après la prise de Calais

CATALOGUE DES GÉNÉRAUX FRANÇAIS

et en eut le gouvernement. Il s'empara de Dunkerque et de Bergues Saint-Vinox ; perdit la bataille de Gravelines et y fut prisonnier le 14 juillet 1558. Il mourut à Paris sans enfants le 6 mai 1562, instituant comme héritier Roger de Saint-Lary, sgr de Bellegarde, son son neveu.

La seigneurie de la Barthe avec le titre de vicomté était composée autrefois des quatre vallées d'Aure, de Nestes, de Magnoac et de Barrousse, dont la Barthe était le chef-lieu. Ces terres furent réunies à la couronne après la mort du dernier duc d'Armagnac en 1481.

Le dernier représentant des derniers vicomtes de la Barthe fut Arnaud-Guilhem, vivant en 1259 ; il fut père de deux filles : 1. Véronique, mariée à Arnaud-Bernard, frère puîné de Géraud comte d'Armagnac ; 2. Brunissende, mariée avec Bertrand de Fumel ; elle hérita des biens de son père, sa sœur aînée étant morte sans enfants. La postérité de Bertrand de Fumel prit le nom et les armes de la Barthe qu'elle écartela des siennes qui sont : *D'azur à trois flammes ou fusées d'argent.* Tous ceux qui ont porté depuis le nom de la Barthe descendent de lui et ont toujours porté les mêmes armes écartelées de celles des anciens vicomtes de la Barthe qui sont : *D'or, à quatre pals de gueules.*

On cite les branches de la Barthe-Fumel, de Montcorneil, de Giscaro, de Thermes, de Lassegan et de l'Artigolle. Quoique les jonctions de ces diverses branches entr'elles n'aient pas été faites, il est admis qu'elles avaient la même origine et les mêmes armes.

Le maréchal de Thermes était fils de Jean de la Barthe, second fils du sgr de Giscaro et de Jeanne de Péguilhem ; il avait épousé Marguerite de Saluces-Cardé, dont il n'eut pas d'enfants, remariée en secondes noces avec Roger de Saint Lary, sgr de Bellegarde, maréchal de France, fils de Pierre de Saint Lary et de Mathilde, *alias* Marguerite d'Orbessan, sœur du maréchal de Thermes.

La sagesse, ou la stratégie prudente, qui distingua toujours ce maréchal était passée en proverbe, même chez les ennemis qui disaient communément : *Dieu nous garde de la sagesse de Thermes.*

Écartelé, aux 1 et 4 d'or à quatre pals de gueules ; aux 2 et 3 d'azur à trois flammes d'argent partant du pied de l'écu.

1559

François duc de Montmorency, pair, maréchal et grand-maître de France, chevalier des ordres de Saint Michel et de la Jarretière, « homme de courage et de probité, dit le P. Anselme, qui n'eut jamais de faveur à la Cour, parce qu'il ne pouvait se porter aux passions de ceux qui gouvernaient » ; fut gouverneur et lieutenant-général de la ville de Paris et de l'Isle de France en 1547 ; commença ses premières actions militaires en 1551 au siège de Lanza en Piémont ; servit à la défense de Metz en 1552 ; prisonnier à Thérouanne en 1553 ; se trouva à la prise d'Ostie, en 1556, et à la journée de Saint Quentin en 1557 ; défendit la Picardie contre les Espagnols et assista au siège et à la prise de Calais en 1558. Le connétable son père se démit en sa faveur, cette année, de la charge de Grand maître de France, qu'il céda au duc de Guise après la mort de Henri II ; il fut créé le 10 octobre 1559 maréchal de France et capitaine du château de Nantes ; se trouva au siège de Dreux, à la prise du Havre de Grace, et à la bataille de Saint Denis en 1567 ; fut envoyé en ambassade près de la reine Elisabeth d'Angleterre qui le nomma chevalier de la Jarretière en 1572. Tombé en disgrâce il fut enfermé à la Bastille avec le maréchal de Cossé le 4 mai 1574, et n'en sortit qu'au mois d'avril 1575. Le roi le fit mettre en liberté et réhabiliter par lettres patentes du 7 avril enregistrées au Parlement. Il mourut de maladie au château d'Ecouen le 6 mai 1579.

Il était fils aîné d'Anne duc de Montmorency pair et connétable de France et de Madeleine de Savoye ; il avait épousé Diane, légitimée de France, fille naturelle d'Henri II et n'en eut pas d'enfants.

D'or, à la croix de gueules, cantonnée de 16 alérions d'azur, posés, 4, 4, 4, 4.

1562

François de Scépeaux, sgr de Vieilleville et de Duretal, chevalier de l'ordre du roi, élevé enfant d'honneur de Louise de Savoie mère de François Ier, se trouva à la prise de Pavie et de Melphes, se signala au combat naval donné près de Naples, servit au siège de Perpignan et y fut fait chevalier en 1541, à ceux de Landrecies, de Saint-Dizier, d'Hesdin et de Thérouanne, combattit à la bataille de Cérisoles en 1544, au siège de Boulogne, eut le gouvernement des trois évêchés Metz, Toul et Verdun en 1553, dirigea le siège de Thionville et contribua beaucoup à la prise de cette place en 1558 ; lieutenant pour le roi à la ville de Metz lorsque ce prince unit, pour lui, à la baronnie de Duretal et de Mathefelon, les seigneuries de Lezigué, de Saint-Bernard, de Barnée et du Port de Vieillevigne, le 6 février 1559 ; il fut créé maréchal de France le 21 décembre 1562 ; gouverneur de Bretagne après le décès du vicomte de Martigues. Il mourut de poison en son château de Duretal, le 30 novembre 1571. Il acquit beaucoup de réputation en cinq ambassades dont il fut chargé en Allemagne, en Angleterre et en Suisse.

Cette maison a pris son nom de la terre de Scépeaux au comté de Laval, entre Craon et Laval, en Mayenne. Son nom est connu depuis 1222.

Le maréchal de Vieilleville était fils de René de Scépeaux et de Marguerite de la Jaille ; il ép. Renée Roux, fille de Jean, sgr de Chemans, de la Roche des Aubiers, et de Catherine de Saint-Aignan.

De ce mariage vinrent deux filles : 1. Marguerite mariée avec Jean, marquis d'Espinay, en Bretagne, fils aîné de Guy et de Louise de Goulayne, sans enfants ; 2. Jeanne ép. 1° Olric du Chateiet, sgr de Deuilly en Lorraine, grand sénéchal de Lorraine ; 2° Antoine d'Espinay, sgr de Broon et du Molay, chevalier de l'ordre du roi, capitaine de 50 hommes d'armes, sans enfants.

Cette maison a fait les branches des seigneurs de Scépeaux, de Landevy et de Chenillé ; de Vieilleville ; de Gaubert ; de l'Esperonnière ; de la Cherbonnerie ; du Chesnin ; de Beauchesne et de la Roche-Noyant.

Ecartelé, aux 1 et 4 vairé d'argent et de gueules ; aux 2 et 3 fascé d'argent et de gueules de 10 pièces, au lion de sable, brochant sur le tout, qui est d'Estouteville ; et sur le tout : d'or à six écussons de gueules posés 3, 2 et 1, qui est de Mathefelon.

1564

Imbert de la Platière, sgr de Bourdillon et d'Espoisses, de Saint Aubin, de Saint Sulpice, de Montigny, de Fresnay, chevalier de l'ordre du roi, capitaine de 100 hommes d'armes de ses Ordonnances, lieutenant-général au gouvernement de Champagne et de Brie, appelé le maréchal de Bourdillon, bailli d'Auxois, premier écuyer du Dauphin, servit pendant les guerres de François Ier et Henri II, et fut employé aux affaires les plus importantes du royaume ; fut créé maréchal de camp en 1554 et envoyé à Saint Quentin où il sauva le tiers de l'armée après sa défaite ; servit au siège et à la prise de Thionville ; il fut établi en 1559 lieutenant général au delà des monts à la place du maréchal de Brissac ; il fut créé maréchal de France le 6 avril 1564 ; envoyé en Guienne pour apaiser les troubles, mourut à Fontainebleau le 6 avril 1567, et fut enterré en l'église d'Espoisses en Bourgogne ; il avait acquis cette terre du duc de Nemours, en 1561.

Cette maison originaire du Nivernais, remonte sa filiation à Louis de la Platière, sgr des Bordes en 1449.

Il était fils de Philibert de la Platière sgr des Bordes, bailli et capitaine de Mantes en 1494, conseiller et chambellan du roi, et de Anne de Jaucourt, dame de Marrault ; il ép. 1° Claude de Damas, dame de Raguy ; 2° Françoise de Biragne, fille unique de René, chancelier de France, et de Valentine Balbiano, sans enfants. Son frère ainé François de la Platière, gentilhomme de la chambre du duc d'Orléans, fut tué devant Châlons en Champagne au service du roi le 1er septembre 1544 ; il avait ép. Catherine de Motier de la Fayette, fille de Gilbert, sgr de Pontgibaud et de Isabeau de Polignac, dont il eut deux enfants : 1. René, mourut jeune, tué à la bataille de Dreux où il était le guidon de la compagnie de 50 lances de son oncle le maréchal ; 2.

Françoise, unique héritière de tous les biens de sa famille et de son oncle le maréchal, ép. 1° en 1569 Henri de l'Hopital, vicomte de Vaux, fils d'Aloph, sgr de Choisy et de Louise de Poysieux ; 2° le 27 décembre 1573 Louis d'Ancienville, sgr de Villiers aux Corneilles, baron de Réveillon, vicomte de Soully, chevalier de l'ordre du roi, etc, dont une fille Anne, dame de Prie qui épousa Antoine de la Grange, sgr d'Arquien, fils de Charles et de Louise de Rochechouart-Mortemart.

Ecartelé, aux 1 et 4 d'argent au chevron de gueules, accompagné de 3 anilles ou fers à moulin de sable ; au 2 et 3 de gueules à 3 molettes d'éperon d'or.

1566

Henri I du nom, duc de Montmorency, pair, maréchal et connétable de France, chevalier des ordres du roi, gouverneur de Languedoc, d'abord qualifié sgr de Damville, créé maréchal le 10 février 1566, succéda au titre de duc de Montmorency après la mort de son frère ainé, le duc François, connétable le 8 décembre 1593, mourut dans la ville d'Agde le 1er avril 1614.

Il était fils puiné d'Anne de Montmorency pair et connétable de France et de Madeleine de Savoie. (V. les Connétables, p. 16.)

1567

Artus de Cossé, comte de Secondigny, sgr de Gonnor, connu sous ce nom jusqu'à sa nomination à la dignité de maréchal de France, chevalier des ordres du roi, gouverneur des pays d'Anjou, de Touraine et Orléanais, dit le maréchal de Cossé, se signala au siège de Lens en 1551 et fut gouverneur de la ville de Metz qu'il défendit vaillamment en 1552 contre les Impériaux ; lieutenant de roi à Mariembourg, 1554 ; reçut en 1555 le collier de St-Michel ; grand pannetier de France en 1563, et surintendant des finances en 1564 ; fut créé maréchal de France à la mort du maréchal de Bourdillon, le 4 avril 1567 ; il combattit à la bataille de Saint-Denis et de Moncontour ; il fut lieutenant général de l'armée en Normandie 1569, et de l'Orléanais en 1570 ; battu par les huguenots au combat d'Arnay-le-Duc en 1570 ; servit au siège de la Rochelle en 1573. Tomba en disgrâce et fut mis à la Bastille avec François duc de Montmorency en 1574, d'où il ne sortit qu'en 1575 ; le roi Henri III l'honora de l'ordre du Saint Esprit le 1er janvier 1579 ; il mourut à son château de Gonnor en Poi'ou le 15 janvier 1582. La terre de Secondigny avait été érigée en comté en sa faveur par lettres de juin 1566.

Il était fils puîné de René de Cossé, sgr de Brissac et de Charlotte Gouffier, et frère de Charles de Cossé, qui fut aussi maréchal de France le 21 août 1550 ; il ép. 1° Françoise du Bouchet ; 2° Nicole Le Roy, veuve de François Raffin, sgr de Pecalvary et d'Azay, sénéchal d'Agénois, fille de Guyon Le Roy, sgr du Chillou, vice-amiral de France et de Radegonde de Maridor ; il n'eut pas d'enfants de ce second mariage. Il eut du premier mariage : 1. Renée, mariée à Charles de Montmorency duc de Damville, pair et amiral de France, fils puîné d'Anne, et Madeleine de Savoie, sans enfants ; 2. Jeanne, mariée 1° avec Gilbert Gouffier, duc de Roannais, marquis de Boissy ; 2° avec Antoine de Silly, comte de la Rochepot, baron de Montmirail ; 3. Madeleine, mariée avec Jacques de l'Hôpital, marquis de Choisy, gouverneur et sénéchal d'Auvergne.

Écartelé, aux 1 et 4 de Cossé ; au 2 de sable au lion d'argent, armé, lampassé couronné de gueules, qui est de Charno ; au 3, de Gouffier ; sur le tout, de Montmorency.

1570

Gaspard de Saulx, sgr de Tavannes, chevalier de l'Ordre du roi et gouverneur de Provence, dit le maréchal de Tavannes, d'abord page de l'écurie du roi, servit dans les gendarmes de Jacques de Genouillac, sgr d'Acier, grand écuyer de France, prit part à la guerre de Provence, en 1536, et à la défense de Thérouanne ; se signala à la bataille de Cérisoles, en 1544, au combat de Renty, en 1554, où le roi le fit chevalier de son Ordre sur le champ de bataille ; au siège de Calais, en 1558 ; fut lieutenant-général du gouvernement de Bourgogne, en 1556, chevalier d'honneur au Parlement de Bourgogne après la mort de son frère aîné, en 1565 ; prit une part active aux guerres de religion contre les huguenots, et il ne se passa pas une occasion, dit le P. Anselme, où il ne donnât des marques de sa valeur ; servit aux combats de Jarnac, de la Roche-Abeille et à la bataille de Moncontour ; fut créé maréchal de France le 28 novembre 1570 ; gouverneur de Provence et amiral des mers du Levant, au mois d'octobre 1572 ; mourut, en son château de Suilly, au mois de juin 1573, à l'âge de 63 ans ; il fut enterré dans la Sainte-Chapelle de Dijon.

La maison de Saulx a tiré son nom du château de Saulx, situé entre Dijon et Langres, où elle était connue depuis l'an 1086. Elle a fait diverses branches dont la jonction n'a pas été établie, dites de Fontaines, de Courtivron, du Meix, de Ventoux, d'Arc-sur-Tille, ces derniers étaient marquis, comtes et vicomtes de Tavannes, issus des sgrs de Ventoux.

Le maréchal de Tavannes était le second fils de Jean de Saulx sgr d'Aurain et d'Arc-sur-Tille, et de Marguerite de Tavannes, mariés le 18 avril 1504, sœur héritière de Jean de Tavannes, sgr de Dalle, natif du comté de Ferrette, en Allemagne, qui fut naturalisé par lettres de 1518.

Il ép. le 16 décembre 1546, Françoise de la Baume, seconde fille de Jean de la Baume, comte de Moutrevel, et de Françoise de Vienne, dont la postérité a fait les branches des vicomtes de Saulx-Tavannes, des marquis de Tavannes et de Mirebel, des marquis de Tavannes et du Mayet, des sgrs et vicomtes de Luguy.

Jean de Saulx, vicomte de Tavannes, fils du maréchal, fut fait maréchal de la Ligue, le 27 février 1592.

La maison de Saulx-Tavannes s'est éteinte dans les mâles en 1845, en la personne de Roger-Gaspard-Sidoine, duc de Saulx-Tavannes, pair de France, né en 1806; il avait eu trois sœurs : 1. Emmeline, mariée à Jean-Baptiste-Thomas-Hippolyte, marquis d'Aloigny, morte sans enfants; 2. Isaure, comtesse Greppi; 3. Clémentine, mariée : 1º au lieutenant-général vicomte Digeon, ancien ministre de la guerre et pair de France sous la Restauration, dont un fils, Armand, décédé en 1892, non marié; 2º avec le général L'Heureux, dont une fille, Bérengère-Charlotte, mariée au comte Edouard de Barthélemy d'Hastel, décédé, laissant de son mariage une fille Gabrielle, mariée au comte de Brocas de la Nauze.

D'azur, au lion d'or, couronné de même, armé et lampassé de gueules.

Devise : *Semper Leo.*

1571

Honorat de Savoie, marquis de Villars, comte de Tende et de Sommerive, baron de Précigny, sgr de Loyes, de Marro, etc., maréchal et amiral de France, chevalier des ordres du roi, gouverneur de Provence et de Guienne, accompagna le roi Henri II en Lorraine, se jeta dans la ville de Hesdin assiégée par le prince de Piémont, fut blessé à la bataille de Saint-Quentin ; secourut Corbie assiégée par les Espagnols ; suivit Charles IX à Bayonne en 1565 ; servit aux batailles de Saint Denis et de Moncontour, fut créé maréchal de France le 30 novembre 1571, amiral en 1572, après la disgrâce de l'amiral de Coligny ; lieutenant-général du roi de Navarre en Guienne où il reprit plusieurs places sur les Huguenots ; reçu chevalier du Saint-Esprit le 31 décembre 1578, mourut à Paris en 1580.

Il était fils puiné de René, dit le grand batard de Savoye, fils naturel de Philippe II, dit sans terre, duc de Savoye et de N... de Romagnano, piémontaise.

Philippe II reconnut son fils René et lui donna le comté de Villars en Bresse, avec la seigneurie d'Aspremont et de Gordans. René de Savoye ép. Anne de Lascaris, comtesse de Tende, veuve de Louis de Clermont-Lodève, vicomte de Nebousan, et fille de Jean-Antoine de Lascaris comte de Tende et de Isabelle d'Anglure ; il eut de son mariage :

1. Claude, qui suit ;

2. Honorat, maréchal de France, marié avec Jeanne de Foix, fille d'Alain, vicomte de Castillon et de Françoise des Prez, dame de Montpezat, dont : Henriette de Savoye mariée 1º avec Melchior des Prez, sgr de Mont-

pezat et du Fou; 2° avec Charles de Lorraine duc de Mayenne.

3. Madeleine ép. en 1526 Anne duc de Montmorency, pair, maréchal et connétable de France;

4. Marguerite ép. en 1535 Antoine de Luxembourg, comte de Brienne et de Ligny;

5. Isabelle, ép. en 1537 René de Batarnay, comte du Bouchage.

Claude de Savoye, comte de Tende et de Sommerive, gouverneur et sénéchal de Provence, ép. 1° Marie de Chabannes, fille de Jacques, maréchal de France, et de Marie de Melun; 2° Françoise de Foix, fille de Jean, vicomte de Meille et d'Anne de Villeneuve-Trans; il eut du premier mariage : 1. Honorat, gouverneur et sénéchal de Provence après son père, mort de poison à Montélimar le 8 septembre 1572 sans enfants de ses deux femmes : Claire Strozzy, et Madeleine de la Tour-Turenne; 2. René, tué à Fresne en 1568, sans enfants; 3. Renée, épousa le 23 mai 1554 Jacques, sgr d'Urfé, gouverneur et bailli de Forez; 4. et du second mariage Anne, mariée 1° avec Jacques de Saluces-Cardé; 2° avec Antoine de Clermont d'Amboise, marquis de Resnel; 3° avec Georges de Clermont, marquis de Gallerande.

Écartelé, aux 1 et 4, de Savoye; aux 2 et 3 contrecartelé aux 1 et 4 de gueules à l'aigle éployée d'or; aux 2 et 3 de gueules au chef d'or, qui est de Lascaris.

1573

Albert de Gondy duc de Retz, pair de France, chevalier des ordres du roi, premier gentilhomme de sa chambre, général des galères et capitaine de la première compagnie des cent gentilshommes de la maison du roi; confident de la reine Catherine de Médicis et principal favori du roi Charles IX; se trouva à la bataille de Saint-Denis en 1567, à la journée de Moncontour en 1569, eut l'honneur d'épouser, au nom du roi Charles IX, Élisabeth d'Autriche, fille de l'empereur Maximilien; ambassadeur de France près la reine d'Angleterre en 1573, servit au siège de la Rochelle; accompagna le duc d'Anjou en Pologne l'année suivante; le roi le fit maréchal de France le 6 juillet 1573; au sacre de Henri III, il représenta la personne du Connétable; il fut chevalier du Saint-Esprit en 1579, duc et pair, et gouverneur de Provence en 1581, capitaine de 100 hommes d'armes des ordonnances du roi en 1580, conseiller d'honneur au parlement de Paris 1582, représenta le comte de Toulouse au sacre d'Henri IV.

Il mourut à Paris le 21 avril 1602 et fut enterré dans la chapelle de Gondy, derrière le maître-autel de l'église cathédrale de Notre-Dame.

Il était fils d'Antoine de Gondy II du nom et de Marie-Catherine de Pierrevive, gouvernante des Enfants de France, fille de Nicolas de Pierrevive, sgr de Lézigny, maître d'hôtel ordinaire du roi et de Jeanne de Turin.

Il ép. le 4 sept. 1565 Claude-Catherine de Clermont, baronne de Retz, dame de Dampierre, veuve de Jean d'Annebaut, baron de Retz, tué à la bataille de Dreux, fils du maréchal de France, et de Françoise de Tournemine. Elle apporta à son mari la baronnie de Retz qui fut érigée pour lui en duché pairie au mois de novembre 1581. Il eut de ce mariage: 1. Charles qui continua la postérité; 2. Henri, évêque de Paris et cardinal, tué au camp devant Béziers en 1622; 3. Jean-François, évêque de Paris après son frère et premier archevêque de Paris, mort en 1654 à l'âge de 70 ans.

La postérité de Charles de Gondy, duc de Retz, finit avec Paule-Marguerite-Françoise de Gondy, son arrière petite fille, comtesse de Joigny, héritière du duché de Retz, mariée le 12 mars 1675 avec François-Emmanuel de Blanchefort de Bonne de Créquy, duc de Lesdiguières, pair de France, comte de Sault, gouverneur et lieutenant général en Dauphiné, dont elle a eu un fils unique, Jean-François-Paul de Bonne de Créquy, duc de Lesdiguières, mort sans postérité à Modène (Italie), le 6 octobre 1703, âgé de 25 ans.

La maison de Gondy était originaire de Florence où elle avait possédé plusieurs charges importantes dans cette république. Antoine Gondy, fils ou petit-fils de Léonard Gondy et de Françoise Belfradelli, ép. Madeleine Corbinelli dont il eut deux fils : 1. Jérôme qui suit ; 2. Antoine auteur de la branche du maréchal et des ducs de Retz.

Jérôme Gondy, puis de Gondy, depuis son établissement en France, petit neveu d'Antoine II de Gondy et arrière petit-fils d'Antoine I, fils d'un ambassadeur du grand duc de Toscane en Espagne, né à Valence, en 1550, fut appelé en France par son oncle Jean-Baptiste Gondy, venu en France avec Catherine de Médicis, dont il fut maître d'hôtel et qui le fit naturaliser. Celui-ci, qui n'avait pas d'enfants, lui donna la baronnie de Codun et le fit son héritier ; il laissait une succession de 400.000 écus.

Sa postérité finit avec Jérôme de Gondy, baron de Codun, marié le 19 sept. 1644 avec Hippolyte de Cumont fille de René, sgr de Fief-Brun, lieutenant particulier et maire de St-Jean-d'Angély.

Antoine Gondy, second fils d'autre Antoine cité plus haut, passa en France, s'établit à Lyon, avec d'autres familles de Florence et y exerça divers emplois ; il ép. Marie de Pierrevive et acquit les terres du Perron et de Toislay. Catherine de Médicis passant par Lyon en 1533, prit Marie de Pierrevive à son service et attacha Antoine à celui du duc d'Orléans, alors dauphin, son mari, en qualité de maître d'hôtel qui continua l'exercice de cette charge lorsque ce prince fut parvenu à la couronne, sous le nom d'Henri II. Il mourut à Paris et fut enterré dans l'église des Quinze-Vingt. De ce mariage naquit : 1. Albert, qui fut maréchal de France et duc de Retz ; 2. Jean, qui fut chanoine de St-Paul de Lyon ; 3. Pierre, évêque de Langres puis de Paris, duc et pair de France, commandeur du St-Esprit, grand aumonier de Catherine de Médicis et d'Elisabeth d'Autriche, cardinal en 1587, réconcilia Henri IV avec le pape Clément VIII ; il mourut en 1616, âgé de 84 ans.

D'or, à deux masses d'armes de sable posées en sautoir et liées de gueules.

1574

Roger de Saint-Lary, sgr de Bellegarde, se signala d'abord en Piémont sous le nom du capitaine de Bellegarde, était enseigne, puis lieutenant dans la compagnie d'ordonnance du maréchal de Termes, son grand oncle maternel ; s'attacha depuis au duc de Retz, qui le fit lieutenant de sa compagnie de gendarmes, fut commandeur de l'ordre de Calatrava qui était en Gascogne ; servit sous le duc d'Anjou, depuis Henri III, qui le fit colonel de son infanterie, suivit le prince en Pologne, fut créé maréchal de France le 6 septembre 1574 ; mit le siège devant Montpellier en 1577, et fut obligé de le lever; nommé chevalier des ordres du roi en 1578, non reçu; encourut la disgrâce du roi Henri III qui le soupçonna d'intelligence avec le duc de Savoie; se retira au marquisat de Saluces, dont il s'était emparé, et mourut peu de temps après au château de ce nom le 20 décembre 1579. Brantosme a écrit sa vie.

Il était fils de Pierre de Saint Lary, baron de Bellegarde, sgr de Montblanc et de Montastruc, etc., et de Marguerite d'Orbessan, fille de Pierre et de Jeanne de Termes; il ép. avec dispenses Marguerite de Saluces (fille de Jean-François de Saluces, sgr de Cardé), veuve de Paul de Termes, grand-oncle de son mari, dont il eut : 1. César, qui suit; 2. Marguerite, ép. Joseph de Las, sgr de Tule.

César de Saint Lary, gouverneur du marquisat de Saluces, après son père, fut gouverneur du pays de Saintonge, Aunis et Angoumois, et tué à la bataille de Coutras en 1587; il avait épousé Jeanne du Lion dont un fils, Octave, d'abord évêque de Conserans en 1614, mort archevêque de Sens en 1624. Le maréchal avait un frère Jean, héritier de son grand oncle le maréchal de Termes.

Sa postérité finit à la troisième génération avec Anne-Marie de Saint Lary dame de Bellegarde, mariée vers le milieu du XVIIe siècle avec Jean-Antoine de Goudrin et de Pardaillan, marquis de Montespan, son cousin-germain, qui fut substitué aux biens de la maison de Bellegarde et mourut sans postérité en 1687 âgé de 95 ans; elle mourut le 4 mai 1715 âgée de 93 ans.

Il existait encore une autre branche de la maison de Saint Lary, formée par Jean de Saint Lary, dit de Montastruc, frère cadet de Pierre, baron de Bellegarde, père du maréchal. Cette branche connue sous le nom de sgrs de Saintrailles, en Astarac, s'éteignit vers le milieu du XVIIIe siècle.

La ville et seigneurie de Bellegarde située sur la Saône en Bourgogne, qui avait porté d'abord le nom de Seurre avait été érigée en duché-pairie en 1620 en faveur de Roger de Saint-Lary sgr de Bellegarde, marquis de Seurre, gouverneur de Bourgogne et de Bresse, grand écuyer de France, chevalier des ordres du roi, mort sans enfants, neveu du maréchal de Bellegarde.

Le titre et le nom de Bellegarde passèrent dans la maison de Gondrin d'Antin : mais le titre de *duché-pairie* fut transféré en 1645 sur le marquisat de Choisy aux Loges, en Gatinais, qui appartenait au duc d'Antin, dont le second fils a été qualifié marquis de Bellegarde, et la terre de Seurre fit retour au duc de Bourbon.

La maison de Saint Lary ou Hilari (Saint Hilaire) établit sa filiation suivie depuis Jean de Saint Lary, sgr de Gessac, Montgros, Montblanc, Saint Lary, Montastruc et Frontignan dans la sénéchaussée de Toulouse, dont le fils Jean II du nom, ep. Jeanne de Béon et en eut un fils, Raymond, qui fut la tige des sgrs de Bellegarde, par son mariage en 1498 avec Miramonde de Lagorsan, fille unique de Roger de Lagorsan, sgr de Bellegarde. La terre de Saint Lary qui a donné son nom à cette maison est située dans le comté de Comminges. Les sgrs de Saint Lary sont connus depuis 1224, d'après les preuves de Jean de Saint Lary, baron de Termes, pour l'ordre du Saint-Esprit en 1584.

Écartelé, au 1 d'azur au lion couronné d'or, qui est de Saint Lary; au 2 d'or à 4 pals de gueules, qui est de Foix; au 3 de gueules au vase d'or, qui est d'Orbessan ; *au 4 d'azur à 3 demi pals flamboyants d'argent*, qui est de Termes ; sur le tout : *d'azur à la cloche d'argent*, qui est de Lagorsan de Bellegarde.

1574

Blaise de Montluc, chevalier de l'ordre du roi, lieutenant général du gouvernement de Guienne, d'abord page du duc de Lorraine, prit part au combat de la Bicoque, puis à la bataille de Pavie où il fut fait prisonnier en 1525 ; fit la guerre de Naples avec Lautrec, puis la guerre de Provence en 1536 ; servit aux sièges de Perpignan, de Cazal, de Queyras, de Carignan, de Carmagnole, à la bataille de Cérisoles ; fut gouverneur de Moutcalier et d'Albe en Piémont ; lieutenant pour le roi dans Sienne (1554), qu'il défendit avec beaucoup de gloire contre les Impériaux et ne la rendit qu'après un très long siège quand il eut fait tout ce qu'on pouvait attendre d'un homme de cœur ; chevalier de Saint Michel 1555 ; exerça la charge de colonel de l'infanterie française au siège de Thionville. Pendant les troubles religieux du règne de Charles IX il fit une rude guerre aux huguenots en Guienne ; servit au siège de la Rochelle en 1573 et fut fait maréchal de France le 25 septembre 1574 ; il mourut en 1577 âgé de 77 ans, après avoir porté les armes pendant 52 ans pour le service de quatre rois.

C'est l'auteur des *Mémoires*, que Henri IV appelait le « bréviaire du soldat ».

Il était fils de François de Lasseran-Massencomme, sgr de Montluc, de la maison de Montesquiou, et de Françoise d'Estillac de Mondenard en Agénois.

Le maréchal de Montluc ép. 1° le 20 octobre 1526 Antoinette Ysalguier, fille de Jacques, baron de Clermont ; 2° Isabeau, dame de Beauville en Agénois ; il eut du premier mariage entre autres enfants : 1. Pierre-Bertrand, dont la postérité finit avec Suzanne, sa petite-fille, dame de Montsalès, mariée le 21 décembre 1606 avec Antoine de Lauzières marquis de Thémines, fils de Pons, et de Catherine Ebrard de Saint-Sulpice sa seconde femme ; 2. Fabien, marié avec Anne dame de Montesquiou, fille unique de Jean baron de Montesquiou et de Gabrielle de Villemur dont le fils Adrien, ép. Jeanne de Foix (fille d'Odet de Foix et de Jeanne d'Orbessan), et dont la fille unique Jeanne de Montluc et de Foix, comtesse de Carmain, princesse de Chabanais, dame de Montesquiou et de Saint-Félix porta ces terres dans la maison d'Escoubleau, par son mariage avec Charles d'Escoubleau, marquis de Sourdis et d'Alluye, chevalier des ordres du roi. Elle mourut en 1657, la dernière descendante de Blaise de Montluc.

Le nom de Lasseran de Massencomme de Montluc était venu à cette branche à la suite du mariage, le 15 mai 1318, de Odet ou Odon de Montesquiou avec Aude de Lasseran, dame de Massencomme, de Montluc, du Puch de Montaut, de Gouuens, etc., fille héritière de Garcias-Arnaud de Lasseran, sgr des mêmes lieux, avec clause expresse que les enfants qui naîtraient de ce mariage prendraient le nom et les armes de Lasseran. L'aîné de ces enfants, Guilhem, eut la seigneurie de Massencomme, au comté de Fezensac, qui passa plus tard dans la maison de Poyanne par le mariage, avant 1486, d'Isabeau, héritière de sa branche, avec Charles, dit Aymery de Poyanne, sgr de Nesse, chambellan des rois Charles VIII et Louis XII.

Guillaume-Arnaud de Montesquiou, frère puîné de Guilhem, eut la terre de Montluc et fut l'auteur de la branche du maréchal sous le nom de Lasseran-Massencomme, sgr de Montluc, en latin, suivant le P. Anselme, *de Bono loco*, de Bonluc ou de Bonloc, dont on a fait Montluc.

Écartelé, aux 1 et 4 d'azur au loup d'or, qui sont les armes de la ville de Sienne; *aux 2 et 3 d'or au tourteau de gueules*, qui est de Montesquiou.

1576

Armand de Gontaut, dit le *Boiteux*, baron de Biron, fut élevé page de Marguerite, reine de Navarre; se fit remarquer dans les guerres du Piémont et fut blessé à la jambe en 1554 au siège du fort de Mazin; il resta boiteux le reste de sa vie; mestre de camp de cavalerie légère, assista à la bataille de Dreux, reçut le collier de Saint-Michel en 1562; fut maréchal de camp en 1567 et servit en cette qualité à la bataille de Saint-Denis et à celles de Jarnac et de Moncontour. En 1568 il fut chargé de négocier la seconde paix des guerres civiles avec M. Malassise; cette paix qui ne fut pas de longue durée fut appelée *boiteuse* et *mal assise* par allusion à l'infirmité et au nom des deux négociateurs. Il fut grand-maître de l'artillerie en 1570 gouverneur de La Rochelle et pays d'Aunis, en 1572, puis gouverneur de Saint-Denis en 1575, et maréchal de France le 3 février 1576, *alias* 2 octobre 1577, à la mort de Blaise de Montluc; commandant pour le roi en Guienne en 1580; chevalier des ordres du roi en 1581. Il se contenta, dit Brantosme, de rapporter à cette occasion cinq ou six titres fort anciens

devant le roi et les commissaires, et dit en les présentant : *Sire, voilà ma noblesse ici comprise*; ensuite il ajouta, en mettant la main sur son épée : *Mais, Sire, la voici encore mieux*. Il reçut le grand collier de l'ordre du Saint-Esprit en 1582; fut envoyé en Saintonge contre le prince de Condé, commanda l'armée en Poitou; après la mort de Henri III il fut un des premiers qui se rallièrent auprès de Henri IV, en lui assurant qu'il lui dévouait sa personne et toute l'autorité qu'il pouvait avoir dans l'armée; il aida puissamment Henri IV dans la conquête de son royaume, et fut tué d'un coup de fauconneau au siège d'Epernay, en Champagne, le 26 juillet 1592, à l'âge de 68 ans. C'est à lui qu'Henri IV adressait, en l'embrassant, ces paroles : « Je vous prie en pensant à ce qui se présente sur nos bras, d'aller tirer le serment des Suisses, comme vous entendez qu'il faut, et puis me servir de père et d'ami, contre ces gens qui n'aiment ni vous ni moi ».

Il était fils aîné de Jean de Gontaut, baron de Biron, sgr de Montaut, de Montferrand, de Puybeton, etc., et de Renée-Anne de Bonneval, dame de Chef-Boutonne; il ép., le 6 août 1559, Jeanne, dame d'Ornezan et de Saint-Blancard, fille et héritière de Bernard et de Philiberte d'Hostun, petite-fille de Bertrand, sgr d'Ornezan, lieutenant-général des galères du roi, et de Jeanne de Comminges. Son fils aîné était Charles de Gontaut, duc de Biron, pair, maréchal et amiral de France, chevalier des ordres du roi, qui fut décapité le 31 juillet 1602.

La maison de Gontaut est connue depuis Geoffroy de Gontaut, mentionné dans un titre de l'abbaye de Cadouin, de 1124. Avant lui, Guillaume de Biron et Alpaïs sa femme firent une donation en 1115 de la moitié d'un mas dans la forêt de Cadouin, au lieu appelé la vallée Seguin. Ce Guillaume, sur le point d'aller à Jérusalem, donna à l'église deux autres pièces de terre. (P. Anselme, VII. 296, 349).

Écartelé, d'or et d'azur : l'écu en bannière.

1579

Jacques Goyon, sire de Matignon, sgr de Roche-Goyon, comte de Thoriguy, prince de Mortagne, sire de l'Esparre (Lesparre), fut élevé auprès du dauphin, depuis Henri II ; il l'accompagna en Lorraine et se signala à la défense de Metz en 1552, à Hesdin et à Saint-Quentin ; il fut lieutenant-général en Basse-Normandie pendant les guerres civiles contre les huguenots ; le roi Charles IX le créa comte de Thoriguy par lettres patentes de 1565 ; on l'appelait aussi le comte de Matignon ; chevalier de l'Ordre du roi en 1566, capitaine de cinquante hommes d'armes ; lieutenant-général des pays et duché de Normandie en l'absence du duc de Bouillon ; se trouva à la prise des villes de Blois, de Tours et de Poitiers, aux batailles de Jarnac et de Moncontour ; maréchal de France le 14 juillet 1579, dont il avait le brevet depuis 1575 ; connu sous le nom de maréchal de Matignon ; eut le collier des Ordres du roi le 31 décembre 1579 ; lieutenant-général de Guienne en 1585, battit le roi de Navarre à Nérac, le 30 avril 1588, conserva la ville de Bordeaux contre les efforts de la Ligue ; il remplit la charge de connétable au sacre de Henri IV en 1594, et mourut le 27 juillet 1597, en son château de Lesparre, âgé de 71 ans.

Il était fils aîné de Jacques, sire de Matignon et de Anne de Silly, dame de Lonray, fille aînée et héritière de François, bailli de Caen, premier écuyer tranchant du roi, et d'Aimée de la Fayette, dame d'honneur de la reine de Navarre.

Il ép. le 2 mai 1558 Françoise de Daillon du Lude, dont il eut cinq enfants, desquels sont issus entr'autres branches celles des comtes de Thorigny, des ducs de Valentinois, des comtes de Gacé. Cette dernière a donné un maréchal de France, Charles-Auguste de Goyon de Matignon, comte de Gacé, mort en 1739.

La maison de Goyon, sgr de la Roche-Goyon et de Plevenon en Bretagne, établit sa filiation suivie depuis Étienne Goyon qui ép. Luce, dame de Matignon, dont celle-ci devint veuve en 1225.

Le duché-pairie de Valentinois est venu à cette maison par le mariage, le 20 octobre 1715, de Jacques-François-Léonor Goyon, sire de Matignon, lieutenant-général en Normandie, etc, avec Louise-Hippolyte Grimaldi, duchesse de Valentinois, fille aînée et héritière de Antoine Grimaldi, prince souverain de Monaco, duc de Valentinois, pair de France, et de Marie de Lorraine, à condition que son mari et et leurs enfants seraient substitués au nom et aux armes de Grimaldi.

Jacques-François-Léonor descendait, au 4ᵉ degré du maréchal de Matignon.

Écartelé, aux 1 et 4 d'argent, au lion de gueules couronné d'or, qui est de Goyon ; *aux 2 et 3 d'or à deux fasces nouées de gueules et un orle de neuf merlettes de même,* qui est de Matignon.

1579

Jean d'Aumont VI du nom, comte de Château-Raoul ou Chateauroux, baron d'Estrabonné, de Chappes, etc., fit ses premières armes en Piémont, sous le maréchal de Brissac, suivit le duc de Guise à Naples; fut blessé et prisonnier à la bataille de Saint-Quentin; fit les guerres de religion dans l'armée du duc de Montpensier; chevalier du Saint-Esprit en 1578; maréchal de France le 23 décembre 1579; se rallia dès la première heure au roi Henri IV et lui resta fidèle; reçut en 1589 le gouvernement de la Champagne; contribua à la victoire d'Ivry en 1590; combattit le duc de Nemours en Bourbonnais; fut envoyé lieutenant-général en Bretagne et contribua à la soumission de plusieurs places de cette province, blessé aux environs de Rennes où il mourut le 19 août 1595.

Il était fils aîné de Pierre d'Aumont III du nom et de Françoise de Sully, dame de Cors, sa première femme.

Il ép., le 19 février 1550, Antoinette Chabot, seconde fille de Philippe, amiral de France, et de Françoise de Longwy. Son fils, Jacques d'Aumont, qui eut la charge de prévot de Paris, en 1594, avait épousé Charlotte-Catherine de Villequier, fille et héritière de René de Villequier, baron de Clairvaux, gouverneur de Paris, et de Françoise de la Marck. Antoine d'Aumont, qui naquit de cette union, fut le premier duc d'Aumont, pair et maréchal de France en 1651, chevalier des ordres du roi.

Cette maison a pris son nom de la terre d'Aumont située dans l'Isle de France, près de Beauvais. Elle remonte sa filiation suivie à Jean, sire d'Aumont, qui accompagna Saint-Louis en Terre-Sainte, en 1248.

La maison d'Aumont s'est éteinte de nos jours en la personne de Louis-Marie-Joseph, duc d'Aumont, décédé en mars 1888, sans alliance, au Caire (Egypte), où il s'était retiré depuis la Révolution de 1830. Son corps a été porté au château de Semur, près Vibraye (Sarthe).

D'argent, au chevron de gueules, accompagné de sept merlettes de même, quatre en chef, trois en pointe.

1583

Guillaume, vicomte de Joyeuse, sgr de Saint-Didier, de Laudun, de Puyvert, d'Arques et de Covissac, fut d'abord destiné à l'Eglise et posséda du vivant de son frère aîné, l'évêché d'Aleth, n'étant pas encore engagé dans les ordres sacrés; il quitta cet état pour succéder à son frère Jean-Paul, vicomte de Joyeuse, mort sans alliance, et suivre la carrière des armes.

Il servit, sous Charles IX, contre les huguenots, en Languedoc, comme lieutenant-général du roi à la place d'Honorat de Savoie, comte de Villars, 1561; fut nommé maréchal de France par Henri III, le 20 janvier 1582; il était chevalier du Saint-Esprit depuis 1578; il mourut au château de Covissac, au diocèse d'Aleth, en 1592.

Il était second fils de Jean de Joyeuse, sgr de Saint-Sauveur et d'Arques, gouverneur de Narbonne en 1553, et de Françoise de Voisins, baronne d'Arques, dame de Puyvert et de la Tour de Fenouillet, mariés le 22 novembre 1518, fille unique de Jean de Voisins et de Paule de Foix-Rabat.

Il ép. en 1560 Marie de Batarnay, fille de René, comte du Bouchage et d'Isabelle de Savoye-Villars, dont il eut sept enfants mâles « élevés aux plus grandes dignités de l'Etat et de l'église, qu'ils semblèrent, dit le P. Anselme, partager entr'eux à leur gré par la faveur d'Henri III; il les vit presque tous mourir avant lui, en sorte que vingt ans après sa mort il ne restait presque rien de toute cette nombreuse famille. »

La maison des ducs de Joyeuse, pairs de France, était issue de celle de Chateauneuf-Randon, qui remonte sa filiation à Guillaume, sgr de Chateauneuf-Randon, vivant sous le règne de Philippe I en 1050, en Gévaudan.

Randon de Chateauneuf, sgr de Joyeuse, ép. Vierne d'Anduze, dame de Joyeuse, après Bernard d'Anduze, son frère, mort sans enfants de Raymonde de Roquefeuil en 1238. Elle était fille de Bernard d'Anduze, sgr d'Aletz (Alais) en partie et de Vierne du Luc, dame de Joyeuse.

Louis, baron de Joyeuse, descendant du 4° degré de Randon de Chateauneuf, ép. le 26 mai 1379 Tiburge, dame de Saint-Didier, de la Mastre, de Lapte, etc., à condition que ses successeurs écartelleraient leurs armes de celles de Saint-Didier.

Henri de Joyeuse, troisième fils du maréchal, comte du Bouchage, du chef de sa mère, puis duc de Joyeuse, pair et maréchal de France, ép. Catherine de Nogaret la Valette, sœur du duc d'Epernon; leur fille unique Henriette-Catherine, duchesse de Joyeuse, ép. 1° Henri de Bourbon, duc de Montpensier; 2° Charles de Lorraine, duc de Guise, auquel elle porta le duché de Joyeuse. Elle mourut à Paris, le 25 février 1656; avec elle finit la branche des ducs de Joyeuse.

Jean-Armand, marquis de Joyeuse, de la branche de Grandpré, fut maréchal de France en 1693.

Ecartelé, aux 1 et 4 palé d'or et d'azur, de 6 pièces, au chef de gueules, chargé de 3 hydres d'or, qui est de Joyeuse; aux 2 et 3 d'azur au lion d'argent, à la bordure de gueules chargée de 8 fleurs de lis d'or, qui est de Saint-Didier.

1592

Henry de la Tour, vicomte de Turenne, duc de Bouillon, prince de Sedan et de Raucourt, dit le maréchal de Bouillon, vint à la Cour à l'âge de 10 ans, s'attacha au duc d'Alençon; servit au siège de la Rochelle en 1573; puis servit avec les protestants sous le roi de Navarre; puis en Picardie sous le duc d'Anjou; en Guienne pour le roi de Navarre; fut lieutenant-général en Languedoc; combattit à Coutras et au siège de Paris en 1590; premier gentilhomme de la Chambre du roi Henri IV, maréchal de France le 9 mars 1592; se trouva au siège de Laon et de la Ferté au pays de Luxembourg en 1595, fut plusieurs fois envoyé en ambassade en Angleterre et auprès des princes protestants d'Allemagne. Sur la fin de sa vie il fut le chef du parti des mécontents à la Cour de France, et mourut à Sedan en 1623, à l'âge de 67 ans passés.

Il était fils aîné de François de la Tour II du nom, vicomte de Turenne, et d'Eléonore de Montmorency.

Il ép., le 15 octobre 1591, 1° Charlotte de la Marck, duchesse de Bouillon, fille unique d'Henri-Robert, duc de Bouillon, prince de Sedan, de Jamets et de Raucourt, baron de Sérignan, et de Françoise de Bourbon-Montpensier; 2° le 16 avril 1595, Elisabeth de Nassau, fille de Guillaume, prince d'Orange et de Charlotte de Bourbon-Montpensier; de ce mariage vinrent 8 enfants, dont le second fut le grand Turenne.

La maison de la Tour est une des plus anciennes et des plus illustres d'Auvergne connue depuis le XII° siècle, et par filiation suivie depuis Bertrand, sgr de la Tour, vivant en 1206.

La vicomté de Turenne est venue à cette maison par le mariage d'Agne de la Tour, sgr d'Oliergues, comte de Beaumont, en Anjou, chambellan du roi Louis XI, avec Anne de Beaufort, cousine germaine de son mari, fille aînée et héritière de Pierre, comte de Beaufort, vicomte de Turenne, en Quercy, sgr de Limeuil, en Périgord, et de Blanche de Gimel.

Écartelé, aux 1 et 4 de gueules, à la tour d'argent maçonnée de sable, qui est de la Tour ; *aux 2 et 3, coticé d'or et de gueules,* qui est de Turenne.

1594

Charles de Gontaut, baron de Saint-Blancard et de Chef-Boutonne, sgr de Montaut, Montferrand, etc., duc de Biron, n'avait que 18 ans lorsqu'il fut élu par les clameurs des soldats, à la place de son père, qui avait été blessé, pour commander en l'armée du roi en Guienne ; colonel des Suisses ; capitaine des compagnies d'ordonnance du roi ; maréchal de camp en 1590 ; combattit à la bataille d'Ivry à côté d'Henri IV ; servit au siège de Meulan, de Rouen et à celui d'Epernay, où son père fut tué en 1592 ; amiral de France et de Bretagne ; conseiller d'Etat ; maréchal de France en 1594 ; gouverneur de Bourgogne ; blessé au combat de Fontaine-Française ; se signala dans les guerres d'Artois et de Picardie ; maréchal général des camps et armées du roi en en 1597 ; duc et pair de France en 1598, après la paix de Vervins ; commanda avec de grands succès l'armée du roi dans l'expédition de Savoie, au sujet du marquisat de Saluces ; ambassadeur près la reine d'Angleterre, il fut convaincu peu de temps après du crime de lèse-majesté ; condamné à mort, il eut la tête tranchée le 31 juillet 1602.

Il était fils aîné d'Armand de Gontaut, baron de Biron, maréchal de

France, et de Jeanne, dame d'Ornezan et de Saint-Blancard.

Il ne fut pas marié. Charles, bâtard de Gontaut-Biron, son fils naturel, qu'il avait eu de Gillette Sebillotte, damoiselle de Savenière, fille du procureur du roi de Dijon, fut légitimé et anobli, au mois de septembre 1618, et mourut sans avoir été marié, au siège de Dol, en 1636.

Écartelé, d'or et d'azur, l'écu en bannière.

1594

Claude de la Chatre, sgr et baron de la Maisonfort, plus connu sous le nom de baron de la Chatre, chevalier des ordres du roi, conseiller d'Etat, capitaine de cent hommes d'armes, gouverneur et lieutenant général au gouvernement d'Orléans et Orléanais, capitaine de la grosse tour de Bourges, fut élevé page auprès du connétable duc de Montmorency ; se trouva à la bataille de Dreux, puis au combat d'Arnay-le-Duc en 1570, et à la prise de Sancerre ; suivit le duc d'Alençon aux Pays-Bas ; fut envoyé du roi auprès de la reine d'Angleterre, en 1575 ; maréchal de camp sous le duc de Guise ; il fut confirmé, le 19 février 1594, dans la charge de maréchal de France (dans laquelle il avait été reçu au parlement de la Ligue, le 8 juin 1593) ; fut lieutenant général de l'armée envoyée en 1610 au pays de Juliers contre l'évêque de Strasbourg ; il fit les fonctions de connétable au sacre de Louis XIII et mourut le 18 décembre 1614, âgé d'environ 78 ans.

Il était fils de Claude de la Chatre, sgr et baron de la Maisonfort, et de Anne Robertet, dame de la Ferté-sous-Reuilly, fille de Florimond Robertet, secrétaire d'Etat, sgr d'Alluye, et de Michelle Gaillard de Longjumeau.

Il ép. en 1564 Jeanne Chabot, fille de Guy, sgr de Jarnac, et de Louise de Pisseleu, dont il eut sept enfants parmi lesquels Louis, qui fut aussi maréchal de France en 1616, dont la fille unique épousa en troisièmes noces Claude Pot, sgr de Rhodes, grand-maître des cérémonies de France.

La maison de la Chatre, en Berry, est connue depuis 1142, et par filiation depuis 1217. Elle a fait plusieurs branches connues sous le nom de comtes de Nançay, de barons de la Maisonfort, de sgrs de Bruillebaut ou Brillebaut, de Paray, de Plais, de la Roche-Bellusson.

La branche ducale de la maison de la Chatre s'est éteinte de nos jours en la personne de Cyr-Jacques de la Chatre, mort à Châteaugaillard, le 13 juillet 1866, âgé de 80 ans.

De gueules, à la croix ancrée de vair, qui est de la Chatre; *aux 2 et 3 de gueules à trois têtes de loup arrachées d'argent, 2 et 1*, qui est de Saint-Amadour.

1594

Charles de Cossé II du nom, comte puis duc de Brissac, pair, grand-pannetier et grand-fauconnier de France, chevalier des ordres du roi et gouverneur de Paris, servit en qualité de lieutenant-général dans l'armée navale au combat des Açores contre les Espagnols le 28 juillet 1582; il embrassa ensuite le parti de la Ligue et défendit Poitiers contre les forces du roi en 1593; le duc de Mayenne lui donna le gouvernement de Paris; il le remit au roi qui le fit maréchal de France au mois de mars 1594, et conseiller d'honneur au parlement de Paris; il fut nommé chevalier du Saint-Esprit le 7 janvier 1595; il se trouva au siège de Saint-Jean d'Angély en 1621, et mourut la même année au château de Brissac, en Aujou.

Il était fils de Charles de Cossé I du nom, comte de Brissac, maréchal, grand-pannetier et grand-fauconnier de France et de Charlotte d'Esquetot.

De sable, à 3 fasces d'or denchées par le bas.

Avec Charles de Cossé, mort en 1621, se trouve cloturée la liste des cinq maréchaux de la Ligue, dont deux seulement furent officiellement reconnus par Henri IV. Ces cinq maréchaux étaient:

1. Jean de Saulx, vicomte de Tavannes, fils de Gaspard de Saulx, maréchal de France en 1570, dit le maréchal de Tavannes, nommé maréchal de la Ligue par lettres patentes du duc de Mayenne, données à Soissons le 27 février 1592. Henri IV lui donna un brevet de retenue pour être maréchal de France; Louis XIII le lui confirma par un autre du 4 mars 1616; il mourut au mois d'octobre 1630, sans avoir de place.

2. Antoine-Scipion, duc de Joyeuse, après la mort de son frère Anne, favori de Henri III, qui ép. Marguerite de Lorraine, sœur de la reine, fut nommé maréchal de la Ligue par lettres du 11 mai 1592; il était chevalier de Malte, grand-prieur de Toulouse; il se noya dans le Taru après la bataille de Villemur, le 20 octobre 1592.

3. Charles de Cossé, comte de Brissac, fut nommé maréchal de la Ligue par lettres patentes du 25 février 1593, et maréchal de France, le 30 mars 1594.

4. Claude, baron de la Châtre fut nommé maréchal de la Ligue par lettres patentes du 21 juin 1593 et maréchal de France le 29 février 1594.

5. Antoine de Saint-Paul, fut nommé maréchal de la Ligue, par lettres patentes du 21 juillet 1593 et prêta ser-

ment au parlement le 22; il fut tué au mois de mai 1594 par le duc de Guise.

1594

Jean de Montluc, sgr de Balagny, s'attacha d'abord au duc d'Anjou et le suivit en Pologne, puis au duc d'Alençon; il prit depuis le parti de la Ligue; passa ensuite dans le parti du roi qui le fit prince de Cambrai et l'honora du titre de maréchal de France en 1594. Battu par les Espagnols il fut forcé de leur abandonner sa principauté le 9 octobre 1595 et mourut en 1603; il fut enterré dans l'église de Balagny.

Il était neveu du maréchal Blaise de Montluc et fils naturel de Jean de Montluc évêque de Valence, et de Anne Martin; il fut légitimé au mois de janvier 1567.

Il épousa Renée de Clermont, dame d'Amboise, sœur du brave Bussy d'Amboise et fille de Jacques de Clermont d'Amboise, sgr de Bussy, et de Catherine de Beauvau, dont il eut : 1. Damian, tué en duel; 2. Marguerite ép. René Aux Epaules, dit de Laval, marquis de Neele; 3. Marie, ép. Charles sire de Rambures, chevalier des ordres du roi, fils de Jean, sire de Rambures et de Claude de Bourbon-Vendome, dame de Ligny; 4. Jeanne de Montluc-Balagny ép. 1º Charles de Clermont d'Amboise, sgr de Bussy, son cousin; 2º le 3 fév. 1627 Henry de Mesmes, sgr de Roissy, président à mortier au parlement de Paris, fils de Henri-Jacques de Mesmes, aussi sgr de Roissy, conseiller d'Etat, et d'Antoinette Grossaine; elle mourut sans enfants de ces deux mariages; 5. Marie-Catherine, abbesse d'Origny, morte en 1666.

Écartelé, aux 1 et 4 d'azur au loup rampant d'or; aux 2 et 3 d'or au tour- *teau de gueules; sur le tout : d'or à 3 lions d'azur lampassés et couronnés de gueules.*

1595

Jean de Beaumanoir III du nom, marquis de Lavardin, comte de Négrepelisse, baron de Tussé, sgr de Malicorne, etc, chevalier des ordres du roi, capitaine de 50 hommes d'armes, gouverneur du Maine et du Perche, fut élevé auprès du roi de Navarre; il se fit catholique après la mort de son père, et fut blessé au siège de Saint-Lô en 1574; colonel de l'infanterie française, prit Villefranche en Périgord; Cahors; Eauze, en Armagnac; commanda la cavalerie française à Coutras en 1587; servit aux sièges de Mauléon, de Paris, de Chartres, de Rouen, au combat d'Aumale où il fut blessé; gouverneur de la province du Maine; chevalier des ordres du roi en 1595; maréchal de France le 19 octobre 1595; commanda l'armée en Bourgogne en 1602; fit la fonction de grand-maître de France au sacre de Louis XIII; ambassadeur de France en Angleterre en 1612, mourut à Paris en son hôtel, au mois de novembre 1614; enterré au Mans, dans l'église cathédrale.

La famille de Beaumanoir originaire de Bretagne connue par filiation depuis Hervé, sire de Beaumanoir qui se trouva aux États tenus à Vannes en 1202. Elle a fait 1º les branches des sgrs vicomtes du Besso; 2º des sgrs et marquis de Lavardin (branche du maréchal); 3º des vicomtes de Saint Jean, barons de la Troussière; 4º des sgrs du Bois de La Motte, dont on n'a pas la jonction avec les précédents.

Jean de Beaumanoir III du nom, était fils de Charles de Beaumanoir, sgr de Lavardin, chef du parti protestant dans l'Anjou, le Maine et la Bretagne, tué à la journée de la Saint-Bathélemy, en 1572 et de Marguerite de Chourses ou Sourches, sa première femme, fille de Félix, sgr de Malicorne et de Marguerite de Baïf.

Il ép., le 27 déc. 1578, Catherine de Carmaing, comtesse de Négrepelisse, baronne de Daunac, fille unique et héritière de Louis de Carmaing, comte de Négrepelisse, et de Marguerite de Foix-Candale.

Vers la fin du XVIIᵉ siècle, cette maison était représentée par Henri-Charles de Beaumanoir III du nom, marquis de Lavardin, chevalier des ordres du roi, lieutenant général au gouvernement de la haute et basse Brétagne, mort à Paris en 1701 ; il avait épousé, en premières noces : Françoise-Paule-Charlotte d'Albert, fille du duc de Luynes et de Marie Séguier d'O, dont il eut deux filles : 1. Marie-Charlotte, marié, le 13 mai 1694, avec Louis-Charles-Edme de la Chatre, comte de Nançay, lieutenant général des armées du roi ; 2. N... demoiselle de Malicorne, religieuse bénédictine ; en deuxièmes noces : Louise-Anne de Noailles, fille du duc de Noailles et de Louise Boyer, dont il eut : 3 Emmanuel-Henri, lieutenant général pour le roi en Basse-Bretagne, marié, le 20 février 1703, à Marie-Françoise de Noailles, fille d'Anne-Jules, duc de Noailles, pair et maréchal de France et de Marie-Françoise-de Bournonville ; il fut tué la même année à la bataille de Spire et ne laissa pas d'enfants ; 4. Marie-Anne-Romaine ép., le 21 juillet 1704, Louis-Auguste d'Albert d'Ailly, duc de Chaulnes ; 5. Marie-Louise-Henriette, ép., le 9 février 1708, Jacques-Louis de Beringhen, marquis de Châteauneuf, mestre de camp de cavalerie, brigadier des armées du roi.

La branche des sgrs de Saint-Jean, barons de la Troussière, sortie de celle de Lavardin, était représentée vers la même époque par deux filles de Louis de Beaumanoir et de Jeanne Garnier : 1. Louise, mariée à Laval le 18 mai 1681 à Jacques de la Dufferie, chevalier, sgr de Martigné-sous-Laval et de la Motte-Husson ; Jacques-François de la Dufferie son fils, ép. le 7 février 1711 Madeleine-Charlotte du Guesclin, fille de René du Guesclin, sgr de Beaucé et de Marie Sourdrille ; 2. Marguerite, mariée à Alexandre Martinets, sgr de Fromentières.

La terre de Lavardin était venue à cette maison par le mariage de Jean de Beaumanoir, sgr de Landemont, écuyer d'écurie du roi en 1425, avec Marie Riboulle, fille puînée de Fouques Riboulle, sgr d'Assé le Riboulle et de Lavardin et de Jeanne de Montejean.

La terre de Lavardin fut érigée en marquisat le 18 nov. 1572, en faveur de Jean de Beaumanoir maréchal de France, et la chatellenie de Lucé en baronnie le 4 juillet 1601.

D'azur, à onze billettes d'argent posées, 4, 3, 4.

1596

Henry de Joyeuse, comte du Bouchage, puis, duc de Joyeuse, pair et maréchal de France, chevalier des ordres du roi, gouverneur et lieutenant général du pays d'Anjou, Touraine, Maine et Perche, et lieutenant-général de Languedoc durant la Ligue, se trouva au siège de la Fère, entra dans les capucins après la mort de sa femme en 1587, connu sous le nom du *Père Ange*; il en sortit pour prendre le commandement de la province de Languedoc pendant les troubles de la Ligue.

Henry de Joyeuse n'a point été gouverneur de Languedoc en titre, mais seulement lieutenant général, sous le cardinal de Joyeuse, son frère, auquel le duc de Mayenne avait donné ce gouvernement, et plus tard sous le duc Henri I de Montmorency.

Le pape Clément VIII lui accorda à la sollicitation du cardinal de Joyeuse son frère, par un bref de 1594 la translation de l'ordre des capucins à l'ordre de Saint-Jean de Jérusalem, pour y être au lieu et rang de prêtre, non de chevalier comme ils le voulaient; avec permission néanmoins de pouvoir pendant la guerre se vêtir de court, porter l'épée, commander aux gens de guerre dans la province de Languedoc.

Il fut l'un des plus ardents adversaires du roi Henri IV jusqu'à sa conversion; en 1596 il fit sa paix avec lui le 22 janvier, et fut nommé maréchal de France; trois ans après il rentra aux capucins le 8 mai 1599, où il passa le reste de ses jours.

On le vit en 1600 prêcher à Paris, et avoir une foule d'auditeurs, que la singularité de ses aventures appelait à ses sermons. Il passa ensuite en Italie, et ayant voulu faire le voyage de Rome, pieds nus, pendant l'hiver, il fut saisi de la fièvre et mourut dans une maison de son ordre à Rivoli, près de Turin, le 27 septembre 1608. Son corps fut porté à Paris et inhumé dans l'église des Capucins de la rue Saint-Honoré.

Henri III avait érigé le duché-pairie de Joyeuse en faveur d'Anne de Joyeuse, frère aîné de Henry, qui n'hérita du titre qu'après la mort de son frère aîné et d'Antoine-Scipion.

C'est de lui que Voltaire a dit :

Vicieux, pénitent, courtisan, solitaire,
Il prit, quitta, reprit la cuirasse et la haire.

Il était le troisième fils de Guillaume II du nom, vicomte de Joyeuse, maréchal de France et de Marie de Batarnay; il n'avait pas eu d'enfants de son mariage.

Écartelé, aux 1 et 4 palé d'or et d'azur de 6 pièces, au chef de gueules, chargé de trois hydres d'or, qui est de Joyeuse ; aux 2 et 3 d'azur au lion d'argent, à la bordure de gueules, chargée de 8 fleurs de lys d'or, qui est de Saint-Dizier, et sur le tout : écartelé d'or et d'azur, qui est de Batarnay.

1597

Alfonse Corse, dit d'Ornano, colonel général des Corses, chevalier des ordres du roi, lieutenant général en Dauphiné, puis en Guienne et maréchal de France, fut nourri et élevé à la cour de Henri II, comme enfant d'honneur des princes de France, demeura toujours très affectionné au parti du roi Henri III, après la mort duquel il suivit celui de Henri IV, contribua à remettre sous l'obéissance du roi les villes de Lyon, Grenoble et Valence; il fut chevalier du Saint-Esprit le 7 janvier 1595, lieutenant-général en Dauphiné et maréchal de France le 20 septembre 1597, pourvu de la lieutenance générale en Guienne au mois d'octobre 1597, mourut de la pierre, à Paris, en l'hôtel de Balagny, le 21 janvier 1610, à l'âge de 62 ans. Son corps fut porté à Bordeaux pour être enterré en l'église de la Merci, sous une sépulture de marbre.

Il était fils de Sampietro ou Sampiero Corse, dit Bastelica, sgr de Benane, colonel-général des Corses et de Vanina d'Ornano; il ép. le 10 juin 1576 Marguerite-Louise de Grasse de Pontevez de Flassans, fille unique de Durand de Grasse, sgr de Flassans, et en eut :

1. Jean-Baptiste d'Ornano, comte de Montlor, chevalier des ordres du roi qui fut aussi maréchal de France en

1626, colonel-général des Corses, et lieutenant-général en Normandie, mort sans enfants au château de Vincennes le 2 septembre 1626;

2. Henri-François-Alfonse, qui suit;

3. Pierre, abbé de Sainte-Croix, à Bordeaux, puis mestre de camp du régiment du duc d'Orléans, ép. Hilaire de Luppé, fille d'Hector de Luppé, baron de Tingros, sgr de Saint-Martin et de Sansac, dont il eut : *a.* Jacques, marquis de Saint-Martin, ép. Catherine de Bassabat, mort sans enfants; *b.* Marie, ép. le 27 février 1659, François de Lasserau-Massencome, dit de Montluc, marquis de la Garde et de Miremont, gouverneur d'Orthez, fils de Jacques et de Catherine de Comminges; *c.* N..., une fille, mariée à Jacques de Marmiesse, baron de Lussan, président au parlement de Toulouse;

4. Joseph-Charles, abbé de Montmajour, puis maître de la garde-robe du duc d'Orléans, ép. Charlotte de Perdriel, dame de Baubigny, dont; *a.* Gaston-Jean-Baptiste, servit dans les mousquetaires, puis dans les gardes et la cavalerie, et mourut, sans être marié, en janvier 1674; *b.* Anne, première fille d'honneur de la duchesse d'Orléans, ép. le 30 mars 1669 Louis Le Cordier du Tronc, sgr de Varaville, dit le marquis du Tronc; *c.* Anne-Charlotte, damoiselle de Baubigny, morte sans être mariée;

5. Anne, ép. le 13 octobre 1596 Antoine de Beauvoir de Grimoard du Roure, comte de Saint-Remézy, maréchal de camp, tué au siège de Montpellier, le 2 septembre 1622;

6. Louise, ép. le 1er novembre 1596 Thomas de Lanche, sgr de Moissac;

7. Madeleine, ép. Pierre d'Esparbez, sgr de Lussan en partie, fils de Philippe et de Charlotte de Goulart.

Henri-François-Alfonse d'Ornano, sgr de Mazargues, colonel des Corses, gouverneur de Tarascon, de Pont-Saint Esprit et de Saint-André, premier écuyer de Gaston, duc d'Orléans, ép. le 28 janvier 1615 Marguerite de Raymond de Montlor, dame de Sarpèze, (sœur de Marie de Raymond qui avait épousé Jean-Baptiste d'Ornano, son frère aîné), veuve de Claude, comte de Grolée, fille puînée de Louis de Raymond, comte de Montlor, et de Marie de Maugiron, dont il eut : *a.* Jean-Paul, abbé d'Ornano; *b.* Marguerite, mariée le 20 mai 1628 à Louis-Gaucher d'Adhémar, comte de Grignan, fils de Louis-François et de Jeanne d'Ancezune; *c.* Marie, abbesse de la Ville-Dieu; *d.* Anne, comtesse de Montlor, marquise de Maubec, baronne d'Aubenas, ép. François de Lorraine, comte d'Harcourt, troisième fils de Charles de Lorraine, duc d'Elbeuf, et de Catherine-Henriette, légitimée de France.

Écartelé, aux 1 et 4 de gueules à la tour donjonnée d'or; aux 2 et 3, d'or au lion de gueules; au chef d'azur, chargé d'une fleur de lys d'or.

1597

Urbain de Laval, marquis de Sablé par acquisition en 1593, comte de Bresteau, sgr de Précigny, de Boisdauphin, d'Aulnay et de Saint-Aubin, conseiller d'Etat, capitaine de 100 hommes d'armes des ordonnances du roi, commença ses premières armes au siège de Livron en 1575, se jeta dans le parti de la Ligue, pour laquelle il combattit à Ivry et demeura prisonnier après avoir été blessé. Depuis il fit « son accommodement », il remit, entre les mains du roi, Sablé et Chateaugonthier, et en reconnaissance Henri IV le fit maréchal de France, et chevalier de ses ordres en 1597, puis gouverneur d'Anjou en 1604. Il était connu sous le nom de Boisdauphin. Le roi Louis XIII le nomma son lieutenant général de l'armée qu'il envoya contre les princes mécontents en 1615. Il mourut à Sablé en 1629, et fut enterré en l'église du couvent des Cordeliers de Précigny qu'il avait fondé en 1610.

Il était fils de René de Laval II du nom, sgr de Boisdauphin et de Jeanne de Lenoncourt, sa seconde femme.

Il avait épousé Magdelaine de Monteclair, dame de Bourgon, fille et héritière de René de Monteclair et de Claude des Hayes, dame de Fontenailles, dont :

Philippe-Emmanuel, marquis de Sablé, sgr de Boisdauphin, marié avec Magdeleine de Souvré, fille du marquis de Courtenvaux, maréchal de France, dont il eut :

1. Urbain, marquis de Boisdauphin, marié 1° avec Marie de Riantz, dont il n'eut pas d'enfants ; 2° avec Marguerite Barentin, veuve de Charles de Souvré, dont : *a.* Charles, tué au siège de Woerden, non marié ; *b.* Jacques tué par les Turcs au siège de Candie en 1669, non marié.

2. Henri, évêque de Saint-Pol de Léon, puis de la Rochelle ;

3. Guy, marquis de Laval, lieutenant général des armées du roi, mort d'une blessure reçue devant Dunkerque, laissant de Marie Séguier, fille de Pierre, chancelier de France, veuve du marquis de Coislin : Magdeleine, mariée en 1662 à Henri-Louis d'Aloguy, marquis de Rochefort, maréchal de France, capitaine des gardes du corps du roi, gouverneur de Lorraine.

La branche des sgrs de Laval, de la maison de Montmorency, commença avec Guy de Montmorency, en 1215, fils de Mathieu II, connétable de France, et d'Emme de Laval, fille de Gui V, sire de Laval, et de Havoise de Craon, veuve de Robert III, comte d'Alençon), il prit le nom de Laval et conserva les armes de Montmorency brisées de *cinq coquilles d'argent sur la croix de gueules.* Cette seconde maison de Laval a fait de nombreux rameaux ou branches dont celui de Boisdauphin finit avec les petits-fils du maréchal de Boisdauphin.

D'or, à la croix de gueules cantonnée de 16 alérions d'azur ; la croix chargée de cinq coquilles d'argent.

1597

Guillaume de Hautemer IV du nom, comte de Grancey, baron de Mauny, sgr de Fervacques, chevalier des ordres du roi, maréchal de France, lieutenant-général au gouvernement de Normandie, se distingua aux batailles de Renty, de Saint-Quentin, de Gravelines, de Dreux, de Saint-Denis, de Moncontour, fut honoré de l'ordre du roi, et fut capitaine d'une compagnie d'ordonnance. Servit sous le duc d'Anjou, puis sous le duc d'Alençon et de Brabant qui le fit premier gentilhomme de sa chambre, grand maître de sa maison, chef de ses finances et de son conseil, et lieutenant-général de ses armées aux Pays-Bas ; fait prisonnier par les habitants à Anvers en 1583 ; à la mort du duc d'Alençon s'attacha au roi de Navarre qu'il servit aux sièges de Paris, d'Amiens, et en plusieurs autres occasions pendant les troubles de la Ligue ; il fut fait maréchal de France et chevalier de l'ordre du Saint-Esprit le 26 septembre 1597 et mourut en 1613, âgé de 75 ans. Sa terre de Grancey avait été érigée en duché-pairie, par lettres du mois de décembre 1611 lesquelles ne furent point enregistrées.

La maison de Hautemer, originaire de la province de Normandie, remontait sa filiation à Jean de Hautemer, sgr du Fournet et du Mesnil-Tison vivant en 1300. Jean II du nom descendant du précédent au quatrième degré était sgr du Fournet et de Fervacques; il ép. Blanche de Groignes, dont il eut Guillaume qui continua la descendance, et Jeanne, mariée avec Guillaume Vipart, sgr de la Vipardière qui fut tué auprès de la Pucelle d'Orléans.

Guillaume de Hautemer de Grancey, appelé le maréchal de Fervacques était fils de Jean de Hautemer V du nom et de Anne de la Baume, fille de Marc, comte de Montrevel et de Grancey, et d'Anne dame de Chateauvillain et de Grancey.

Il ép. 1° en 1558 Renée l'Evêque, fille de François, sgr de Marconnay et de Jacqueline Gillier, dont il eut trois filles :

1. Louise, dame de Fervacques et de Plannes, mariée 1° à Jacques de Helleuvilliers, sgr d'Aurilly ; 2° le 23 mars 1593 à Aymar de Prie, marquis de Toucy ;

2. Charlotte, comtesse de Grancey ép. le 22 mai 1588 Pierre le Rouxel, baron de Médavy ;

3. Jeanne, dame de Mauny, ép. 1° le 8 mai 1579 Claude d'Estampes, sgr de la Ferté-Imbault ; 2° François de Canonville, baron de Raffetot.

En 1599 il ép. en secondes noces : Anne d'Alégre veuve de Paul de Coligny, fille de Christophe, sgr de Saint-Just et d'Oisery et d'Antoinette du Prat, dont il n'eut pas d'enfants.

Ecartelé, au 1 d'or à trois fasces ondées d'azur, qui est Hautemer; *au 2 d'or à la bande vivrée d'azur*, qui est la Baume Montrevel; *au 3, de gueules à trois bandes d'argent*, qui est Montlandrin; *au 4 de gueules au lion d'or, l'écu semé de billettes de mêm*, qui est Chateauvillain.

1608

Françcis de Bonne, duc de Lesdiguières, pair, connétable et maréchal de France, chevalier des ordres du roi, gouverneur de la province de Dauphiné, fut créé maréchal de France au mois de septembre 1608, *alias* 1609.

(Voir sa notice et ses armes, p. 17).

1613

Concino Concini, gentilhomme Florentin, originaire du comté de Penna, vint en France avec la reine Marie de Médicis en 1600 et fut naturalisé par lettres du mois de juillet 1601. La faveur extraordinaire que lui et sa femme, Eléonore Galigaï, eurent auprès de la reine furent la cause de beaucoup d'intrigues à la cour.

Il fut reçu conseiller d'Etat le 26 juillet 1610 et eut une grande part aux affaires pendant la minorité de Louis XIII et la Régence de la Reine-mère. Il acquit le marquisat d'Encre ou Ancre en Picardie et la baronie de Lesigny; eut le gouvernement de Péronne, Montdidier et Roye le 18 septembre 1610, et la lieutenance générale pour le roi en Picardie, le 9 février 1611; premier gentilhomme de la chambre du roi Louis XIII, gouverneur de la ville et citadelle d'Amiens et maréchal de France, le 18 novembre 1613 qui lui donna le gouvernement de Normandie en 1616. M. de Rohan disait avec raison « qu'il n'y avait point encore eu d'exemple d'homme honoré « du bâton de maréchal de France, qui « n'avait jamais servi dans l'armée, « ni d'homme qui tout à la fois eut entre ses mains toute l'autorité du « Roi ».

Enfin le gouvernement de ce maréchal ayant fait soulever tout le monde contre lui, dit le P. Anselme, et étant

depuis longtemps à charge au roi même, il fut tué par son ordre par Nicolas, marquis de Vitry, en entrant au
château du Louvre sur le pont-levis le
24 avril 1617 sur les onze heures du
matin. Son corps fut enterré sans cé-
rémonie en l'église de Saint-Germain
l'Auxerrois la nuit suivante, déterré le
lendemain et trainé par les rues ser-
vant de jouet au peuple.

Il était petit-fils de Barthélemy Concini, secrétaire d'Etat sous Cosme de
Médicis, grand-duc de Florence, et fils
de Jean-Baptiste Concini, auditeur et
secrétaire d'Etat du grand-duc de Toscane, et chevalier de l'Ordre de Saint-
Etienne.

Il ép. Eléonor Dori, dite Galigaï,
dame d'atours de la reine. Elle eut la
tête tranchée en place de Grève par
arrêt du parlement de Paris le 8 juillet 1617. Son corps fut brûlé et ses
cendres jetées au vent; ils eurent deux
enfants :

1. Henri Concini, baptisé à Saint-
Sulpice le 8 juin 1603 fut amené au
Louvre après la mort de son père et
donné en garde à M. de Fiesque. Par
l'arrêt du 8 juillet, qui condamna sa
mère, il fut déclaré ignoble et incapa-
ble de tenir états, offices, et dignités
dans le royaume. Il se retira à Florence sous le nom de comte de Penna.

2. Marie Concini, fut baptisée à Saint-
Sulpice le 20 mars 1608 et eut Henri
IV pour parrain et la princesse de
Condé pour marraine. On ignore sa
destinée.

*Parti de deux traits et coupé d'un
qui font six quartiers, aux 1 et 6 d'a-
zur à un rocher de trois pièces ou cou-
peaux d'or, sommé de trois panaches
d'argent; aux 2 et 4 d'or, à l'aigle
éployée de sable; aux 3 et 5, d'argent à
une chaîne d'anneaux de sable, posée en
sautoir.*

1614

Gilles de Souvré, marquis de Courtenvaux, baron de Lezines, etc., chevalier des ordres du roi, gouverneur
de Touraine, s'attacha dans sa jeunesse au duc d'Anjou qu'il suivit en
Pologne en 1573. A son retour en
France ce prince le fit maître de la
garde robe et capitaine du château de
Vincennes. Il se trouva à la bataille
de Coutras et conserva la ville de
Tours sous l'obéissance du roi pendant les troubles de la Ligue; il y reçut Henri III avec toute sa cour au
mois de janvier 1589; obtint entrée,
séance et voix délibérative au parlement le 2 juin de la même année; il
rendit des services considérables au
roi Henri IV qui le nomma gouverneur du Dauphin, depuis Louis XIII;
il fut premier gentilhomme de la
chambre et maréchal de France le
15 novembre 1614, connu sous le nom
de marquis de Souvré, il mourut en
1626 âgé de 84 ans.

La maison de Souvré, au Perche,
remonte sa filiation à Macé, sgr de
Souvré, qui vivait avant 1349. Antoine
de Souvré, sgr de Gevraise et de Souvré, servit aux guerres d'Italie sous
Louis XII, ép. en 1510 Françoise Berzeau, dame de Courtenvaux, fille de
Jacques, secrétaire des finances et controleur général des guerres et de
Jeanne de Villiers.

Gilles de Souvré était fils de Jean I
du nom sgr de Souvré et de Courtenvaux, et de Françoise Martel, fille unique de Charles Martel, sgr de la Roche
du Maine en Loudunois (et petit-fils
d'Antoine de Souvré et de Françoise
Berzeau, dame de Courtenvaux).

Il ép. le 9 mai 1582 Françoise de
Bailleul, dame de Renouard et de Messey dont il eut 7 enfants : 1. Jean qui
suit; 2. René, qui a fait la branche des

sgrs de Renouard; 3. Gilles, évêque de Comminges, puis d'Auxerre; 4. Jacques, chevalier de Malte, grand-prieur de France, commandeur de Saint Jean de Latran, mort en 1670 dans sa soixante-dixième année à Paris où il était ambassadeur de son ordre; il eut d'Anne de Noroy un fils naturel, Ange, appelé le bâtard de Souvré, baptisé à Saint-Sulpice le 11 janvier 1647; 5. Françoise, gouvernante du roi Louis XIII, ép. le 2 juin 1601 Artus de Saint Gelais; 6. Madeleine, ép. Philippe-Emmanuel de Laval, marquis de Sablé, sgr de Boisdauphin, fils du maréchal de Boisdauphin; 7. Anne, abbesse de Préaux, puis de Saint Amand de Rouen.

Jean II du nom, chevalier des ordres du roi, premier gentilhomme de la chambre, gouverneur de Touraine, conseiller d'Etat, etc, ép. Catherine de Neufville, dame de Pacy, fille du marquis de Villeroy dont il eut plusieurs enfants. Charles de Souvré marquis de Courtenvaux qui lui survécut ép. Marguerite Barentin, fille du président de la chambre des Comptes de Paris et en eut une fille Anne de Souvré, née posthume le 30 nov. 1646, mariée le 19 mars 1662 à François-Michel Le Tellier, marquis de Louvois, ministre secrétaire d'Etat, chancelier, commandeur des ordres du roi, fils du marquis de Barbézieux et d'Elisabeth Turpin.

Charles de Souvré eut un fils naturel appelé Charles bâtard de Souvré nommé le chevalier de Souvré, lieutenant-colonel du régiment de Navarre, qui obtint au mois de janvier 1676 des lettres de légitimation, vérifiées le 10 mars suivant pour le faire jouir des privilèges de la noblesse et l'anoblir en tant que de besoin; il se signala au siège et à la prise de Saint-Omer, à la bataille de Cassel en 1677 et en d'autres rencontres.

D'azur, à cinq bandes d'or.

1614

Antoine de Roquelaure, sgr de Roquelaure, en Armagnac, baron de Laverdenx et de Biran, appelé le baron de Roquelaure, maître de la garde robe du roi, chevalier de ses ordres, sénéchal et gouverneur de Rouergue et de Foix, lieutenant-général de la Haute Auvergne et du gouvernement de Guyenne, maire perpétuel de Bordeaux, fut destiné dès sa jeunesse à l'état ecclésiastique qu'il quitta pour la profession des armes; il suivit le parti du roi de Navarre, puis lieutenant de la compagnie des gendarmes du roi et investi successivement de fonctions qui indiquaient une grande confiance de la part du souverain auquel il fut toujours fidèle; le 27 décembre 1614 il fut honoré de la dignité de maréchal de France; il mourut subitement à Lectoure le 9 juin 1625, à l'âge de 81 ans passés.

La maison de Roquelaure *(de Rupe Lauri)* remonte sa filiation à Pierre, sgr de Roquelaure, vivant en 1127.

Antoine de Roquelaure, appelé le baron de Roquelaure, qui descendait de Pierre au XIIᵉ degré etait fils de Géraud de Roquelaure, qui servit dans les armées d'Antoine de Bourbon roi de Navarre, et de Catherine de Bezolles. Il ép. 1° le 9 juin 1581, Catherine d'Ornezan, fille de Jean-Claude et de Brunette du Cornil; 2° le 15 août 1611 Suzanne de Bassabat, fille de Béraud, baron de Pordéac, et de Catherine d'Hébrail dite des Fontaines, dame de Capendu. Il eut six enfants de sa première femme et douze de la seconde. Un seul, Gaston-Jean-Baptiste, né du second mariage, continua la descendance masculine; il ép. Charlotte-Marie de Daillon du Lude et fut l'auteur de la branche des ducs de Roquelaure en 1652; son fils Antoine-Gaston-Jean-Baptiste, duc de Roquelaure, fut maréchal de France en 1724 et commandant en chef en Languedoc; il ép. Marie-Louise de Laval, fille de Guy-Urbain et de Françoise de Sesmaisous, dont il eut deux filles: 1. Françoise, mariée avec le duc de Rohan-Chabot, pair de France; 2. Elisabeth, ép. Charles-Louis de Lorraine, prince de Mortagne, fils de Charles de Lorraine comte de Marsan, sire de Pons et de Catherine-Thérèse de Matignon.

Il y avait une autre branche de Roquelaure, dite de Saint-Aubin, formée par François de Roquelaure, fils de Jean II et de Jeanne de Sédillac, auteur commun de Jean III grand-père du maréchal, représentée par Jean-Aimery de Roquelaure, sgr de la Lande, demeurant à l'Isle-Jourdain en 1667, marié avec Marie de Seysses, dont le fils, dit le marquis de Roquelaure, mestre de camp de cavalerie, sous-lieutenant des gendarmes de la Reine, ép. en 1696 Charlotte de Clisson-Sauvestre, et fut nommé brigadier de cavalerie en 1704.

Ecartelé, aux 1 et 4 d'azur à trois rocs d'argent, qui est de Roquelaure; *aux 2 et 3 d'argent à deux vaches passantes de gueules, accornées et clarinées d'azur, au chef d'azur chargé de trois étoiles d'or*, qui est de Bezolles; et sur le tout : *D'argent au lion d'azur*, qui est du Bouzet-Roquépine.

On trouve en Rouergue une terre de Roquelaure, qui a donné son nom à une famille de Roquelaure, et dont le P. Anselme donne une filiation depuis Pierre de Roquelaure vivant en 1450, et Bégon de Roquelaure, son fils, sgr

de Pompignac, dont les descendants auraient été maintenus dans leur noblesse par jugement de M. de Bezons, intendant en Languedoc, du 29 janvier 1669. *(P. Anselme, VII, 410).*

Une branche de cette dernière famille s'est éteinte le 3 février 1592 dans la maison de Bessuéjouls, par le mariage de Bernardin de Bessuéjouls, gentilhomme de la maison du roi, avec Isabeau de Roquelaure (fille de Guion de Roquelaure et de Catherine de Combret de Broquiez), qui lui substitua tous ses biens à condition de prendre le nom et les armes de Roquelaure, clause qui fut parfaitement observée. Cette seconde maison de Roquelaure, qui a donné des militaires distingués et un évêque de Senlis, membre de l'Académie française, mort archevêque de Malines, était connue sous le titre des marquis de Roquelaure, possesseurs des deux baronnies d'Apchier et de Lanta, qui donnaient entrée aux Etats de Languedoc. Elle a fini avec le marquis de Roquelaure, colonel du régiment d'Artois, mort sur l'échafaud révolutionnaire, et son frère, Etienne, comte de Roquelaure, qui servit dans l'armée des princes pendant l'émigration et mourut sans enfants à Toulouse, en 1828.

Ecartelé, aux 1 et 4 d'or, à l'arbre de sinople posé sur une terrasse du même, et soutenu par deux lions affrontés de gueules, qui est de Bessuéjouls; *aux 2 et 3 d'azur à trois rocs d'échiquier d'argent, deux et un*, qui est de Roquelaure.

1616

Louis de la Châtre, baron de la Maisonfort, puis marquis de la Châtre, chevalier des ordres du roi, capitaine de cent hommes d'armes des ordonnances, gouverneur et lieutenant général pour le roi en la province de Berry, capitaine de la grosse tour de Bourges, maréchal de France le 26 mai 1616, gouverneur du pays du Maine, Laval et Perche, mourut au mois d'octobre 1630.

Il était fils de Claude de la Chatre, maréchal de France et de Jeanne Chabot; il ép. 1° Urbaine de Montafié, fille de Louis comte de Montafié, en Piémont et de Jeanne de Coesmes, sans enfants; 2° Elisabeth d'Estampes, fille de Jean, sgr de Valençay et de Sarah d'Happlaincourt, dont: Louise-Henriette, baronne de la Maisonfort, mariée 1° le 25 avril 1622 à François de Valois, comte d'Alais, fils de Charles, bâtard de Valois, duc d'Angoulème, et de Charlotte de Montmorency, sa première femme; 2° à François de Crussol duc d'Uzès, pair de France, fils d'Emmanuel duc d'Uzès et de Claude d'Ebrard dame de Saint Sulpice; elle se maria en troisièmes noces avec Claude Pot, sgr de Rhodes, grand-maître des cérémonies de France.

(V. la notice sur la maison de la Chatre, p. 68).

Ecartelé, aux 1 et 4 de gueules à la croix ancrée de vair, qui est de la Chatre; *aux 2 et 4 de gueules à trois têtes de loup arrachées d'argent*, qui est de Saint Amadour. —

1616

Pons de Lauzières de Thémines de Cardaillac, marquis de Thémines, chevalier des ordres du roi, sénéchal et gouverneur de Quercy, servit dès l'âge de dix-sept ans sous le maréchal de Damville, aux guerres de Languedoc, et au siège de Montségur, sous le duc de Mayenne. Il rendit aussi de grands services aux rois Henri III et Henri IV dans leurs guerres; signala son courage au combat de Villemur en 1592 et réduisit à l'obéissance du roi le pays dont il était sénéchal et gouverneur; fut capitaine de cinquante hommes des ordonnances, chevalier des ordres en 1595, après quarante ans de services; il arrêta prisonnier Monsieur le prince de Condé; fut fait maréchal de France le 1er septembre 1616; commanda l'armée du roi au siège de Montauban en 1621; prit plusieurs places sur les protestants en Languedoc en 1625; fut gouverneur de Bretagne en 1626 et mourut à Auray, le 8 novembre 1627, âgé de 74 ans et fut enterré à Cahors.

La maison de Lauzières est originaire du bas-Languedoc et tire son nom du château de Lauzières ou Losières *(Elzeria castrum)*, dans la commune d'Octon, arrondissement de Lodève. Elle est connue depuis Frotard, sgr de Lauzières, qui vivait au commencement du XIIe siècle et fit son testament en 1173. Arnaud III du nom, qui en descendait au sixième degré, ép. Garcinde de Monstuéjouls, sœur de Raimond, cardinal, évêque du Puy et ensuite de Saint-Papoul en 1327; il eut entr'autres enfants: Angle dit Anglesian, qui continua la descendance; Pons, chanoine et official de Lodève, mort en odeur de sainteté et canonisé par le Pape Urbain V; Bérenger, qui fit la branche des sgrs de Soubès.

Anglesian I de Lauzières fonda, du vivant de son père en 1350, l'abbaye des religieuses de Saint-Etienne de Gorjan, de l'ordre de Saint-Benoit, près de Clermont-Lodève; Raymond, son fils, sgr de Lauzières, de Montagnac, de Conas, de Ceyras, de Saint-Jean la Coste et en partie de Gignac, ép. le 13 août 1344 Marguerite de Clermont-Lodève dont il eut: 1. Rostaing, qui suit ; 2. Anglesian II du nom, qui fit la branche des sgrs de la Coste et de Saint-Guiraud.

Rostaing de Lauzières ép. en secondes noces le 1er novembre 1398, Catherine de Penne, fille de Rathier, sgr de Penne et d'Hélène de Cardaillac, dame de Thémines, en Quercy, et de Cardaillac en partie.

Pons de Lauzières, marquis de Thémines, qui fut maréchal de France, descendait de cette union au sixième degré ; il était fils de Jean, chevalier de l'ordre du roi, capitaine d'une compagnie de gendarmes et gouverneur de Béziers et d'Anne de Puymisson ; il ép. Catherine d'Ebrard de Saint-Sulpice, fille de Jean et de Claude de Gontaut dont la postérité s'éteignit après la deuxième génération en la personne de Catherine de Lauzières-Thémines, mariée vers 1645 avec François-Anibal, duc d'Estrées, pair de France, fils du duc d'Estrées, pair et maréchal de France, et de Marie de Béthune de Salles, sa première femme, avec substitution des noms et armes de Lauzières-Thémines pour leurs descendants.

Les fils du maréchal de Thémines (Antoine et Charles) furent l'un après l'autre sénéchaux et gouverneurs du Quercy, et ses petites-filles épousèrent les ducs d'Estrées, de Levis, Mirepoix et d'Arpajon. Le maréchal de Thémines n'avait pas eu d'enfants de sa seconde femme Marie de la Noue.

Écartelé, au 1 d'argent au chêne vert ou yeuse de sinople, qui est de Lauzières ; au 2 de gueules à deux chèvres passantes d'argent posées l'une sur l'autre, qui est de Thémines ; au 3 de gueules au lion d'argent, à l'orle de 8 besants de même, qui est de Cardaillac ; au 4 d'or à trois fasces de sable et au chef d'hermines, qui est de Clermont-Lodève.

1616

François de la Grange, sgr de Montigny, d'Arquien et de Séry, fut élevé près de la personne de Henri III et fut successivement gentilhomme ordinaire de la chambre du roi, capitaine de 100 gentilshommes de sa maison et des gardes de la Porte ; son premier maître d'hôtel, gouverneur de Berry, de Blois, de Dunois, de Vendôme et de Gien ; chevalier des ordres du roi en 1595, mestre de camp général de la cavalerie légère au siège d'Amiens, gouverneur de Paris, de Metz et du pays Messin en 1603, de Toul et Verdun, maréchal de France le 1er septembre 1616.

Il servit le roi Henri III dans ses guerres contre les protestants, se signala à la bataille de Coutras, où il fut fait prisonnier par le roi de Navarre, qui lui rendit la liberté avec sa cornette. Il servit avec éclat aux sièges d'Aubigny, de Rouen, aux combats d'Aumale et de Fontaine-Française, et mourut en 1617, à l'âge de 63 ans. Il fut enterré dans l'église cathédrale de Bourges.

La famille de la Grange était originaire du Berry où elle est connue depuis Jean de la Grange vivant en 1442, dont le petit-fils Geoffroy, sgr de Montigny ép. le 20 octobre 1474, Jeanne Guytois, fille aînée de Robert sgr d'Arquien, à condition que le second fils qui naîtrait de cette union porterait le nom et les armes de Guytois d'Arquien.

François de la Grange arrière petit-fils de Geoffroy était fils de Charles, sgr de Montigny et d'Arquien et de Louise de Rochechouart ; il ép. Gabrielle de Crévant, fille de Claude, sgr de la Mothe et de Beauvais, en Touraine, et de Marguerite de Hallwin, dont il eut : Henri-Antoine, lieutenant général au gouvernement de Metz, gouverneur de Verdun, ép. le 11 octobre 1621 Marie le Cirier de Neufchelles et mourut sans enfants ; et Jacqueline, mariée à Honorat de Beauvilliers comte de Saint-Aignan, dont les enfants héritèrent des biens de cette branche de Montigny.

Antoine de la Grange, frère cadet du maréchal, fit la branche d'Arquien, et brisa ses armes en cœur *de sable à trois mufles de lion*, qui sont les armes de Guytois.

Sa postérité était représentée en 1723 par Paul-François de la Grange d'Arquien, et Marie-Jeanne d'Arquien, tous deux nés du mariage de Paul-François de la Grange, dit le comte d'Arquien, et de Lucrèce Jousselin-Melforts.

Charles-Etienne de la Grange, né du second mariage du père du maréchal avec Anne de Brichanteau, fit la branche des sgrs de Villedonné éteinte au commencement du XVIII° siècle en la personne de Charles-François de la Grange, chev. de Saint-Louis, capitaine de cavalerie au rég. de Royal-Cravatte.

D'azur, à trois ranchiers (daims à ramure plate) *d'or posés 2 et 1.*

1617

Nicolas de l'Hopital, marquis puis duc de Vitry par brevet, marquis d'Arc, comte de Chasteauvillain, sgr de Coubert, capitaine des gardes du corps du roi et lieutenant-général en Brie, fut élevé à la dignité de maréchal de France le 24 avril 1617, et reçu conseiller d'honneur au parlement de Paris le 22 mai suivant; chevalier des ordres du roi le 31 décembre 1619. Il contribua à remettre sous l'obéissance du

roi en 1621 les places de Jargeau, Sancerre et Sully, et fut pourvu du gouvernement de Provence en 1632. Il fut arrêté et mis à la Bastille le 27 octobre 1637 et n'en sortit que le 19 janvier 1643. L'année suivante le roi Louis XIV lui donna le brevet de duc et pair de France; il mourut le 28 septembre 1644. Il est dit dans le premier chapitre du testament politique du cardinal de Richelieu « qu'il fut obligé d'ôter « au maréchal de Vitry le gouvernement de Provence, quoiqu'il en fut « digne pour son courage et pour sa « fidélité, parce qu'ayant l'humeur insolente et altière, il n'était pas propre à gouverner un peuple jaloux de « ses privilèges et de ses franchises, « comme sont les Provençaux. »

La maison de l'Hopital tire son origine de Jean de l'Hopital, clerc des arbalétriers, sgr de Montignac et d'Ozolier le Vougis, qualifié neveu et lieutenant de François de l'Hôpital clerc des arbalétriers du roi, dans un acte du 20 mars 1338. Il fut naturalisé par lettres du 26 septembre 1349 ; ép. Jeanne Braque, dame de Soisy aux Loges, dit vulgairement Choisy. Cette terre de Choisy fut érigée en marquisat le 2 janvier 1599 en faveur de Jacques de l'Hopital, qui avait été gouverneur et sénéchal d'Auvergne, chevalier d'honneur de la reine Marguerite et s'était signalé dans toutes les occasions par son dévouement à la cause des rois Henri III et Henri IV; à la bataille d'Ivry il fut blessé et eut un cheval tué sous lui, le roi le fit chevalier de ses ordres en 1599. Il fut député de la noblesse aux états généraux de 1614. La postérité du marquis de Choisy était représentée en 1725 par Paul-François marquis de l'Hopital, chevalier de Saint-Louis, colonel d'un régiment de dragons qu'il avait fait nom-

mer de Vitry, sans doute en mémoire
du maréchal de Vitry qui avait appar-
tenu à une branche collatérale de sa
famille.

Le maréchal de Vitry était fils de Louis
de l'Hôpital, marquis de Vitry, chevalier des Ordres du roi, capitaine des
gardes du corps du roi Henri IV et de
Françoise de Brichanteau; il ép. en
1617 Lucrèce-Marie Bouhier, veuve de
Louis de la Trémoïlle, marquis de Noir-
moutier, fille aînée de Vincent Bouhier, sgr de Beaumarchais, trésorier de
l'épargne, et de Marie Hotman; sa postérité finit avec sa petite fille Marie-
Françoise-Elisabeth, mariée le 28 février 1680 avec Antoine-Philibert de
Torcy, sgr de la Tour, baron d'Esgre-
ville, en Gatinais, brigadier des armées du roi, maréchal de camp en 1702,
morte sans enfants, le 20 octobre 1694.

Il eut un frère François de l'Hôpital,
comte de Rosnay, qui fut aussi maréchal de France le 23 avril 1643, ministre d'état, gouverneur de Paris et lieutenant-général en Champagne, mort
sans enfants le 20 avril 1660, âgé de
77 ans.

Les comtes de Saint-Mesme étaient
une branche collatérale de cette maison, formée par René de l'Hopital, second fils d'Adolphe de l'Hopital, comte
de Choisy et de Louise de Poysieu, dé-
tachés de la souche commune vers
1570. Ils paraissent éteints vers 1750.

*De gueules, au coq d'argent, crêté,
membré et becqué d'or, ayant au col un
écusson d'azur chargé d'une fleur de lys
d'or.*

1619

Charles de Choiseul, marquis de
Praslin, comte de Chavignon, commença à se faire connaître au siège de la
Fère en 1580; il eut la conduite d'un
régiment d'infanterie aux sièges de

Montségur et de Castillon en Guienne
contre les protestants; commanda une
compagnie de gendarmes au siège de
Paris en 1588; fut envoyé en Champagne comme lieutenant-général par
Henri IV; gouverneur de Troyes, chevalier des ordres du roi en 1595; reçut
le baton de maréchal de France le 24
août 1619; gouverneur de Saintonge
et du pays d'Aunis; commanda les armées du roi aux sièges de Saint-Jean-
d'Angély, de Montauban, de Royan, de
Carmain et de Montpellier en 1622,
mourut le 1er février 1626 à l'âge de
63 ans.

Il s'était trouvé à 53 sièges, à 47
combats ou batailles et avait reçu 22
blessures.

Il était fils de Ferry de Choiseul, sgr
de Praslin et du Plessis et d'Anne de
Béthune-Hostel.

*Ecartelé, aux 1 et 4 d'azur à la croix
d'or cantonnée de dix-huit billettes du
même posées cinq en sautoir dans chaque
canton du chef et quatre posées 2 et 2
dans chaque canton de la pointe, qui est
de Choiseul; aux 2 et 3 de gueules au
lion couronné d'or, qui est d'Aigremont;
sur le tout: parti au 1 d'argent à deux
fasces de sable; au 2 d'argent au lion de
sable, qui est de Praslin.*

1619

Jean-François de la Guiche comte de
la Palice et de Saint-Géran, chevalier
des ordres du roi, gouverneur de
Bourbonnais, fit ses premières armes
sous le maréchal d'Aumont en 1588;
servit le roi Henri IV à la bataille
d'Ivry, aux sièges de Paris et de
Rouen où il fut blessé à la tête en
commandant l'assaut; il eut la charge
de maréchal de camp au siège d'A-
miens où il fut blessé et eut quatre
chevaux tués sous lui; Louis XIII l'é-
leva à la dignité de maréchal de France

le 24 août 1619, et lui donna le commandement de ses armées aux sièges de Clérac, de Montauban, de Saint-Antonin et de Montpellier; il mourut en son château de la Palice en Bourbonnais le 2 déc. 1632 à l'âge de 63 ans.

La maison de la Guiche ou Laguiche, remonte sa filiation à Renaud sgr de la Guiche en Maconnais, vivant en 1200. Jean-François de la Guiche qui en descendait au douzième degré était fils de Claude, sgr de Saint-Géran, chevalier de l'ordre du roi, colonel d'infanterie et de Suzanne des Serpens, dame de Chitain; il ép. 1° en 1595, Anne de Tournon, dame de la Palice, fille de Just de Tournon et d'Eléonor de Chabannes, dame de la Palice, dont il eut : Claude-Maximilien qui continua la descendance; 2° Suzanne Aux Espaules, veuve de Jean, sgr de Longaunay, fille aînée de Georges, sgr de Sainte-Marie du Mont, lieutenant de roi en Normandie, dont il eut Marie qui ép. Charles de Lévis, duc de Ventadour pair de France, veuf de Suzanne de Lauzières.

Claude-Maximilian de la Guiche, comte de Saint-Géran, de la Palice et de Jaligny, gouverneur, sénéchal et maréchal de Bourbonnais, mourut à Moulins le 31 janvier 1659; il avait ép. le 17 février 1619 Suzanne de Longaunay fille unique et héritière de Jean, sgr d'Amigny, et de Suzanne Aux Espaules, belle-mère de son mari dont : Bernard, maréchal de camp, puis lieutenant général des armées du roi en 1670, chevalier des ordres le 1er janvier 1689. Il mourut à Paris le 18 mars 1695, marié avec Françoise-Madeleine-Claude de Warignies, fille unique et héritière de François sgr de Montreville et de Madeleine-Jourdaine Carbonnel de Canisy, dont une fille née vers 1688, religieuse.

Il y avait une autre branche dite des sgrs de Sivignon, de Nanton et de Garnerans détachée de la précédente en 1507, connue sous le nom de comtes de Sivignon et marquis de la Guiche d'où sont venus les marquis de Laguiche d'aujourd'hui.

De sinople, au sautoir d'or.

1619

Honoré d'Albert, duc de Chaulnes, pair et maréchal de France, vidame d'Amiens, sgr de Pecquigny et de Rayneval, fut élevé à la dignité de maréchal en 1619; mourut à Paris le 30 octobre 1649, doyen des maréchaux de France.

Il était frère puîné de Charles d'Albert, duc de Luynes, pair et connétable de France, et fils d'Honoré d'Albert, sgr de Luynes et d'Anne de Rodulf.

Il ép. le 13 janvier 1620, Charlotte-Eugénie d'Ailly, comtesse de Chaulnes, fille unique et héritière de Philibert-Emmanuel d'Ailly, sgr et baron de Pecquigny, chevalier de l'ordre du roi, et de Louise d'Oignies, comtesse de Chaulnes à la charge de porter les noms, armes et cri de cette ancienne maison. Sa postérité finit avec son second fils Charles d'Albert d'Ailly, frère puîné du duc de Chaulnes, décédé le 4 septembre 1698, sans enfants de son mariage avec Elisabeth Le Féron.

Le comté de Chaulnes avait été érigé en duché-pairie fin janvier 1621, en faveur d'Honoré d'Albert, maréchal de France.

Ecartelé, aux 1 et 4 d'Albert; aux 2 et 3 d'Ailly.

Les armes des Albert, ducs de Luynes, de Chevreuse et de Chaulnes, sont : *d'azur, à quatre chaînes d'argent en sautoir, aboutissantes en cœur dans un anneau de même*; parti : *d'or*, au lion couronné, lampassé et armé de gueules; les armes d'Ailly étaient : de gueules, à deux branches d'alisier d'argent, passées en sautoir, au chef échiqueté d'argent et d'azur de trois traits.

1620

François d'Esparbez de Lussan, vicomte d'Aubeterre, sgr de Lussan, baron de Cadenac, de la Serre, etc., capitaine de 50 hommes d'armes des ordonnances du roi, sénéchal et gouverneur d'Agenais et Condomois et des ville et château de Blois, 1606; conseiller d'Etat, fut créé maréchal le 18 septembre 1620. Il commanda l'armée du roi aux sièges de Nérac et de Caumont en 1621; il mourut au château d'Aubeterre à la fin de janvier 1628.

La maison d'Esparbez est originaire de l'Armagnac. Son nom est connu dans les chartes depuis 1164, et sa filiation suivie d'après les preuves pour l'Ordre du Saint-Esprit depuis 1439. Elle a fait des branches nombreuses dites de la Fitte et de Lussan, de Feuga et de Saint-Mézard, de Carbonneau et de Lamothe-Bardigues, des barons de la Serre, marquis d'Aubeterre, de Brazais en Normandie, de Belloc ou Beaulieu et de Coignax.

François d'Esparbez, vicomte d'Aubeterre, baron de la Serre, maréchal de France, était fils de Jean-Paul d'Esparbez, sgr de Lussan et de Catherine-Bernarde de Montagu, dame de la Serre, fille de Jean et de Jeanne de Goyrans; il ép. le 12 avril 1597 Hippolyte Bouchard, vicomtesse d'Aubeterre, fille unique de David, sénéchal et gouverneur de Périgord, et de Renée de Bourdeille, et forma la branche de la Serre et d'Aubeterre; sa postérité finit avec Henri-Joseph Bouchard d'Esparbès de Lussan, vicomte d'Aubeterre,

qui fut maréchal de France en 1783, et mourut sans postérité.

D'argent, à la fasce de gueules, accompagnée de trois merlettes de sable 2 et 1.

1621

Charles de Blanchefort de Bonne, marquis de Créquy et de Canaples, prince de Poix, duc de Lesdiguières, comte de Sault, chevalier des ordres du roi, lieutenant général de ses armées, et au gouvernement de Dauphiné, fit sa première campagne au siège de Laon, en 1594, se distingua dans les guerres de Piémont et de Savoie; il eut un duel avec Philippe, bâtard de Savoie, et le tua en 1599; accompagna le maréchal de Biron dans son ambassade en Angleterre, en 1601; se signala au combat du Pont-de-Cé, en 1620, et aux guerres contre les protestants; fut blessé au siège de Saint-Jean-d'Angély, et reçut le bâton de maréchal de France le 27 décembre 1621.

Il se distingua au siège de Montpellier, en 1622, puis en Piémont; prit Pignerol et conquit la Maurienne.

Il était premier gentilhomme de la Chambre en 1632; ambassadeur extraordinaire auprès d'Urbain VIII, à Rome, en 1633, puis à Venise, et à son retour eut quelques avantages contre les Espagnols, dans le Milanais, et les battit au combat du Tessin, en 1636, puis à Montalbon, en 1637.

Il était fils d'Antoine de Blanchefort et de Créquy, sgr de Saint-Janvrin, et de Chrétienne d'Aguerre. Celle-ci, devenue veuve, ép. François-Louis d'Agoult, comte de Sault, dont elle eut un fils mort sans enfants, qui institua sa mère héritière des biens de la branche de Sault.

Charles de Blanchefort ép. le 24 mars

1595, Madeleine de Bonne, fille de François de Bonne, duc de Lesdiguières, pair et connétable de France, etc., et de Claudine Bérenger du Gua, sa première femme, dont il eut : François, duc de Lesdiguières, gouverneur du Dauphiné, substitué aux nom et armes de Bonne, marié par dispense du pape, 1° le 10 février 1619, avec Catherine de Bonne, fille aînée du connétable et de Marie Vignon, sa seconde femme, sans enfants ; 2° le 3 décembre 1632, avec Anne de la Magdeleine, marquise de Ragny, fille unique de Léonor de la Magdeleine et d'Hippolyte de Gondy.

La br. aînée finit avec Jean-François de Paule de Bonne, de Créquy, d'Agoult, de Vesc, de Montlaur et de Montauban, duc de Lesdiguières, pair de France, comte de Sault, etc., brigadier des armées du roi, mort à Modène, en 1703, sans enfants de Louise-Bernardine de Durfort, fille de Jacques-Henri duc de Duras, pair et maréchal de France, et de Marguerite-Félicité de Lévis-Ventadour.

Charles de Blanchefort, marquis de Créquy, eut encore de sa première femme : Charles, sgr et comte de Canaples qui a fait la branche des ducs de Créquy, pairs de France, et qui finit avec Alphonse de Créquy, comte de Canaples, devenu duc de Lesdiguières, par l'extinction des branches aînées de sa maison, mort le 5 août 1711, à l'âge de 85 ans, sans enfants de son mariage avec Gabrielle-Victoire de Rochechouart, fille du duc de Vivonne-Mortemart, pair et maréchal de France et d'Antoinette de Mesmes. La branche des marquis de Créquy issue de la précédente, a donné un maréchal de France en 1668, dont il sera parlé ci-après, marié avec Catherine de Rougé, fille de Jacques, sgr de Plessis-Bellière, lieutenant-général des armées

du roi et de Suzanne de Bruc, dont la postérité finit en 1702.

La maison de Blanchefort tire son origine de la possession immémoriale du château de Blanchefort près Uzerche en Limousin, connue depuis Raymond de Blanchefort vivant en 1154. Sa filiation suivie commence à Guy de Blanchefort sgr de Bois-Lamy, de Saint Clément et de Nozerolles, chevalier, chambellan de Charles VII qui servait dans l'armée de ce prince en 1437.

Gilbert son arrière petit-fils ép. le 14 janvier 1543 Marie de Créquy, fille unique de Jean VIII sire de Créquy et de Canaples, prince de Poix et de Marie d'Acigné. Leur fils Antoine fut institué héritier de tous les biens de la maison de Créquy par le cardinal de Créquy son oncle maternel à condition pour lui et ses successeurs de porter le nom et les armes de Créquy.

Coupé, parti en chef et tiercé en pointe, qui fait cinq quartiers ; au 1 d'or à deux lions léopardés de gueules, qui est de Blanchefort ; *au 2 d'or au loup ravissant et rampant d'azur armé de gueules,* qui est d'Agoult ; *aux 3 et 1 quartier de la pointe, d'azur à trois tours d'or 2 et 1,* qui est de Montauban ; *au 4 d'azur à 3 pals d'or, au chef de même,* qui est de Vesc ; *au 5 d'or à deux lions léopardés d'azur,* qui est de Montlor ; *sur le tout : d'or au créquier de gueules,* qui est de Créquy.

1622

Gaspard III de Coligny III° du nom, comte de Coligny, sgr de Châtillon-sur-Loing, amiral de Guienne, gouverneur de Montpellier, né en 1584, commença ses premières campagnes en Hollande, contre les Espagnols, où le roi lui donna, en 1614, la charge de

colonel-général des gens de pied français; gouverneur d'Aiguesmortes en
1616 et maréchal de France le 21 février 1622; commandant de l'armée en
Piémont, gagna la bataille d'Avein
sur le prince Thomas, général de l'armée espagnole en 1635, prit Yvoy et
Dampvilliers, fut battu par le prince
Thomas, près de Saint-Omer; prit la
ville d'Arras en 1640, perdit la bataille
de La Marfée, près de Sedan, le 6 juillet
1641; mourut au château de Châtillon
le 4 janvier 1646 et y fut enterré.

Par un brevet royal du 18 août 1643,
le roi lui conféra le *titre ducal* à lui,
et à ses héritiers directs, par ordre de
primogéniture sans préjudice du titre
de duc de Châtillon, conféré trois ans
plus tard, à son fils Gaspard IV.

Il était fils de François de Coligny,
sgr de Châtillon-sur-Loing et amiral
de Guienne, colonel de l'infanterie
française, et de Marguerite d'Ailly; il
ép. le 13 août 1615 Anne de Polignac,
fille de Gabriel, sgr de Saint Germain
et d'Anne de Valzergues, dont il eut:
1. Maurice, comte de Coligny, se battit
en duel contre Henri de Lorraine duc
de Guise, aux fêtes de Noël 1643, et
mourut sur la fin du mois de mai 1644,
non marié; 2. Gaspard, qui suit; 3. Henriette, mariée 1° le 8 août 1643, avec
Thomas Hamilton, comte de Hading-
ton, en Ecosse; 2° avec Gaspard de
Champagne comte de la Suze; 4. Anne,
mariée en 1648, avec Georges duc de
Wurtemberg, comte de Montbéliard,
fils de Louis-Frédéric et d'Anne-Éléo-
nore de Nassau-Sarbruck.

Gaspard IVe du nom, comte de Coligny, duc de Châtillon, marquis d'Andelot, fut lieutenant-général des armées
du roi et général des troupes françaises entretenues en Hollande pour le
service des Etats; le roi érigea en sa
faveur la terre de Châtillon en duché

en 1646; il ép. Elisabeth-Angélique de
Montmorency, seconde fille de François sgr de Bouteville comte de Luxe
et d'Isabelle de Vienne, dont Henri-
Gaspard, né en 1649, mort en 1657.

Gaspard IV comte de Coligny, mourut au château de Vincennes d'une
mousquetade qu'il reçut à l'attaque de
Charenton le 9 février 1649, âgé de 38
ans et 9 mois; il fut enterré dans l'é-
glise de l'abbaye de Saint-Denis. Son
fils unique Henri-Gaspard naquit posthume en 1649.

Avec Henri-Gaspard finit la descendance masculine directe des deux maréchaux de France du nom de Coli-
gny-Châtillon, branche aînée de cette
puissante maison. Nous avons dit plus
haut que Anne de Coligny, fille de
Gaspard III, duchesse de Châtillon, ép.
le 20 avril 1648 S. A. S. le prince Georges II de Wurtemberg; elle devint, par
la mort de son neveu, survenue en 1657,
la dernière héritière des titres et seigneuries de cette illustre maison. Elle
n'eût qu'un fils, le prince Léopold-
Eberhard, qui légataire à son tour des
duchés, marquisat et comté de Coligny, les transmit à sa fille la princesse Léopoldine-Eberhardine; obte-
nant pour son gendre le comte de
Sandersleben, des lettres patentes du
roi Louis XV, qui substituaient leur
descendance, masculine (ou *féminine*)
née (ou *à naître*) aux titres, noms et
armes pleines de la maison de Coligny.

C'est en vertu de ces lettres patentes
que les maisons de Pillot de Chenecey
(Franche-Comté) et de Faucigny-Lu-
cinge (Bresse) ont relevé le nom de
Coligny et le portent actuellement, la
première depuis 1747, la deuxième depuis 1752.

*De gueules, à l'aigle d'argent, mem-
brée, becquée et couronnée d'azur.*

1622

Jacques-Nompar de Caumont, marquis, puis duc de la Force, en Périgord, pair et maréchal de France, capitaine des gardes du corps du roi, gouverneur de Béarn, général des armées du roi de France en Piémont, en Allemagne et en Flandres, né en 1559, servit le roi Henri IV au combat d'Arques, en 1589, et en diverses occasions; il était son lieutenant général au gouvernement de Périgord, de Bergerac et de Monflanquin; il se fit remarquer à la défense de Montauban contre les troupes du roi Louis XIII, en 1621. Ayant fait son accommodement, il fut créé maréchal de France, à Sainte-Foy, le 24 mai 1622, et lieutenant général de l'armée en Piémont. Il remit plusieurs places de Languedoc sous l'obéisssance du roi, en 1631; puis remporta de nombreux succès en Allemagne. En considération de ses grands services, le roi érigea la terre seigneurie de la Force, près Bergerac, en duché pairie, en 1637.

Il était fils de François de Caumont, sgr de Castelnau, et de Philippes de Beaupoil.

La maison de Caumont de la Force tire son nom de la seigneurie de Caumont, en Guienne, D. de Bazas, connue depuis Geoffroy, sgr de Caumont, vivant en 1079. Elle a fait les branches des ducs de la Force; des seigneurs de Berbiguières et de Montbeton; des ducs de Lauzun; des seigneurs de Sainte-Bazeille. La terre de la Force, en Périgord, fut portée dans cette maison par le mariage de Philippes de Beaupoil, dame de la Force, de Masdurant, d'Eymet et de Montbeyer, etc., avec François de Caumont, sgr de Castelnau, le 15 mai 1554.

La première branche ducale de la Force s'est éteinte le 14 juillet 1755, en la personne de Jacques-Nompar de Caumont, qui, se voyant sans postérité, reconnut pour son parent le chevalier Bertrand de Caumont, sgr de Bauvilla, garde du corps de Louis XV, et l'autorisa à prendre le titre de marquis de la Force, comme héritier présomptif de sa maison (issu d'un rameau détaché de la souche en 1500). Le titre de duc fut rétabli, sans la pairie, en 1787, sous le nom de Caumont la Force; cette branche a donné un pair de France, en 1839, et un sénateur sous le second Empire, décédé en 1882.

La branche de Lauzun se détacha de la branche aînée vers 1200, par Nompar de Caumont, sgr de Lauzun, de Puy-Mielan, de Saint-Barthélemy, de Virazeil, de Monbahus et de Tombebœuf; plus tard, vers 1400, sgr de Puyguilhem et de Miramont. Antonin-Nompar de Caumont, marquis de Puyguilhem, fut créé duc de Lauzun par lettres du mois de mai 1692, mourut à Paris sans enfants, le 19 nov. 1723, à l'âge de 90 ans, marié avec Geneviève-Marie de Durfort, fille du duc de Lorge, maréchal de France.

D'azur, à trois léopards d'or passant l'un sur l'autre.

Ce titre ducal fut rétabli par brevet pour Antoine-Charles de Gontaut, capitaine au régiment du Roi, mort sans alliance en 1739, âgé de 22 ans, puis pour Armand-Louis de Gontaut, à l'occasion de son mariage célébré en 1766 avec la fille unique du duc de Boufflers. Il commanda une brillante expédition qui nous rendit le Sénégal, en 1779, et servit de même en Amérique; il devint général en chef de l'armée du Rhin, en 1792, et son dévouement à la République ne l'empêcha pas d'être envoyé, le 31 décembre, de l'armée suivante, à l'échafaud.

1622

François de Bassompierre, marquis de Bassompierre, chevalier des ordres du roi, colonel-général des Suisses et Grisons, lieutenant général des armées du roi en Italie, né au château de Haroüel, en Lorraine, le 12 avril 1579, commença à servir sous Henri IV, en 1599; prit part l'année suivante aux conquêtes en Savoie, et au siège d'Ostende, en 1602; se signala en Hongrie contre les Turcs, en 1603; remplaça le duc de Rohan comme colonel-général des Suisses et Grisons, en 1614; fut grand maître de l'artillerie au siège de Château-Porcien, en 1617; maréchal de camp au combat de Pont-de-Cé, en 1620, au siège de Saint-Jean-d'Angély, de Montheur, de Royan, de Carmaing et de Montpellier; fut créé maréchal de France, le 29 août 1622; ambassadeur extraordinaire en Espagne, en Suisse et en Angleterre (1621-1626); commanda en chef au siège de la Rochelle, puis en Piémont, et dans les guerres contre les Huguenots, en Languedoc. Il s'attacha avec le duc de Guise et la princesse de Conty (Louise-Marguerite de Lorraine) au parti de Marie de Médicis; se brouilla avec Richelieu et fut mis à la Bastille en 1631, et n'en sortit qu'en 1643; il fut rétabli dans sa charge de colonel-général des Suisses, et mourut le 12 octobre 1646. Il a laissé des *Mémoires* pleins de renseignements curieux sur les événements de son temps, et le Récit de ses ambassades en Espagne, en Suisse et en Angleterre.

La maison de Bassompierre, originaire de Lorraine et duché de Bar, est connue depuis 1292; elle a possédé les seigneuries de Bassompierre, Haroüel, Longchamps, Remauville et Baudricourt. Ses représentants ont rempli pendant plusieurs siècles des fonctions militaires et des charges à la cour des ducs de Lorraine et de Bar.

François de Bassompierre était le fils aîné de Christophe, baron de Bassompierre, grand maître d'hôtel et chef des finances de Lorraine, colonel de 100 reitres entretenus pour le service du roi, en 1570, et de Louise Picart, dite de Radeval; il eut deux fils bâtards: 1. N..., sgr de la Tour, né de la princesse de Conti, sœur du duc de Guise, mort peu de temps après son père; 2. Louis, né de Marie de Balzac, fut évêque de Saintes, abbé de Saint-Volusien de Foix, et de St-Georges de Bocherville, premier aumônier de Monsieur, duc d'Orléans, mourut à Paris, en 1676.

Le maréchal eut deux frères: 1. Charles, maréchal de camp, dont le fils, Anne-François, marquis de Bassompierre, épousa Catherine-Diane de Beauvau, et en eut: Anne-François-Joseph, qui servit quelque temps en qualité de capitaine au régiment du roi; 2. Gaston-Jean-Baptiste, appelé aussi marquis de Bassompierre, bailly, gouverneur, lieutenant général des armées de Charles VI, duc de Lorraine, ép. Henriette de Raulin, et en eut, entr'autres enfants, Jean-Claude, marquis de Bassompierre et de Remauville, commandant les chevau-légers de la garde du duc de Lorraine, l'un de ses chambellans, ép. Jeanne de Nettancourt-Bettancourt, et en eut: Léopold-Clément, né en 1715, enseigne colonel du régiment des gardes du duc de Lorraine, et deux filles: Anne-Marie-Louise-Ursule et Henriette.

La postérité de Léopold-Clément, marquis de Bassompierre et de Rémauville (marié avec Charlotte-Nicole de Beauvau) a fini avec trois filles, nées du mariage de Charles-Jean-Stanislas-François, son petit-fils, avec Claire-

Jeanne-Rosaline-Chantal de Villeneuve-Vence.

Ces trois filles étaient :

1. Clémentine-Chantal-Marie-Yolande, mariée en 1836, avec François-Odon-Amand-Désiré, marquis de Pins (fils de François-Jean, marquis de Pins-Montbrun, et de Irène Mengaud de la Hage, décédée en 1875).

2. Claire-Marie-Chantal, mariée en 1844, avec Louis-Marie-Paul Vogt, comte d'Hunolstein, fils du comte d'Hunolstein, pair de France, et de Marie-Henriette-Claire de Bourdeille.

3. Marie-Claudine-Julie-Chantal, mariée au marquis de Chantérac, fils de Jean-Antoine-Hyppolyte-Michel, et de Jeanne-Henriette du Authier.

D'argent, à trois chevrons de gueules.

1625

Henri de Schomberg, comte de Nanteuil et de Duretal, marquis d'Epinay, en Bretagne, appelé le marquis de Schomberg, fut chevalier des ordres du roi, lieutenant général de ses armées, conseiller aux conseils d'Etat et privé, lieutenant du duc des Deux-Ponts en la charge de maréchal général des grands reitres, né en 1575, succéda à son père dans le gouvernement de la Haute et Basse-Marche, et à la charge de maréchal de camp général des troupes allemandes pour le service du roi; lieutenant du roi en Limousin, en 1608; ambassadeur extraordinaire en Allemagne, en 1617; commanda l'armée en Piémont sous le maréchal de Lesdiguières; fut surintendant des finances en 1619; servit avec éclat en plusieurs sièges; exerça par commission la charge de grand maître de l'artillerie de France; prit part aux guerres religieuses en Languedoc; un moment en disgrâce, reprit ses charges par l'influence de Toiras, qui avait grand crédit à la Cour; il fut créé maréchal de France le 16 juin 1625; battit les Anglais à l'île de Ré, le 8 novembre 1627; commanda l'armée au siège de la Rochelle, en 1628; prit une part brillante à la guerre de Savoie, où il fut blessé d'un coup de mousquet aux reins; vainqueur du maréchal de Montmorency au combat de Castelnaudary, il le fit prisonnier le 1er septembre 1632; fut gouverneur du Languedoc, et mourut d'apoplexie à Bordeaux, le 19 nov. 1632, âgé de 59 ans.

Il était fils aîné de Gaspard Schomberg, gentilhomme allemand, et de Jeanne de Chasteignier; il ép. le 23 nov. 1598, Françoise d'Epinay, sœur et héritière de Charles, marquis d'Epinay, en Bretagne, et de Barbezieux, comte de Duretal, fille de Claude et de Françoise de La Rochefoucauld.

De ce mariage Henri de Schomberg eut Charles de Schomberg, duc d'Hallwin, pair et maréchal de France, marié 1° avec Anne, duchesse d'Hallwin; 2° Marie d'Hautefort; sans enfants de ces deux alliances. Anne d'Hallwin avait épousé Henri de Nogaret de Foix, comte de Candalle; ce mariage ayant été déclaré nul, elle épousa, en 1660, Charles de Schomberg, et le roi autorisa la translation du titre de duché pairie de la terre d'Hallwin sur celle de Maignelais, sous le nom d'Hallwin.

Le maréchal Henri de Schomberg ép. en secondes noces, le 21 février 1631, Anne de Laguiche, seconde fille de Philibert et d'Antoinette de Daillon du Lude, et il en eut : Jeanne-Armande, mariée le 10 janvier 1653, avec Charles de Rohan, duc de Montbazon, pair de France, prince de Guéméné, comte de Montauban.

D'après les preuves pour l'ordre du Saint-Esprit, faites par Henri de

Schomberg, la filiation de cette maison remontait à Jean de Schomberg, chevalier, sgr de Saxenbourg, Stolberg, Frankenbourg, etc., vivant en 1396. Elle était connue en Saxe, par Henri de Schomberg, qui prit part au tournoi de Worms, en 1209.

D'or, au lion coupé de gueules et de sinople.

1626

Jean-Baptiste d'Ornano, comte de Montlor, chevalier des ordres du roi, colonel-général des Corses, lieutenant général en Normandie; né au mois de juillet 1581, n'avait que quatorze ans lorsqu'il commanda une compagnie de chevau-légers au siège de la Fère. Le roi le nomma colonel des Corses en donnant le baton de maréchal à son père, le 28 septembre 1597, et en cette qualité il se signala dans les guerres de Savoie. A la mort du roi Henri IV, il maintint la Guienne et le Languedoc en l'obéissance et fidélité due à Louis XIII, qui l'en récompensa en le nommant son lieutenant en Normandie; il le nomma plus tard gouverneur de la personne de son frère, le duc d'Orléans, après la mort du comte du Lude; il fut premier gentilhomme de la chambre du duc d'Orléans, surintendant général de sa maison et maréchal de France le 7 janvier 1626. Le cardinal de Richelieu n'ayant pas pu le gagner à son parti, le fit arrêter à Fontainebleau et conduire à Vincennes, où il mourut de poison, le 2 septembre 1626, âgé de 45 ans. Son corps fut porté à Aubenas.

Écartelé, aux 1 et 4 de gueules à la tour donjonnée d'or; aux 2 et 3, d'or au lion de gueules; au chef d'azur, chargé d'une fleur de lys d'or.

1626

François-Annibal 1er, duc d'Estrées, comte de Nanteuil-le-Haudouin, chevalier des ordres du roi, gouverneur de l'Isle de France et des villes de Soissons, Laon et pays Laonnais, fut dans sa jeunesse destiné à l'église et nommé à l'évêché de Noyon en 1594; quitta cette profession pour embrasser celle des armes; servit sous le nom de marquis de Cœuvres; après la mort du roi il s'attacha au parti de la reine-mère; fut envoyé en ambassade à Rome en 1621, contribua à l'élection de Grégoire XV; ambassadeur extraordinaire en Suisse et lieutenant général de l'armée chargée de soutenir les Valtelins en 1624; maréchal de France le 10 octobre 1626; secourut le duc de Mantoue contre les Impériaux, s'empara de Trèves en 1632; ambassadeur extraordinaire à Rome en 1636; fit les fonctions de connétable au sacre de Louis XIV en 1654; eut des lettres de duc et pair par l'érection du marquisat de Cœuvres en duché-pairie d'Estrées, en 1648 et siégea en cette qualité au parlement le 15 décembre 1663; mourut à Paris le 5 mai 1670 âgé de 98 ans, d'autres disent 102 ans.

Il était fils d'Antoine d'Estrées, IVe du nom, marquis de Cœuvres, chevalier des ordres du roi, grand maître de l'artillerie de France et de Françoise Babou de la Bourdaisière.

Le nom d'Estrées était répandu en plusieurs provinces et a servi à désigner plusieurs familles. Estrées au Maine a produit Raoul d'Estrées maréchal de France sous Saint-Louis; il portait *des merlettes et des roses*; Estrées en Touraine, près Buzançois; Estrées en Thiérache, aux anciens seigneurs de Guise; Estrées dans le ressort d'Amiens, qui portait pour armes *trois coquilles*; Estrées la Blanche en Artois fondue dans la maison de Liette qui portait *un chef chargé de trois merlettes.* La ressemblance des armes de ces derniers avec celles des ducs d'Estrées qui sont *un fretté et un chef chargé de trois merlettes* pourrait faire croire, dit le P. Auselme, qu'il sortait d'une même source, et pour éviter ce qui est douteux il commence la généalogie de cette maison à Pierre d'Estrées, dit Carbonel, sgr de Boulaut, Hamel, Istres, etc, vivant en 1437.

Cette maison a fait plusieurs branches dites : des sgrs et marquis de Cœuvres, ducs d'Estrées, pairs de France, d'où est sorti le maréchal d'Estrées, dont le grand père Jean d'Estrées, sgr de Valieu et de Cœuvres, sgr de Dodenville, en Boulonnais, par acquisition, fut grand-maître et capitaine-général de l'artillerie de France; il ép. Catherine de Bourbon, fille aînée de Jacques, dit le batard de Vendôme, sgr de Bonneval, Ligny, Lambercourt et de Jeanne de Rubempré.

Le maréchal d'Estrées ép. 1° Marie de Béthune, fille de Philippe, comte de Selles et de Charost, chevalier des Ordres du roi et de Catherine Le Bouteiller de Senlis; 2° Anne Habert de Montmor, veuve de Charles de Lauzières-Thémines, fils du maréchal; 3° Gabrielle de Longueval.

Il eut du premier mariage :

1° François-Annibal, duc d'Estrées, pair et lieutenant-général des armées du roi, gouverneur de l'Isle de France, ambassadeur extraordinaire à Rome, mort en 1687, av. ép. Catherine de Lauzières-Thémines, fille et héritière de sa belle-mère, dont : 1. François-Annibal III qui suivra; 2. Louis-Charles, qui fut marquis de Thémines par substitution, capitaine de vaisseau, mort en 1672; 3. Jean, évêque de Laon, duc et pair de France, après son oncle César, cardinal d'Estrées.

2° Jean, comte d'Estrées, qui fut aussi maréchal de France en 1681, dont

la postérité sera donnée en son rang;

3° César, cardinal d'Estrées, évêque de Laon, duc et pair de France.

Du second mariage : 1. Louis, dit le marquis d'Estrées, tué au siège de Valenciennes en 1656; 2. Christine, ép. le 3 sept. 1658 François-Marie, dit Jules de Lorraine, comte de Lislebonne, sgr de Villemareuil-en-Brie, fils du duc d'Elbeuf et de Catherine-Henriette, légitimée de France.

François-Annibal III, duc d'Estrées, fils de François-Annibal II, ép. Madeleine de Lyonne, fille de Hugues, marquis de Berny, ministre et secrétaire d'Etat et de Paule Payen, dont un fils : Louis-Armand d'Estrées de Lauzières-Thémines, pair de France, marquis de Cœuvres, de Thémines et de Cardaillac, vicomte de Soissons, baron de Gourdon Labourianne, gouverneur de l'Isle de France des villes de Laon, Soissons, etc., mort à Paris en 1723 agé de 40 ans, marié avec Diane-Adélaïde-Philippe Mazarini Mancini, fille du duc de Nevers et de Diane de Damas de Thiauges, sans enfants.

Fretté, d'argent et de sable; au chef d'or chargé de trois merlettes de sable.

1627

Timoléon d'Espinay, dit des Hayes, marquis de Saint Luc, comte d'Estelan, chevalier des ordres du roi, gouverneur de Brouage et des îles de Saintonge, servit fidèlement le roi dans les guerres contre les huguenots, contribua beaucoup à la prise de la Rochelle et à celle de l'île de Ré contre Soubise; fut créé maréchal de France le 30 janvier 1627 et pourvu de la lieutenance gnérale du gouvernement de Guyenne, sur la démission du maréchal de Thémines; eut le commandement de la ville de Paris en l'absence du duc de

Montbason le 16 août 1636 ; il mourut à Bordeaux le 12 septembre 1644.

La filiation de cette maison remonte à Guillaume d'Espinay, dit des Hayes, vivant en 1400. Les premiers sujets de cette filiation se trouvent indifféremment nommés des Hayes et d'Espinay dans les titres : ils ont fait les branches des seigneurs et marquis de Saint Luc, des sgrs de Mézières et de Ligneris, de Vaux, de Boisville et du Jaglu, qui ont donné des militaires distingués par leurs services et leurs alliances.

François d'Espinay, sgr de Saint Luc et de Crévecœur, grand maître de l'artillerie de France, chevalier des ordres du roi, ép. Jeanne de Cossé et en eut plusieurs enfants : 1. Timoléon, qui suit ; 2. Charles, chevalier, puis commandeur de Malte ; 3. François, aussi chevalier et commandeur de Malte ; 4. Artus, abbé de Redon, nommé évêque de Marseille en 1628, mort avant d'être sacré.

Timoléon d'Espinay de Saint Luc, maréchal de France, ép. 1° Henriette de Bassompierre, (fille de Christophe de Bassompierre et de Louise Picart, dite de Radeval) sœur du maréchal, dont : 1. Louis, nommé à l'archevêché de Bordeaux en 1644 ; 2. François, qui suit ; 3. Renée, mariée à François d'Harcourt, marquis de Beuvron ; 4. Henriette, abbesse d'Estival, puis Feuillantine à Paris ; il épousa en secondes noces, Marie-Gabrielle de Laguiche, fille du maréchal et d'Anne de Tournon, sans enfants.

François d'Espinay, marquis de Saint Luc, chevalier des ordres du roi, lieutenant général en Guienne, gouverneur en Périgord, ép. en 1643 Anne de Buade, fille d'Henry, comte de Palluau, marquis de Frontenac, et d'Anne Phelippeaux, dont un fils, François, guidon des gendarmes du roi, mort en 1684, marié avec Marie de Pompadour, fille de Jean et de Marie de Rochechouart, dont une fille unique : Marie-Anne-Henriette, dame de Pompadour, vicomtesse de Rochechouart, mariée avec Bertrand de Rochechouart.

Avec elle s'éteignit la postérité du maréchal de Saint-Luc, mais les branches de Ligneris, de Vaux, de Boisville et du Jaglu se sont continuées jusqu'à nos jours. Cette dernière a seule encore des représentants.

D'argent, au chevron d'azur chargé de onze besants d'or.

1629

Louis de Marillac, comte de Beaumont le Roger, appelé le marquis de Marillac, lieutenant général des évêchés de Metz, Toul et Verdun, né en 1573, fut gentilhomme de la chambre du roi Henri IV ; commanda une compagnie de 100 chevau-légers après la prise d'Amiens, sous-lieutenant d'une compagnie des gendarmes du duc d'Anjou, remplit avec soin diverses missions dans les ambassades en Savoie, à Mantoue, à Florence, à Venise, en Lorraine, en Allemagne et en Italie (1611-1617). Il servit en qualité de maréchal de camp au siège de Montauban où il fut blessé en 1621, et en plusieurs autres entreprises contre les huguenots jusqu'à la paix de Montpellier, 1622 ; puis capitaine lieutenant des gendarmes de la reine Marie de Médicis, et lieutenant général des trois évêchés, gouverneur de Verdun en 1625 ; se signala au siège de la Rochelle et à la prise de Privas ; fut créé maréchal de France le 1er juin 1629 ; eut le commandement de l'armée envoyée en Italie en 1630 ; suspect à Richelieu à cause de son dévouement à la reine mère, fut arrêté par ordre du cardinal et condamné à avoir la tête tranchée le 8 mai 1632, ce qui eut lieu en place de Grève deux jours après.

Il était fils de Guillaume de Marillac, sgr de Ferrières, contrôleur général et intendant des finances et de Geneviève de Bois l'Evêque, sa seconde femme. Il ép. le 20 décembre 1607 Catherine de Médicis, fille de Cosme de Médicis et de Diane, comtesse de Bardi et n'en eut pas d'enfants. Sa sœur Valence de Marillac ép. Octavien Doni, sgr d'Attichy, surintendant de la reine Marie de Médicis.

Cette famille était originaire d'Aigueperse en Auvergne. Pierre son auteur avait été châtelain de Lastic vers 1480.

Elle occupa des fonctions de finance dans la maison du duc de Bourbon, puis dans le controle des finances de l'Etat, des charges dans le parlement, au Conseil d'Etat et dans les Intendances des provinces, notamment à Poitiers et à Rouen, donna un chancelier de France, Michel de Marillac, sgr de Fayet en 1626; c'était le frère d'un premier lit du maréchal de France. Cette famille s'est éteinte au commencement du XVIIIe siècle.

D'argent, maçonné de sable de sept pièces, rempli de 6 merlettes de même et un croissant de gueules posé en cœur.

1630

Henri II de Montmorency, duc de Montmorency et de Damville, gouverneur de Languedoc, né en 1595, eut le roi Henri IV pour parrain. Louis XIII le fit amiral en 1612 et chevalier du Saint-Esprit en 1619; se distingua dans les guerres contre les huguenots servit aux sièges de Montauban et de Montpellier où il fut blessé; fut vainqueur dans un combat naval sur les

Rochellois en 1625; reprit les îles de Ré et d'Oléron; remit en leur devoir les protestants du Pouzin, de Soyon et de Gallargues; commanda en Piémont où il battit le prince Doria et le fit prisonnier en 1630, fut fait maréchal de France le 11 décembre 1630; se laissa entraîner dans le parti du duc d'Orléans en faveur duquel il fit soulever le bas Languedoc; fut battu par Schomberg à Castelnaudary et fait prisonnier; un arrêt du parlement de Toulouse le condamna pour crime de lèse-majesté; il fut exécuté le 30 octobre 1632 dans l'hôtel-de-ville de Toulouse.

Il était fils de Henri I du nom, duc de Montmorency, pair, maréchal et connétable de France et de Louise de Budos, sa seconde femme; il ép. 1° en 1609 Jeanne de Scépeaux, duchesse de Beaupréau, comtesse de Chemillé, fille unique de Guy de Scépeaux et de Marie de Rieux; ce mariage fut cassé à cause de la jeunesse des mariés; il ép. le 28 novembre 1612 Marie-Félice des Ursins, fille du duc de Bracciano, chevalier de la Toison d'or et de Fulvia Perretti et n'en eut pas d'enfants. Il fut le dernier duc de Montmorency et de Damville.

Sa sœur, Charlotte de Montmorency, avait ép. Henri II de Bourbon, prince de Condé, qui fut la mère du grand Condé, et hérita des biens de la branche des ducs de Montmorency et de Damville.

D'or, à la croix de gueules cantonné de 16 alérions d'azur.

1630

Jean du Caylar de Saint-Bonnet, marquis de Toiras, né en 1585, en Languedoc, fut élevé page du prince de Condé; il le suivit en Flandre en

1609, fut ensuite envoyé en Espagne ; capitaine aux Gardes en 1620 ; mestre de camp du régiment de Champagne ; se trouva au combat du Pont-de-Cé, aux sièges de Saint-Jean-d'Angély, de Montauban, de Montheur et de Montpellier ; se rendit maître de l'île de Ré contre Buckingham en 1627 ; il fut nommé gouverneur et vice amiral de la mer ; maréchal de camp et gouverneur de la Rochelle, en 1628 ; commanda les troupes dans le duché de Montferrat ; soutint avec beaucoup de gloire le siège de Casal contre le fameux marquis de Spinola, en 1630 ; fut nommé maréchal de France le 13 décembre 1630 et lieutenant général de l'armée du roi en Italie, gouverneur d'Auvergne en 1632 et chevalier des ordres du roi en 1633, mais non reçu, ses frères, s'étant déclarés pour le duc d'Orléans ; l'autorité de Richelieu, a qui il n'avait pas eu le don de plaire, le fit priver de son gouvernement et de ses pensions en 1633. Il se retira auprès du duc de Savoie qui le fit lieutenant général de ses armées en 1636, avec l'agrément du roi Louis XIII, il fut tué d'un coup de mousqueton dans le Milanais le 14 juin 1636, sans avoir été marié. « C'était, dit le P. Anselme, l'un des plus fameux capitaines de son temps, libéral et bon ami, mais d'un tempérament brusque et colère. »

Il était le 4ᵉ fils d'Aymar du Caylar de Saint-Bonnet, sgr en partie de Toiras et de Françoise de Claret de Saint-Félix, dame de Palières, fille de Jean et de Philippes Pelet de Combas.

Cette maison descendait de Bernard du Caylar, chevalier, en bas Languedoc, qui était mort en 1296, seigneur de Roujan, au diocèse de Béziers. Ses descendants étaient sgrs d'Espondeilhan, de Puisserguier, et de Cazillac. Guillaume, auteur de la branche des sgrs de Toiras, fils de Hugues, co-sgr de Roujan en 1386, ép. 1º le 22 janvier 1377 Catherine de Montferrier, fille de Raymond et de Navarre de l'Estang ; 2º le 27 juin 1386 Louise de Saint-Bonnet, fille de Pierre, sgr de Toiras et d'Audis de Mandagout, avec substitution des biens, nom et armes de Saint-Bonnet. Cette dernière branche fit un rameau dit de Restinclières auquel appartenait le maréchal de Toiras. Ces diverses branches maintenues dans leur noblesse par jugement de M. de Bezons, prirent, à partir de 1668, le nom de Bermond comme issus de cette ancienne race féodale.

Une branche de la maison de Bermond du Caylar de Saint-Bonnet de Toiras, était qualifiée marquis de Saint-Michel de Pinito et Ussolo, par don de Christine duchesse de Savoie en souvenir des services du maréchal de Toiras ; ce don fut fait en faveur de Louis de Bermond du Caylar, dit le marquis de Toiras, neveu et héritier du maréchal.

Louis de Bermond du Caylar eut un fils, Jacques-François, dont la fille unique, Elisabeth-Marie-Louise-Nicole, comtesse d'Aubijoux par sa mère, née en décembre 1691, ép. en 1715 Alexandre de la Rochefoucauld, pair de France, chevalier des ordres du roi et de Madeleine-Charlotte le Tellier.

Marguerite de Toiras-Saint-Bonnet, sœur du maréchal de Toiras avait épousé le 10 novembre 1623 Jean de Rouverié sgr de Cabrières, dont la postérité subsiste à Nîmes et à Montpellier (V. *Armor. de Languedoc* I, 455).

Écartelé, aux 1 et 4 d'or à 3 fers de cheval de gueules cloués d'or, posés 2 et 1, qui est de Montferrier ; aux 2 et 3 de gueules au lion d'or, qui est Saint-Bonnet.

1631

Antoine Coëffier, dit Ruzé, marquis d'Effiat, baron de Macy et de Lonjumeau, fut élevé en sa jeunesse dans la maison de Jean le Groing, sgr de Villebouche, son beau-frère, et étant venu à la Cour il fut pourvu de la charge de grand-maître, surintendant et général réformateur des mines et minières de France, par la démission du seigneur de Beaulieu en 1614; l'année précédente il avait été institué héritier par son grand-oncle, Martin Ruzé, sgr de Beaulieu, Chilly et Lonjumeau, secrétaire d'État et grand trésorier des ordres du roi, mort le 6 nov. 1613, à 86 ans, à la condition de prendre son nom et ses armes.

Le 7 août 1616 il fut nommé premier écuyer de la grande écurie, puis capitaine des chevau-légers, et en 1625 ambassadeur extraordinaire en Angleterre pour traiter du mariage d'Henriette de France, sœur du roi Louis XIII, avec Charles Ier Stuart, roi d'Angleterre; en 1625 il obtint le collier de l'ordre du Saint Esprit; le cardinal de Richelieu le nomma surintendant des finances, puis conseiller d'honneur au parlement; il fut grand-maître de l'artillerie en 1629, puis lieutenant général des armées du roi en Piémont en 1630; il se signala aux combats de Veillane, de Carignan et à la prise de Saluces. En reconnaissance de ses services, dont la variété n'excluait pas l'éclat, le roi le nomma maréchal de France le 1er janvier 1631, puis sénéchal de Bourbonnais et d'Auvergne et le pourvut du gouvernement d'Anjou, d'Auvergne et de Bourbonnais. En 1632 il commanda l'armée que le roi envoya en Alsace au secours de l'archevêque de Trèves; il mourut dans cette ville le 27 juillet 1632.

Il était fils de Gilbert Coëffier, chevalier, sgr d'Effiat, de la Bussière et de Chezelles, gentilhomme de la maison du duc d'Anjou en 1570, capitaine de 50 hommes des ordonnances, lieutenant pour le roi dans la Basse-Auvergne et de Charlotte Gaultier; il ép. le 30 sept. 1610, Marie de Fourcy, fille de Jean, sgr de Chessy et de Montevrain, surintendant des batiments de France, et de Renée Moreau, dont il eut entr'autres enfants : 1. Martin, qui suit; 2. Henri, dit Ruzé d'Effiat, marquis de Cinqmars, grand écuyer de France, décapité à Lyon le 12 sept. 1632; 3. Jean, abbé de Saint Sernin de Toulouse; 4. Marie, ép. 1º Gaspard d'Alègre, sgr de Beauvoir; 2º Charles de la Porte, duc de la Meilleraye, pair, maréchal et grand maître de l'artillerie de France.

Martin Ruzé, marquis d'Effiat, lieutenant de roi au bas pays d'Auvergne, obtint en 1635 des lettres pour réunir la terre de Macy au marquisat de Lonjumeau; il ép. le 27 mars 1637 Isabel d'Escoubleau de Sourdis, fille aînée de Charles, marquis de Sourdis et de Jeanne de Montluc et de Foix, comtesse de Carmain, dont le fils Antoine, premier écuyer du duc d'Orléans, bailli et gouverneur des ville et château de Montargis ép. Marie-Anne Olivier de Leuville (fille de Louis Olivier, marquis de Leuville, lieutenant général des armées du roi et d'Anne Morand) gouvernante des enfants de Monsieur, duc d'Orléans, en 1679, sur la démission de la maréchale Clérembault, et mourut sans enfants.

Il y a eu une branche dite des sgrs de la Mothe-Mazurier formée par Nicolas Coëffier, chatelain de Gannat en 1559, dont la postérité était encore représentée à la fin du XVIIe siècle.

Cette famille originaire d'Auvergne avait pour auteur Guillaume Coëffier, conseiller et controleur de la maison du comte de Montpensier en 1387, qui fut peut être le même que Guillaume Coëffier, secrétaire du duc de Bourbon et garde scel de ce duché en 1412. Ses descendants exercèrent des charges dans la maison des ducs de Bourbon puis dans les finances et le bureau des trésoriers de France. Gilbert Coëffier, grand père du maréchal avait ép. Bonne Ruzé (fille de Guillaume receveur de Touraine et de Marie Testu) dont le frère institua le maréchal, alors sans fonctions, son héritier, comme on l'a vu plus haut.

De gueules, au chevron ondé d'argent et d'azur de 6 pièces, accompagné de 3 lionceaux d'or, qui est de Ruzé.

1632

Urbain de Maillé, marquis de Brézé, fut capitaine des gardes du corps de la reine Marie de Médicis et puis des gardes du corps du roi; servit en Piémont, au pas de Suze en 1629 et au combat de Carignan en 1630; ambassadeur auprès du roi de Suède; se trouva à son retour au combat de Castelnaudary; reçut le baton de maréchal de France, à la place du maréchal d'Effiat, avec le gouvernement de Calais le 18 octobre 1632; chevalier des ordres du roi le 14 mai 1633. L'année suivante il eut le commandement de l'armée d'Allemagne, secourut Heidelberg, prit Spire le 20 mars 1635 et gagna la bataille d'Avein le 20 mai suivant; fut ambassadeur extraordinaire près des états de Hollande; puis gouverneur d'Anjou et du château d'Angers en 1636; vice-roi de Catalogne en 1641; remit la même année sous l'obéissance du roi Lens et Bapaume en Artois; mourut en son château de Milly en Anjou le 13 février 1650, âgé de 53 ans.

Il était fils de Charles de Maillé, sgr de Brézé et de Milly et de Jacqueline de Thevale, fille unique et héritière de Jean de Thevale, comte de Creans, chevalier des ordres du roi, gouverneur de Metz et de Radegonde Fresneau; il ép. le 25 nov. 1617, Nicole du Plessis-Richelieu, sœur puinée du cardinal et en eut deux enfants: 1. Armand de Maillé, duc de Fronsac et de Caumont, grand maitre chef et surintendant général de la navigation et du commerce de France, mort sans être marié; 2. Claire-Clémence, duchesse de Fronsac et de Caumont, marquise de Brézé, qui ép. Louis de Bourbon II, prince de Condé, surnommé le Grand, premier prince du sang, premier pair de France, duc de Bourbonnais.

La maison de Maillé est connue en Touraine depuis 1037 et par filiation depuis 1069. Elle a fait de nombreuses branches dont les plus connues sont celles de la Tour-Landry, de Kerman et de Brézé.

La branche de la Tour-Landry a été formée le 30 juillet 1494 par le mariage de Hardouin de Maillé Xe du nom avec Françoise de la Tour-Landry, fille ainée et principale héritière de Louis, sgr de la Tour-Landry, de Bourmont, de Cornouailles et de Clairvaux. Il s'obligea de prendre le nom et les armes de la Tour-Landry sous peine de 50,000 écus, mais après la mort de ses deux frères sans hoirs males, il se déclara ainé de sa maison et le roi François Ier releva ses descendants de cette obligation, leur permettant de reprendre le nom et les armes de Maillé en y ajoutant ceux de la Tour-Landry.

La branche de Brézé a été formée par Payen ou Péan de Maillé, sgr de Saint-Georges du Bois et plus tard de Brézé par sa femme qu'il avait enlevée avant que de l'épouser, pourquoi il fut poursuivi criminellement en 1318. Sa femme était Jeanne de l'Estang, dame de Brézé, fille de Macé de l'Estang et de Catherine de Brézé; il fut sénéchal de Périgord et de Quercy, puis de Bigorre, de Poitou et de Limoges. Il était mort en 1347.

D'or, à trois fasces ondées de gueules.

1634

Maximilien de Béthune, marquis de Rosny, puis duc de Sully, pair et grand maître de l'artillerie de France, rendit de grands services au roi Henri IV qui l'honora d'une bienveillance particulière. « La mort du roi, dit le P. Anselme, le dépouilla du maniement des finances, et des affaires de l'Etat, ce qui l'obligea à se retirer dans ses terres où il mene une vie privée. Il fut fait maréchal de France le 18 septembre 1634 pour l'obliger à se démettre de sa charge de grand maître de l'artillerie. Il mourut en son château de Villebon, au pays Chartrain le 21 décembre 1641 en sa 82ᵉ année. »

Il était fils de François de Béthune baron de Rosny et de Charlotte Dauvet de Rieux. Il ép. 1º le 4 octob. 1583 Anne de Courtenay, fille de François et de Louise de Jaucourt; 2º Rachel de Cochefilet, fille de Jacques et de Marie Arbaleste.

Du premier mariage il eut : Maximilien, marquis de Rosny, prince d'Henrichemont, par sa mère, baron de Bontin, grand maître de l'artillerie de France, dont la postérité finit avec Maximilien-Henri, duc de Sully, pair de France, chevalier des ordres du roi, brigadier de ses armées, commandant la cavalerie dans les guerres d'Italie, mort sans enfants en 1729; il avait ép. le 14 février 1719 Marie-Jeanne Guyon,

veuve de Louis-Nicolas Fouquet, comte de Vaux, mort le 31 octobre 1736.

Du second mariage il eut : François de Béthune, comte puis duc d'Orval, marquis de Nogent-le-Rotrou, etc., ép. Jacqueline de Caumont, fille du duc et pair, maréchal de France. Sa postérité finit avec Maximilien-Alexis de Béthune, prince d'Henrichemont puis duc de Sully, mort en 1776; il avait ép. le 17 février 1767 Henriette-Rosalie de Baylens-Poyanne, fille de Bernard, marquis de Poyanne, chevalier des ordres du Roi, lieutenant-général de ses armées, inspecteur général de la cavalerie et de Charlotte-Louise Ollivier de Leuville, dont une fille née le 27 sept. 1772.

La maison de Béthune était une des plus anciennes de l'Artois connue depuis le XIᵉ siècle, et par filiation depuis 1200. Son auteur était Raoul I surnommé le Faisseux, sire de Béthune, vivant en 970, suivant Duchesne; le P. Anselme commence la filiation suivie à Guillaume surnommé Le Roux vivant en 1200. La terre de Sully-sur-Loire fut érigée en duché-pairie en 1606.

Les branches des comtes de Selles, marquis de Chabris, comtes et marquis de Béthune, et celle des ducs de Charost étaient issues de Philippe de Béthune frère de Maximilien qui fut le premier duc de Sully.

Bandé d'or et de gueules; aliàs, d'argent à la fasce de gueules, quelquefois *brétessée ou crénelée de deux côtés,* comme brisure.

1637

Charles de Schomberg, duc d'Hallwin, comte de Nanteuil-le-Haudouin et de Duretal, marquis d'Epinay, chevalier des ordres du roi, colonel-géné-

ral des Suisses et Grisons, gouverneur de la ville et citadelle de Metz, pays Messin et du Verdunois, fut élevé enfant d'honneur auprès de Louis XIII; se fit connaître au siège de Sommières en 1622, où il fut blessé, puis à la prise de Privas en 1629; suivit le roi en Savoie; fut blessé au siège de Rouvroy en Barrois en 1632; chevalier du Saint-Esprit en 1633, puis gouverneur de Languedoc et de la citadelle de Montpellier; maréchal de France le 26 octobre 1637, après sa victoire sur les Espagnols au siège de Leucate; il prit sur eux Perpignan et Salces en 1642, deux ans après le roi donna le gouvernement de Languedoc à Gaston de France, duc d'Orléans, et la lieutenance générale de cette province à Schomberg avec le gouvernement de Metz, du pays Messin et de l'évêché de Verdun. Il fut envoyé comme viceroi en Catalogne, prit d'assaut la ville de Tortose en 1648 et mourut de la pierre à Paris en 1656 en sa 56ᵉ année; il fut enterré dans l'église du prieuré de Nanteuil auprès de son père.

Il était fils de Henry de Schomberg, qui fut maréchal de France en 1625 et de Françoise d'Epinay, en Bretagne; il ép., en 1621 : 1ᵒ Anne, duchesse d'Hallwin, sans enfants; 2ᵒ le 24 septembre 1646 Marie d'Hautefort, sans enfants.

D'or, au lion coupé de gueules et de sinople.

1639

Charles de la Porte, duc de la Meilleraye, pair, grand maître de l'artillerie, chevalier des ordres du roi, lieutenant général de la haute et basse Bretagne, gouverneur des château et ville de Nantes et de Port-Louis, se si-

gnala aux guerres de Piémont en 1629 et 1630, puis dans les Flandres, en Artois et Roussillon; après la prise de Hesdin il fut nommé maréchal de France sur la brèche même de cette place le 30 juin 1639.

Pour faire cette promotion Louis XIII prit sa canne et dit en la présentant à la Meilleraye : « Je vous fais maréchal de France; voilà le bâton que je vous en donne. Les services que vous m'avez rendus m'obligent à cela; vous continuerez à me bien servir ». La Meilleraye ayant répondu qu'il n'était pas digne de cet honneur :

— « Trêve de compliments, reprit le roi; je n'ai jamais fait un maréchal de meilleur cœur que vous. »

Après la capitulation d'Arras, occupé par les Espagnols, le maréchal de la Meilleraye fut nommé pour commander l'armée de Picardie et de Flandres en 1641. Il prit les villes d'Aire et de Bapaume et commanda, en 1642, l'armée du Roussillon avec Schomberg.

En 1646 il eut le commandement de l'armée d'Italie où il prit Piombino et Portalongue. Il fut nommé surintendant des finances en 1648 et se démit en 1649 de la charge de grand maître de l'artillerie en faveur de son fils; et commanda l'armée du Poitou, de la Saintonge et du Limousin en 1650 et força la ville de Bordeaux à capituler; il mourut à Paris en 1664 dans sa 62ᵉ année.

Le marquisat de la Meilleraye fut érigé en duché-pairie en faveur du maréchal de la Meilleraye par lettres patentes du mois de décembre 1663.

Il était fils de Charles de la Porte, sgr de Lunardière et de la Meilleraye et de Claude de Champlais; il ép. 1ᵒ le 26 février 1630 Marie Ruzé d'Effiat, fille du maréchal de France et de Marie de Fourcy ; 2° le 20 mai 1637 Marie de Cossé, fille de François de Brissac duc et pair de France, et de Guyonne de Ruellan ; il eût du 1er mariage Armand-Charles de la Porte-Mazarini, duc de Rethelois-Mazarin, de la Meilleraye et de Mayenne, grand maître de l'artillerie de France, lieutenant-général des armées du roi, chevalier de ses ordres, prince du château Portien, etc., épousa le 18 février 1661 Hortense Mancini, nièce du cardinal Mazarin, fille de Laurent Mancini, chevalier romain et de Hiéronyme Mazarini, d'où sont venus les ducs de Rethelois-Mazarini par l'érection en duché-pairie de la terre duché de Rethel vendue au cardinal Mazarin par Charles de Gonzague, duc de Nevers et de Rethel, érigée de nouveau en duché-pairie en faveur de Armand-Charles de la Porte-Mazarini. Cette maison, originaire de Bretagne, a fini par une fille Charlotte-Antoinette de la Porte-Mazarini, arrière-petite-fille d'Armand-Charles, qui ép. en 1733 le duc de Duras, maréchal de France, dont elle fut la 1re femme et auquel elle porta les biens de sa maison ; de ce mariage naquit une fille unique Louise-Jeanne de Durfort-Duras, duchesse de Mazarin, morte en 1781, mariée en 1747 à Louis-Marie-Guy d'Aumont, marquis de Villequier, puis duc de Mazarin par son mariage, et dans la maison duquel sont entrés les biens des ducs de Mazarin et de la Meilleraye. Les aînés de la maison de la Porte ont eu la possession, pendant près d'un siècle, des trois duchés-pairies de la Meilleraye, de Rhetel-Mazarini et de Mayenne, réunis plus tard, mais à titre de seigneuries seulement sur la tête de Louis d'Aumont, appelé aussi duc de Mazarin, qui mourut en 1799 ne laissant qu'une fille Louise, mariée en 1777 au duc de Valentinois (Honoré-

Anne-Charles-Maurice de Goyon-Grimaldi) dont l'arrière petit-fils est aujourd'hui Albert-Honoré-Charles de Goyon-Grimaldi, prince régnant de Monaco.

De gueules, au croissant montant d'argent, chargé de cinq mouchetures d'hermines.

Mazarin portait : *D'azur, à un faisceau d'or lié d'argent, au milieu duquel s'élève une hache d'armes ; à une fasce de gueules brochant sur le faisceau chargée de trois étoiles d'or.*

1641

Antoine III de Gramont, duc et pair de France, souverain de Bidache, comte de Guiche et de Louvigny, vice-roi de Navarre et de Béarn, chevalier des ordres du roi, gouverneur de Bayonne ; fut envoyé jeune à Paris sous le nom de comte de Guiche « pour apprendre ses exercices » à l'âge de quatorze ans ; suivit le roi Louis XIII aux sièges de Saint-Antoine et de Montpellier, en 1621 ; servit en Piémont et en Italie, fut blessé au siège de Mantoue, en 1630 ; nommé maréchal de camp en 1635, servit en Allemagne sous le cardinal de la Valette et le duc de Weimar ; puis en Bourgogne sous le duc de Candale ; lieutenant général et gouverneur de Normandie en 1637 ; reprit du service dans l'armée du maréchal de la Meilleraye envoyée en Piémont, et suivit ce maréchal en Flandre et commanda une des attaques au siège d'Aire ; contribua beaucoup à la prise de Bapaume ; reçut le bâton de maréchal de France en 1641, avec le commandement de toutes les armées de Flandres, puis de l'armée de Champagne ; servit en Flandre sous le duc d'Enghien, aida à prendre Courtray, se distingua au combat de Fribourg, en 1644; suivit le prince de Condé en Catalogne, et commanda une attaque au siège de Lérida; et l'aile gauche à la bataille de Lens. Il était gouverneur de Bayonne lorsqu'il fut chargé d'aller à Madrid demander pour Louis XIV la main de Marie-Thérèse, en 1659; après la mort du duc d'Epernon, en 1662, il fut nommé colonel général du régiment des gardes françaises et mourut à Bayonne le 12 juillet 1678, à l'âge de 74 ans.

Il était fils d'Antoine II du nom, comte de Gramont, chevalier des ordres du roi, et de Louise de Roquelaure sa première femme. Il ép. le 28 nov. 1634 Françoise-Marguerite de Chivré, fille d'Hector, sgr du Plessis et de Marie de Conan.

Le comté de Guiche-Gramont fut érigé en duché pairie par lettres patentes du mois de novembre 1648, enregistrées le 16 décembre 1663, pour le maréchal de Gramont et sa descendance mâle, encore représentée de nos jours.

Antoine de Gramont, son petit-fils, fut aussi maréchal de France en 1724, et mourut en 1725.

Les Gramont d'aujourd'hui descendent de la maison d'Aure originaire de la province de Bigorre. Leur filiation est établie depuis Sauche-Garcia d'Aure, vicomte de Larboust vivant en 1381.

Menaud ou Manaud d'Aure, vicomte d'Aster, arrière petit-fils de Sanche-Garcia d'Aure, ép. en 1525 Claire de Gramont et en prit le nom. Celle-ci était héritière de l'ancienne maison de Gramont qui avait possédé de temps immémorial en toute souveraineté la principauté de Bidache, dans la Basse-Navarre, où elle exerçait des droits régaliens.

La maison de Gramont d'Aure a donné deux maréchaux de France et a été admise aux honneurs de la Cour en 1741, 1751, 1761, 1777 et 1779.

Écartelé, au 1 d'argent, au lévrier rampant de sable, qui est de Gramont; aux 2 et 3 de gueules à 3 flèches d'argent en pal emplumées d'or, les pointes en bas, qui est d'Aster; au 4 d'argent, au lévrier rampant de sable, à la bordure de sable chargée de 8 besants d'or, qui est d'Aure; et sur le tout: écartelé, aux 1 et 4 de gueules, à 3 jumelles d'argent, qui est de Saint-Chéron; aux 2 et 3 de gueules, à 3 fasces ondées d'argent, qui est de Toulongeon.

1642

Jean-Baptiste Budes, comte de Guébriant, né au château du Plessis-Budes, en Bretagne, en 1592, alla faire ses premières armes en Hollande; à son retour il servit aux sièges d'Alets et de Vigon où il fut dangereusement blessé d'une mousquetade à la joue; capitaine au régiment de Piémont en 1630, puis à celui des Gardes en 1632, passa à l'armée du roi en Allemagne, maréchal de camp en 1636; contribua au succès de la bataille de Volfenbutel en 1641, lieutenant-général il gagna la bataille de Kempen, près Cologne, en 1642; reçut la même année le bâton de maréchal de France le roi étant à Narbonne le 22 mars 1642; et continuant toujours ses victoires, il prit les villes de Nuits, de Duren, de Lin et enfin celle de Rotwell le 17 novembre 1643 où il fut blessé d'un coup de fauconneau, dont il mourut le 27 du même mois.

Il était fils de Charles Budes, sgr du Hirel, du Plessis-Budes, de Guébriant, etc., baron de Sacé, chevalier de l'ordre du roi, et d'Anne Budes, fille unique et héritière du sgr de Tertrejouan et de Quatrevaux, de l'Espinasse et de Bienassis, issue d'une branche collatérale séparée de l'auteur commun depuis 1380.

Il ép. Renée du Bec, dame d'honneur de la reine Marie Thérèse d'Autriche, fille de René du Bec marquis de Vardes, chevalier des ordres du roi et de Hélène d'O; il mourut sans enfants.

Cette maison est connue depuis Guillaume Budes vivant en 1300, sgr d'Uzel, du Plessis-Budes en Bretagne, chevalier, qui ép. Jeanne du Guesclin, fille de Guillaume, sgr de Broon et de N. de Beaumont sa seconde femme, dont le fils Jean Budes, sgr du Hirel fut tué à la bataille de Rosebècque en 1382.

La maréchale de Guébriant (Renée du Bec) mourut durant son passage à Périgueux le 2 septembre 1659. La preuve de ce fait a été découverte, par M. Hardy, ancien président de la Société d'archéologie de Périgueux, dans les registres de la paroisse de Saint Front, à la date du 16 septembre 1659.

Le corps de Mme de Guébriant fut transporté à Paris, et on voit aujourd'hui, dans l'une des chapelles latérales de Notre-Dame de Paris, les deux tombeaux réunis du maréchal et de la maréchale de Guébriant.

D'argent, au pin de sinople, cotoyé au pied de deux fleurs de lys de gueules.

1642

Philippe de la Mothe-Houdancourt, duc de Cardonne, comte de Beaumont-sur-Oise et du Fayel, vice-roi et lieutenant général des armées du roi en Catalogne, était né en 1605, il commença ses premières armes aux sièges de Saint-Antonin, de Sommières, de Lunel et de Montpellier, 1621; continua sous le duc de Montmorency au siège de la Rochelle et à l'île de Ré 1625-1627; servit avec éclat dans les guerres contre les protestants et en Allemagne; fut fait maréchal de camp en 1636; lieutenant-général en Bresse, passa en Piémont où il commanda la retraite de Quiers en 1639; prit part aux sièges de Cazal et de Turin; passa en Catalogne, battit le comte d'Aguilar à Vabres et à Villelongue; et l'armée espagnole à Collioure et à Perpignan en 1642; reçut le 1er avril 1642 le bâton de maréchal de France, avec le duché-pairie de Cardonne en Catalogne et la charge de vice-roi de cette province. Tombé en disgrâce après la perte de Lérida en 1644, il fut mis en prison au chateau de Pierre-Encize, près Lyon et n'en sortit qu'au mois de septembre 1648, après que son innocence eut été reconnue par le parlement de Grenoble. Le roi pour compléter sa réhabilitation le fit une seconde fois vice-roi de Catalogne au mois de novembre 1651 et le maréchal de la Mothe-Houdancourt ne tarda pas à justifier sa confiance en forçant les lignes ennemies devant Barcelone, et en défendant vaillamment cette place durant cinq mois contre l'armée espagnole. Il mourut à Paris le 24 mars 1657.

Il était fils de Philippe de la Mothe, chevalier, sgr d'Houdancourt, de Sacy, dans le comté de Beaumont-sur-Oise, et de Louise Charles, sa troisième femme, fille d'Antoine Charles sgr du Plessis-Picquet et de Madeleine Maillard; il ép. Louise de Prie, seconde fille et héritière de Louis de Prie, marquis de Toucy et de Françoise de Saint-Gelais-Lusignan, dont il eut quatre enfants : 1. Philippe, mort jeune ; 2. Françoise-Angélique, mariée le 28 novembre 1669 avec Louis-Marie-Victor d'Aumont et de Rochebaron, duc d'Aumont, pair de France, dont elle fut la seconde femme ; 3. Charlotte-Éléonore-Madeleine, gouvernante des enfants de France, mariée le 14 mars 1672 à Louis-Charles de Lévis, duc de Ventadour, pair de France ; 4. Marie-Gabrielle-Angélique, mariée le 18 mars 1675 avec Henri-François de Saint-Nectaire, duc de la Ferté, pair de France.

La maison de la Mothe a pour auteur Jean de la Mothe, écuyer, vivant en 1512 qui ép. Catherine du Bois, dame d'Houdancourt.

Il y a eu un autre maréchal de France en 1747, Louis-Charles comte de la Mothe-Houdancourt (1687-1755), chevalier des ordres du roi (fils de Charles, marquis de la Mothe-Houdancourt, grand d'Espagne en 1722, lieutenant-général des armées du roi), qui n'eut qu'une fille, Gabrielle, mariée d'abord au comte de Froulay de Montflaux, puis au marquis de Rouault de Gamaches, reconnu grand d'Espagne en 1755, maréchal de camp, qui de ce mariage a eu :

1. Joachim-Valère-Thérèse-Louis, dit le comte de Lignières, qui épousa Marie-Catherine-Hyacinthe de Choiseul-Beaupré, dont la fille épousa le comte d'Héricy.

2. Charlotte-Gabrielle-Constance, chanoinesse d'honneur surnuméraire du chapitre de Neuville en Bresse, morte à Château-Porcien en Champagne, le 29 juillet 1787. Elle avait épousé à Paris le 28 juillet 1779 Jean-Baptiste de Boisgelin, fils de Pierre-Antoine, sgr de Kergomar et de Marie-Rose d'Adhémar de Lantagnac.

Le comte d'Héricy n'eut que des filles, et sa fille aînée épousa le marquis de Walsh-Serrant, reconnu grand d'Espagne en 1815 au titre de duc de La Mothe-Houdancourt ; leur fils mourut en 1834, laissant une fille, *Alix*-Marie, qui a épousé, le 28 mai 1859, Artus de Cossé, comte de Brissac,

héritier par sa femme de la grandesse d'Espagne de La Mothe-Houdancourt.

Écartelé, aux 1 et 4 d'azur à la tour d'argent, aux 2 et 3 d'argent au lévrier rampant de gueules, accompagné de 3 tourteaux aussi de gueules, 2 en chef, et 1 en pointe ; le chef chargé d'un lambel de 5 pendants de gueules.

1643

François de l'Hôpital comte de Rosnay, sgr du Hallier et de Beine, ministre d'État, chevalier des ordres du roi, gouverneur de la ville de Paris, lieutenant général en Champagne et Brie, connu sous le titre de seigneur du Hallier, et ensuite sous celui de maréchal de l'Hôpital, fut aimé et estimé du roi Louis XIII pour sa fidélité incorruptible.

Dans sa jeunesse il avait été destiné à l'état ecclésiastique et nommé à l'évêché de Meaux, par Henri IV, qu'il quitta pour suivre la carrière des armes. Il entra dans les Gendarmes de la Garde, puis dans les gardes du corps du roi, dont il devint capitaine, puis capitaine des gendarmes de la Garde et chevalier des ordres du roi le 31 décembre 1629 ; prit Pardailhan et Théobon sur les protestants et servit aux sièges de Royan et de la Rochelle, à la conquête de Savoie, à la prise de Nancy dans l'armée du comte de Soissons, en Luxembourg ; lieutenant général dans l'armée du duc de Weymar ; fut blessé au siège de Saint Omer dans l'armée du duc de Chatillon ; gouverneur en Lorraine, qu'il acheva de mettre sous l'obéissance du roi ; contribua à la prise d'Arras en 1640 ; eut le gouvernement de Champagne et de Brie à la place de celui de Lorraine et reçut le bâton de maréchal de France le 23 avril 1643 ; il commanda l'aile gauche à la bataille de Rocroy avec laquelle il regagna le canon perdu et y fut dangereusement blessé. Quelque temps après il se démit du gouvernement de Champagne pour prendre celui de Paris. Il servit fidèlement le roi pendant les troubles de la Fronde et mourut à Paris le 20 avril 1660, âgé de 77 ans.

Il était fils puiné de Louis de l'Hôpital, marquis de Vitry, chevalier des ordres du roi et de Françoise de Brichanteau ; il ép. 1° Charlotte des Essarts ; 2° Françoise Mignot ; il n'eut pas d'enfants de ces deux mariages.

La maison de l'Hôpital a eu pour auteur Jean de l'Hôpital (neveu de François de l'Hôpital, clerc des arbalétriers du roi, vivant en 1329) qui fut aussi clerc des arbalétriers, sgr de Montignon, il fut naturalisé par lettres du roi Charles V qui lui donna la seigneurie des Allueux en Palluel, mouvante du château de Crèvecœur-en-Brie au mois d'octobre 1358.

Ecartelé, au 1 d'azur semé de fleurs de lys d'or au lambel de gueules, qui est Anjou-Sicile ; *au 2 palé d'or et de gueules*, qui est Aragon ; *au 3 de sable à deux léopards d'or passant l'un sur l'autre*, qui est Rouault ; *parti de fascé d'or et de gueules de huit pièces*, qui est Volvire, *soutenu de gueules à neuf macles d'or*, qui est Rohan-Monbazon ; *au 4 de gueules à la croix ancrée de vair*, qui est la Chatre ; *sur le tout : de gueules au coq d'argent crêté, membré et becqué d'or, ayant au col un écusson d'azur chargé d'une fleur de lis d'or*, qui est l'Hôpital.

1643

Henri de la Tour, vicomte de Turenne, l'un des plus grands capitaines de son temps, apprit la guerre en Hollande, sous le prince d'Orange de la maison de Nassau, son oncle ; il passa en 1630 en Piémont ; se trouva à la défense de Cazal en qualité de mestre de camp d'un régiment d'infanterie ; servit aux sièges de la Mothe en 1634, à celui de Spire en 1635 ; étant maréchal de camp sous le cardinal de la Valette, en Allemagne, il se signala en divers combats, fut blessé au siège de Saverne. Il commanda l'arrière garde de l'armée du duc de Weimar à la bataille Rhinau et au combat d'Ensinsheim en 1638 et servit à la prise de Brisach en 1639, et de Cazal en 1640. Deux ans après il se trouva à la prise de Collioure et de Perpignan en Roussillon. Le roi le fit maréchal de France le 16 mai 1643 (première promotion du roi Louis XIV.) Nommé général en chef des armées du roi en Allemagne, il battit l'armée bavaroise à Fribourg, à Philipsbourg et à Mayence en 1644 ; il fut battu à Mariendal par le général Mercy le 5 mai 1645 et eut sa revanche à Nordlingue le 3 août de la même année, et un peu plus tard contre les Impériaux et le duc de Bavière à Sommerhoven où le général Melander fut tué, le 17 mai 1648. Pendant la Fronde il prit le parti des princes et perdit la bataille de Rethel. Rappelé à la cour par la bonté du roi il eut le commandement de ses armées en 1652.

En 1655 il prit le Quesnoy, Landrecies, Condé et Saint-Guillain et les années qui suivirent furent marquées par des succès éclatants dans l'Artois, dans la Flandre, contre les Espagnols et les Impériaux. Tant de services lui acquirent avec justice la charge de maréchal-général des camps et armées du roi qui lui fut donnée à Montpellier le 17 avril 1660.

Quelques années après la guerre s'étant renouvelée avec l'Espagne, il accompagna le roi en Flandre qui le nomma son lieutenant général en 1667 ; il se trouva à la prise des villes de Tournay, de Douai, d'Oudenarde, d'Ath, de Lisle et d'Alost. L'année d'après il fit son abjuration de la religion protestante et rentra dans l'église catholique. En 1672 il eut le commandement de l'une des armées qui accompagnèrent le roi dans son invasion de la Hollande et termina cette campagne par la chasse qu'il donna aux troupes du marquis de Brandebourg et prit ses quartiers d'hiver pour son armée dans le pays de cet Electeur, et l'obligea d'envoyer demander la paix en France. Les années de 1673 à 1675 furent encore signalées par de nouveaux succès ; il fut tué d'un coup de canon près de Salzbach en Allemagne le 27 juillet 1675, en allant faire une reconnaissance des troupes ennemies. Son corps fut transporté à Paris et enterré à Saint-Denis.

Il était le second fils d'Henri de la Tour, vicomte de Turenne, duc de Bouillon, prince de Sedan, maréchal de France et de Isabelle de Nassau-Orange, sa seconde femme ; il avait épousé Charlotte de Caumont, dont il n'eut pas d'enfants ; elle était fille d'Armand de Caumont, duc de la Force, pair et maréchal de France et de Jeanne de la Rochefaton.

Ecartelé, aux 1 et 4 de gueules, semé de fleurs de lis d'or, à la tour d'argent maçonnée de sable posée au centre de l'écu, qui est de la Tour ; au 2 d'azur à 3 besants d'or, qui est de Boulogne ; au 3 coticé d'or et de gueules, qui est de Turenne ; sur le tout : parti d'or à la bannière de gueules, qui est d'Auvergne ; et de gueules, à la fasce d'argent, qui est de Bouillon.

1643

Jean de Gassion né à Pau le 20 août 1609, fut reçu dans la compagnie des gendarmes du prince de Piémont, en 1625 et passa ensuite dans les troupes du duc de Rohan chef du parti protestant en Languedoc ; puis lieutenant de chevau-légers du régiment de Charles de Baschi, sgr de Saint Estève, prit part aux sièges de Saint-Sever, de Saint Afrique et de Castres (1628-1630). Après la conclusion de la paix il retourna en Piémont, passa en Suède, où le roi le fit colonel d'un régiment de cavalerie. Il revint en France et servit en Lorraine, sous le maréchal de la Force en 1635 ; se trouva au siège de Dole en 1636 et à celui de Landrecies ; se signala à la prise d'Hesdin en 1639, au siège d'Aire en 1641, à la bataille de Rocroy en 1643 et au siège de Thionville où il fut blessé dangereusement. Elevé à la dignité de maréchal de France, il prêta serment le 17 novembre 1643 ; servit avec distinction dans les guerres de Flandres, contre les Espagnols et mourut à Arras le 2 octobre 1647, blessé d'un coup de mousquet reçu à la tête le 28 septembre précédent au siège de Lens. « Il a été, dit le P. Auselme, l'un des plus braves, vigilants, redoutés et heureux capitaines de son temps pour des entreprises imprévues et difficiles, et des plus sobres, chastes et intrépides. »

Il était fils de Jacques de Gassion, procureur général et président au Conseil souverain de Navarre et de Béarn, conseiller d'Etat et de Marie d'Esclaux ; il mourut sans être marié. Son neveu Jean de Gassion, appelé le comte de Gassion, fut lieutenant général des armées du roi en 1696, et son petit neveu, Jean de Gassion et d'Alluye, comte de Montboyer, maréchal des camps et armées du roi, gouverneur de Dax et de Saint-Sever, ép. Marie-Jeanne Fleuriau, fille de Joseph-Jean-Baptiste, sgr d'Armenonville, garde des sceaux de France et de Jeanne Gilbert, dont il eut : 1. Pierre de Gassion, mestre de camp, né le 26 septembre 1715, mort en 1745, non marié ; 2. Jeanne, mariée le 12 mars 1723 à Aymar-Henri de Grolée de Peyre, sgr de Pagas, comte de Peyre, mestre de camp de cavalerie ; 3. Marie-Angélique, mariée à Louis-François de Damas de Thianges.

Cette famille originaire de Navarre établit sa filiation depuis Arnaud-Guilhem de Gassion vivant en 1385. Jean de Cassion, fut procureur général au Conseil de Navarre, sous Jeanne d'Albret, qui voulant l'élever aux plus hautes dignités lui donna la charge de président en son conseil de Navarre, et le roi le nomma chef de son conseil secret et second président au conseil souverain de Navarre et de Béarn, qu'il exerça le reste de sa vi. Deux de ses fils furent lieutenants-généraux des armées du roi et son neveu fut le maréchal de Gassion. Jean de Gassion frère du maréchal, après avoir exercé la charge de procureur général, comme son père, fut nommé président à mortier au parlement de Pau, conseiller d'Etat en 1636, intendant de justice en Navarre et gouverneur de Bayonne en 1640. C'est en reconnaissance de ses services et de ceux du maréchal, son frère que le roi érigea en marquisat la baronnie de Camou, sous le titre de Gassion, par lettres patentes du mois de février 1660 ; il avait ép. le 5 février 1635 Marie de Bésiade.

Le maréchal de Gassion avait eu un autre frère, Isaac de Gassion, sgr de Pondoly, avocat en la Cour, marié avec Françoise de Boeil, qui fut père de Timothée et de Joseph, sgrs du châ- teau d'Abère ; et deux sœurs : 1. Marie, qui ép. le 21 juillet 1629 Antoine d'Espalungue ; 2. Jeanne, qui ép. Henri de Montesquiou d'Artagnan, lieutenant pour le roi au gouvernement de Bayonne.

Ecartelé, aux 1 et 4 d'azur à la tour d'or ; au 2 d'or, à 3 pals de gueules ; au 3 d'argent, à un arbre de sinople au lévrier de gueules courant en pointe au pied de l'arbre, accolé d'or.

1645

César, duc de Choiseul, comte du Plessis-Praslin, fut élevé à la cour, enfant d'honneur du roi Louis XIII, servit en qualité de mestre de camp d'un régiment d'infanterie aux sièges de Saint-Jean d'Augély, de Clérac, de Montauban en 1621, de Moutheur, de Noyan en 1622, et aux autres affaires pendant les guerres de religion jusqu'en 1629 et aux campagnes de l'armée en Savoie ; ambassadeur extraordinaire à Turin ; maréchal de camp en 1636, se signala aux combats de Quiers et de Cazal en 1640 ; gouverneur de Turin après la prise de cette ville le 11 juillet 1640 ; lieutenant-général de l'armée d'Italie, il prit Nice et Tortone en 1642 ; fut fait maréchal de France le 20 juin 1645 après la campagne de Catalogne ; repassa en Italie avec le maréchal de la Meilleraye et contribua à la prise de plusieurs villes ; secourut le duc de Modène à Crémone en 1648 ; le roi le nomma gouverneur de Monsieur en 1649 ; il eut des succès militaires en Picardie contre l'archiduc Léopold et gagna contre le maréchal de Turenne la bataille de Sommepy, dite de Rethel, en 1653 ; il fut chevalier des ordres du roi le 31 décembre 1661 et en 1665 duc et pair de France, gouverneur du pays et évêché de Toul ; il mourut à Paris le 23 décembre 1675.

Il était fils de Ferry de Choiseul II du nom, comte du Plessis, baron de Chitry et de Madeleine de Barthelemy, fille de Guillaume, sgr de Beauverger, conseiller au parlement de Paris et de Marie Hennequin; il fut l'auteur de la branche des ducs de Choiseul, pair de France par lettres du mois de novembre 1665.

Cette maison une des plus anciennes et des plus illustres de France est originaire de Champagne; elle a pris son nom de la terre de Choiseul en Bassigny; elle est connue par filiation depuis 1084.

Ecartelé, au 1 de gueules au lion couronné d'or, qui est d'Aigremont; *au 2 de gueules, burelé d'or*, qui est du Plessis; *au 3* de Béthune; *au 4, d'or au lion de sable*; et sur le tout: *d'azur à la croix d'or, cantonnée de 18 billettes de même, cinq posées en sautoir dans chaque canton du chef, quatre posées en carré dans chaque canton de la pointe*, qui est de Choiseul.

1645

Josias, comte de Rantzau, originaire du Holstein, fit ses premières armes dans l'armée Suédoise où il commanda un régiment de cavalerie et d'infanterie au siège d'Andernach. Le roi le retint à son service dans un voyage qu'il fit en France en 1635 avec le chancelier de Suède; le fit maréchal de camp et colonel de deux régiments avec lesquels il servit en Franche-Comté au siège de Dôle où il perdit un œil; il défendit vaillamment Saint-Jean-de-Losne contre le général Galas; il perdit une jambe et fut estropié d'une main au siège d'Arras en 1640; signala son courage à la retraite d'Aire en 1641 et demeura prisonnier au siège d'Honnecourt en 1642. L'année d'après il alla servir en Allemagne comme lieutenant général sous le duc d'Enghien; il fut battu et fait prisonnier par Jean de Wert; en 1644 il se distingua au siège de Gravelines, et le 16 juillet 1645 il fut nommé maréchal de France et continua à servir en Flandre; il prit part aux sièges de Béthune et de Bourbourg, de Courtray, de Bergues, de Mardick, de Furnes et de Dunkerque dont le gouvernement lui fut donné en 1646. Sa fidélité ayant été soupçonnée il fut arrêté en 1649, et mis en liberté l'année suivante, l'accusation portée contre lui ayant été jugée sans fondement. Il mourut d'hydropisie à Paris le 4 septembre 1650.

Il était issu de l'illustre maison des comtes de Rantzau du duché de Holstein en Danemarck, connue dès l'an 1076; il mourut sans enfant de son mariage avec Elisabeth-Hedwige, ou Marguerite-Elisabeth de Rantzau, qui étant veuve se fit religieuse aux Annonciades de Paris. Cette maison est encore représentée de nos jours dans l'ancien duché de Holstein.

Une fille du prince de Bismarck a épousé le comte de Rantzau, qui appartient à cette famille.

Parti, d'argent et de gueules.

1646

Nicolas de Neufville duc de Villeroy, marquis d'Alincourt, sgr de Magny, chevalier des ordres du roi, gouverneur de Lyon et du Lyonnais, Forez et Beaujolais, né le 14 octobre 1598, fut élevé enfant d'honneur auprès du roi Louis XIII, servit en Italie sous le maréchal de Lesdiguières; commandait un régiment pendant les guerres de religion, et un corps de six mille hommes au siège de Montpellier en 1622; servit en Savoie puis en Italie, en Franche-Comté, en Catalogne et en Lorraine. Au mois de mars 1646 il fut choisi pour être gouverneur du roi Louis XIV qui le fit maréchal le 20 octobre 1646, puis conseiller d'honneur au Parlement de Paris en 1651 ; il représenta au sacre de ce prince le grand maître de France ; il fut fait chef de son conseil des finances en 1661, chevalier des Ordres le 31 décembre de la même année et créé duc et pair de France le 15 décembre 1663, suivit le roi dans sa campagne de Flandres en 1667. Il mourut à Paris le 28 novembre 1685 dans sa 88ᵉ année.

Il était fils de Charles de Neufville, marquis de Villeroy et d'Alincourt et de Jacqueline de Harlay, sa seconde femme ; la première avait été Marguerite de Mandelot, dame de Pacy, fille unique de François, chevalier des ordres du roi, gouverneur de Lyon, et d'Eléonore Robertet, dont il n'avait eu que deux filles.

Il ép. le 11 juillet 1617 Madeleine de Créquy, fille de Charles, sire de Créquy et de Canaples, duc de Lesdiguières, pair et maréchal de France, et de Madeleine de Bonne, sa première femme. Il fut le premier duc et pair de Villeroy par lettres du mois de septembre 1651. Son fils François de Neufville de Villeroy, fut aussi duc, pair et maréchal de France, le 27 mai 1693.

Cette maison avait pour auteur Nicolas de Neufville, sgr de l'Equipée et des Tuileries à Paris, en 1500, secrétaire du roi en 1507 et des finances en 1514, trésorier de France en 1518. Le 12 janvier 1518 il échangea les Tuileries pour la terre de Chanteloup, avec le roi François Iᵉʳ ; il était secrétaire trésorier de l'Ordre de Saint-Michel. La postérité du maréchal de Villeroy finit avec Gabriel-Louis-François de Neufville, fils de Louis-François-Camille et

de Marie-Joséphine de Boufflers), appelé d'abord le comte de Sault, puis marquis de Villeroy et duc de Villeroy, maréchal de camp, pair de France, chevalier des ordres du roi, etc., marié en 1747 avec Jeanne-Louise-Constance fille du duc d'Aumont et de Félicité de Durfort Duras, dont il n'eut pas d'enfants. C'était le descendant au 5ᵉ degré du premier duc de Villeroy, maréchal de France.

D'azur, au chevron d'or, accompagné de trois croix ancrées de même.

1651

Antoine d'Aumont de Rochebaron, duc d'Aumont, marquis d'Isles, de Chappes et de Villequier, baron d'Estrabonne, etc., chevalier des ordres du Roi, capitaine de ses gardes du corps, gouverneur et lieutenant général de Paris, de Boulogne et pays Boulonnais, né en 1601, commença à servir sous les ordres du sgr de Chappes son frère, puis au siège de Montauban ; fut blessé à l'Ile de Ré, se trouva au siège de la Rochelle en 1628 ; fit la campagne de Flandres en 1645 ; étant lieutenant-général des armées du Roi il se trouva aux prises de Courtray, de Mardick, de Dunkerque, de Lens et de Condé, à la bataille de Lens en 1648 à celle de Rethel en 1650, où il commandait l'aile droite de l'armée du roi ; maréchal de France le 13 janvier 1651, gouverneur de Paris en 1662, duc et pair de France en 1665, suivit le roi dans sa campagne de Flandres en 1667 où il eut le commandement d'un corps d'armée avec lequel il prit Furnes, Bergues et Courtray. Il mourut d'apoplexie le 11 janvier 1669 dans sa 68ᵉ année.

Il était second fils de Jacques d'Aumont, baron de Chappes, et de Charlotte-Catherine de Villequier, fille unique de René de Villequier, baron de Clairvaux et de la Marck, et petit-fils de Jean d'Aumont qui avait aussi été maréchal de France et l'un des plus grands capitaines de son temps.

Il avait épousé Catherine Scarron de Vaures, qui mourut le 20 novembre 1691. Ses descendants ont eu jusqu'en 1830 la charge de premier gentilhomme de la chambre du roi.

D'argent, au chevron de gueules, accompagné de sept merlettes de même, 4 en chef et 3 en pointe 1 et 2.

1651

Jacques d'Estampes, marquis de la Ferté-Imbaut et de Mauny, sgr de Sallebris, du Mont-Saint-Sulpice et de Villefargeau, chevalier des ordres du roi; lieutenant-général au pays d'Orléanais, Vendomois et Dunois, se trouva au siège de Soissons en 1617 et au combat du Pont-de-Cé en 1620; suivit le roi en Béarn; servit pendant les guerres de religion et dans la campagne de Flandres en qualité de seul maréchal de camp; fut ambassadeur en Angleterre en 1641; prit part à la seconde campagne de Flandres en 1645; lieutenant-général des armées du roi en 1646; fut élevé à la dignité de maréchal de France le 5 janvier 1651 avec MM. d'Aumont, d'Hocquincourt et de Saint-Nectaire, chevalier des ordres du roi le 31 décembre 1651; il mourut dans son château de Mauny près Rouen le 30 mai 1668, âgé de 78 ans.

Il était fils de Claude d'Estampes, sgr de la Ferté-Imbault, etc, capitaine des gardes du corps du duc d'Alençon et de Jeanne de Hautemer, dame de Mauny, (fille puinée et héritière de Guillaume de Hautemer, sgr de Fervaques et de Mauny, comte de Grancey, maréchal de France et de Renée

Lévêque dite de Marconnay) mariés le 8 mai 1579.

Il ép. Catherine-Blanche de Choiseul, fille de Charles marquis de Praslin, maréchal de France et de Claude de Cazillac, et forma la branche des marquis de Mauny qui finit avec Sophie d'Estampes née en 1729, fille de Philippe-Charles, comte d'Estampes et de Jeanne-Marie du Plessis-Chatillon.

La maison d'Estampes a pour auteur Robert d'Estampes, sgr de Sallebris, de Chaumasson et des Roches, conseiller de Jean de France duc de Berry qui le fit capitaine de la grosse tour de Bourges et le nomma l'un de ses exécuteurs testamentaires; il ép. avant 1404 Jacquette Rolland : leur postérité a produit les branches des marquis de Mauny, des sgrs de la Motte-lez-Ennordre, des marquis de Valençay et d'Autry et des sgrs des Roches.

D'azur, à deux girons d'or mis en chevron; au chef d'argent chargé de trois couronnes ducales de gueules mises en fasce.

1651

Charles de Monchy, marquis d'Hocquincourt, gouverneur de Péronne, Montdidier et Roye en 1636, grand prévôt de l'hôtel du roi après son père en 1642, se distingua au combat de Morange en 1639, servit en qualité de maréchal de camp sous M. de l'Hopital du Hallier en 1640, commanda l'arrière garde de l'armée en Roussillon, le 31 mars 1642; puis général des armées du roi en Allemagne; prit une part brillante à la bataille de Rethel le 15 décembre 1650; maréchal de France le 5 janvier 1651; commanda en Catalogne où il défit les Espagnols dans la plaine des Bourdils le 3 décembre 1654, et força leurs lignes devant Arras le 25 août 1655, et fut tué devant

Dunkerque le 13 juin 1658 dans les rangs de l'armée espagnole; il fut enterré à N.-D. de Liesse suivant sa dernière volonté.

Il était fils de Georges *aliàs* Jacques de Monchy, sgr de Montcavrel, d'Hocquincourt, grand louvetier du Boulonnais, grand prévôt de l'hôtel et lieutenant-général de Lorraine et de Claude de Monchy dame d'Ausennes et d'Inquessen; il ép. le 7 nov. 1628 Éléonore d'Estampes, fille de Jacques, sgr de Valençay et de Louise Blondel, et en eut plusieurs enfants, dont l'aîné Georges, marquis d'Hocquincourt fut chevalier des ordres du roi, gouverneur de Péronne, lieutenant-général des armées du roi en 1655 et mestre de camp du régiment de Bretagne. Il commandait dans Péronne lorsque son père voulut livrer cette place aux Espagnols, fit tirer le canon sur les troupes que son père conduisait pour s'emparer de cette ville, et l'obligea de se retirer. Il alla se jeter aux pieds du roi à Amiens et voulut remettre le gouvernement de Péronne dont il se croyait indigne, après la défection de son père; mais le roi refusa sa démission, lui remit les clefs de la ville qu'il garda jusqu'à sa mort et le fit chevalier de ses ordres en 1688; il mourut en 1689. Cette branche s'éteignit dans la maison de Pas de Feuquières, illustrée par Manassès de Pas de Feuquières, l'un des hommes de guerre les plus distingués du xviiᵉ siècle. Il était fils de François de Pas, premier chambellan du roi Henri IV, tué à la bataille d'Ivry. Manassès eut quatre fils officiers généraux, dont l'aîné fut Isaac de Pas marquis de Feuquières, lieutenant général des armées du roi. Isaac eut à son tour pour fils un lieutenant-général, trois capitaines de vaisseau et un colonel.

La maison de Monchy est originaire de Picardie où son nom est connu depuis le xiiᵉ siècle. Sa filiation prouvée commence avec Jean, sgr de Monchy et de Mortagne qui servit sous Charles d'Espagne, connétable de France en 1351 et par lequel il fut armé chevalier. Le maréchal d'Hocquincourt était son descendant au ixᵉ degré. Il y avait une autre branche dite des marquis de Sénarpont, éteinte en 1743 dans la maison de Nassau-Siégen et d'Orange.

De gueules, à trois maillets d'or.

1651

Henri de Saint-Nectaire, duc et pair de la Ferté-Nabert, dit de Senneterre, chevalier des ordres du roi, commença à se faire connaitre au siège de la Rochelle en 1628, où il commandait le régiment du comte de Soissons, puis au siège de Privas; servit en Allemagne puis en Piémont et en Flandre; se distingua à la bataille de Rocroy où il reçut cinq blessures et serait resté prisonnier sans le prince de Condé qui le retira des mains des ennemis; gouverneur de Lorraine et de Nancy en 1643; combattit vaillamment à la bataille de Lens en qualité de lieutenant-général de l'armée; mit en déroute les troupes du duc de Lorraine en 1650 et reprit sur ce prince plusieurs places importantes; maréchal de France le 5 janvier 1651; prit part à la guerre de Flandres et fut prisonnier au siège de Valenciennes en 1656; le roi lui donna le gouvernement de Metz et le fit chevalier de ses ordres en 1661.

Il mourut en son château de la Ferté, près d'Orléans, le 27 déc. 1681 à l'âge de 82 ans et il fut enterré dans la chapelle de l'église paroissiale de la Ferté.

Il était fils d'Henri 1ᵉʳ de Saint-Nectaire, marquis de la Ferté-Nabert, chevalier des ordres du roi, lieutenant-général au gouvernement de Champagne et de Marguerite de la Chatre, fille du maréchal de France, sa première femme; il ép. 1° Charlotte de Bauves, sans enfants; 2° Madeleine d'Augennes, dame de la Loupe et en eut entr'autres enfants : Henri-François, duc et pair de France, lieutenant-général des armées du roi en 1696, mort en 1703 à l'âge de 46 ans; il avait ép. le 18 mars 1675 Marie-Gabrielle-Angélique de la Mothe, troisième fille de Philippe de la Mothe Houdancourt, duc de Cardone, maréchal de France et de Louise de Prie.

Henri-François n'eut que des filles; l'aînée Anne-Charlotte-Marie ép. Gaston-Jean-Baptiste de Lévis, marquis de Mirepoix, et la seconde : Françoise-Charlotte, ép. le 23 juillet 1698, François-Gabriel-Thibaut, marquis de la Carte, gouverneur de Joinville, capitaine des gardes du duc d'Orléans, fils du marquis de la Carte, lieutenant de roi au bas-Poitou, neveu du commandeur de la Carte, grand prieur d'Aquitaine; elle lui porta la terre de la Ferté, en faveur de quoi il prit le titre de marquis de la Ferté.

La terre de la Ferté avait été érigée en duché-pairie au mois de novembre 1665, en faveur d'Henri de Saint-Nectaire, maréchal de France et de ses descendants mâles procréés en loyal mariage, « à la charge qu'à défaut de mâles le duché retournera à son premier chef ».

Cette maison était originaire d'Auvergne, une des plus illustres et des mieux alliées de cette province, et descendait de Louis, sgr de Saint-Nectaire, connétable d'Auvergne en 1251.

D'azur, à cinq fusées d'argent mises en fasce.

Jacques Rouxel, comte de Grancey et de Médavy, chevalier des ordres du roi, gouverneur de Thionville, né le 7 juillet 1603, fut d'abord destiné à l'église, il prit ensuite le parti des armes et fit ses premières campagnes aux combats du Pont-de-Cé, en 1620, à à l'Ile-de-Ré, à Saint-Jean-d'Angély, etc. Il passa ensuite en Piémont, puis en Allemagne et eu Alsace; blessé au siège de Saverne en 1636, il fut fait la même année maréchal de camp, gouverneur de Montbéliard et de l'évêché de Bâle. Il servit aux sièges de Thionville et d'Arras sous le maréchal de Chatillon, commanda un corps d'armée en Lorraine, prit Bar-le-Duc, Neufchatel et Mirecourt, etc.; gouverneur de Gravelines en 1644, lieutenant des armées du roi, fut créé maréchal de France au mois de janvier 1651; commanda l'armée envoyée en Piémont, y défit les Espagnols au combat de la Roquette en 1653, et au passage de la rivière de Bormida, en 1654; fut depuis gouverneur de Thionville et chevalier des ordres du roi le 31 décembre 1661; mourut à Paris le 20 décembre 1680 à à l'âge de 77 ans.

Il était fils de Pierre Rouxel, baron de Médavy, comte de Grancey, gouverneur des ville et château d'Argentan, maréchal de camp, bailli d'Evreux et d'Alençon, conseiller d'Etat du roi en tous ses conseils, et son lieutenant général en Normandie, et de Charlotte de Hautemer, comtesse de Grancey, fille de Guillaume, sgr de Fervacques, maréchal de France et de Renée L'Evêque de Marconnay; il ép. 1° le 12 février 1624 Catherine de Monchy; 2° Charlotte de Mornay. Son petit-fils Jacques-Léonor, fut aussi maréchal de France. Leur postérité finit au commencement du XVIIIe siècle.

Cette famille qui a donné de nombreux officiers à l'armée fort distingués, plusieurs évêques à l'église et un archevêque de Rouen, en 1671, remontait sa filiation à Jean Rouxel, sgr du Plessis-Morvant, écuyer de Jean VI duc de Bretagne en 1428. Le roi Charles VII lui donna plusieurs terres et héritages au bailliage d'Alençon et de Caen en récompense de ses services par lettres du 14 juin 1436.

D'argent, à trois coqs de gueules membrés becqués et crétés d'or, 2 et 1.

1652

Armand-Nompar de Caumont, duc de la Force, pair de France, servit d'abord dans les rangs des huguenots; fut depuis maréchal de camp; se trouva au combat de Carignan, prit Haguenau et autres places, servit en Lorraine; défit deux mille allemands au combat de Ravon; fit prisonnier le comte Colloredo général des troupes impériales le 18 mars 1636, se trouva à la prise de Corbie et au siège de Fontarabie en 1638; il fut créé maréchal de France à la mort de son père en 1652 et mourut au château de la Force, en Périgord, le 16 déc. 1675 âgé de plus de 80 ans.

Il était fils aîné de Jacques-Nompar de Caumont duc de la Force pair et maréchal de France et de Charlotte de Gontaud-Biron.

D'azur, à 3 léopards d'or.

1653

Louis Foucault, comte du Daugnon, fut élevé page auprès du cardinal de Richelieu qui favorisa ses premiers commencements dans les armes; il s'attacha à la personne du duc de Fronsac, qui lui fit obtenir la charge de vice-amiral de France; il servit sous ses ordres dans l'armée navale et notamment au combat devant Cadix en 1640, au siège d'Orbitelle en 1646; après la mort du duc de Fronsac il s'empara du gouvernement de Brouage et ne s'en démit que pour avoir le bâton de maréchal de France le 20 mars 1653; il mourut à Paris le 10 octobre 1659 à l'âge de 43 ans.

Il était fils de Gabriel Foucauld, sgr de Saint-Germain-Beaupré, de Dun le Palleteau, vicomte du Daugnon, baron de Royan, chevalier de l'ordre du roi, capitaine de cinquante hommes d'armes, gouverneur de la Marche et de la ville et château d'Argenton, et de Jeanne Poussard, fille de Charles, sgr de Fors et du Vigeau et d'Esther de Pons. Il ép. Marie Fourré de Dampierre dont il eut trois fils, morts en bas âge, et deux filles : 1. Louise-Marie, ép. Michel marquis de Castelnau-Mauvissière, gouverneur de Brest, fils du maréchal de France Jacques de Castelnau; 2. Constance, ép. Isaac-Renaud de Pons, marquis de la Caze, comte de Roquefort, baron de Tors.

La terre de Saint-Germain-Beaupré fut érigée en marquisat au mois d'avril 1645, en faveur de son frère aîné, maréchal de camp dont la postérité était représentée en 1720 par Armand-Louis, né au mois de décembre 1721, fils d'Armand-Louis-François Foucauld, mestre de camp de cavalerie, gouverneur et lieutenant général de la Haute et Basse-Marche, et de Anne-Bonne Doublet de Persan.

Cette famille était originaire de la Marche et connue depuis Hugues Foucault qui vivait au commencement du XIIe siècle. Sa filiation suivie commence avec Guy Foucault, sgr de Saint-Germain, chevalier, nommé avec son père et son aïeul dans un titre de l'abbaye de Grandmont en 1232.

Il fit son testament au mois de décembre 1278 et ordonna le voyage de la terre sainte à Guy dit Guyart, son fils aîné, au premier voyage des princes chrétiens, et légua à sou défaut 100 livres à un chevalier ou damoiseau qui y passerait un an à son intention.

D'azur, semé de fleurs de lis d'or.
Supports : *Deux lions.*
Cimier : *Un lys fleuri.*

1653

César-Phœbus d'Albret, comte de Miossans, gouverneur de Guienne, fit ses premières armes en Hollande ; fut mestre de camp d'un régiment d'infanterie française ; servit en qualité de maréchal de camp aux sièges et prises de Mardick et de Dunkerque en 1646. Il fut élevé à la dignité de maréchal de France par lettres du 15 février 1653, et chevalier des ordres du roi le 31 décembre 1661, gouverneur de Guienne en novembre 1670, mourut à Bordeaux le 3 septembre 1676 agé de 62 ans.

Il était fils d'Henri II d'Albret, baron de Pons et de Miossans et d'Anne de Pardaillan-Gondrin.

Écartelé aux 1 et 4 de France ; *aux 2 et 3 de gueules*, qui est d'Albret.

1653

Philippe de Clérembault, comte de Palluau, chevalier des ordres du roi, gouverneur et bailli de Berry, se trouva au combat du Tessin en 1636, au siège de Landrecies, l'année suivante ; au siège d'Arras en 1640, fut fait maréchal de camp et servit en cette qualité au siège de Perpignan en 1642, et l'année d'après à celui de Thionville, puis au combat de Fribourg en 1644 ; mestre de camp général de la cavalerie légère, servit au siège de Philisbourg, de Courtray, de Dunkerque, de la Bassée et de Lens ; fut lieutenant général des armées du roi qu'il commanda au siège d'Ypres, de Bellegarde et de Montrond, en Berry. Le roi le fit maréchal de France le 18 février 1653, dont il reçut le bâton le 1er juin suivant ; fut gouverneur et bailli de Berry et chevalier des ordres du roi le 31 décembre 1661 et mourut à Paris le 24 juillet 1665, âgé de 59 ans.

Il était fils de Jacques Clérembault sgr de Chantebuzain, de la Gourdouère, baron de Palluau, en Champagne, (qu'il avait acquis du duc de Roannais), fut chevalier de l'ordre du roi, mort en 1631 et de Louise Rigault de Millepieds.

Il ép. le 27 juin 1654 Louise-Françoise Bouthillier, fille aînée de Léon Bouthillier comte de Chavigny, secrétaire d'Etat, grand trésorier des ordres du roi et d'Anne Phélippeaux-Villesavin ; il eut de son mariage : 1. Jules, abbé de Saint Taurin d'Evreux, du Jard, de Saint-Savin et de Chartreuve, mort en 1714 ; 2. Philippe, comte de Palluau, colonel d'un régiment de son nom, brigadier d'armée en 1690, maréchal de camp en 1693, fut noyé à la bataille d'Hochstedt en 1704 ; 3. Thérèse.

La maréchale de Clérembault fut gouvernante des enfants de Monsieur frère unique du roi et dame d'honneur de la reine d'Espagne fille de Monsieur, duc d'Orléans, femme du roi Charles II ; elle mourut le 27 novembre 1722 dans sa 89me année.

La famille de Clérembault, originaire de l'Anjou est connue depuis le xiie siècle. La filiation est établie depuis Geoffroy Clérembault ou de Clérambault, sgr du Plessis, ses descendants ont servi dans les armées du sire de Craon en 1347 ; du connétable de Clisson en 1380 ; du roi de Sicile duc d'Anjou, contre les Anglais, en 1412, etc.; ils contractèrent des alliances avec les familles de Quatrebarbes, de la Tour-Landry, de Mathefelon, du Plantis, de Chabot d'Avaugour, de Bueil, de la Roche, etc. Une des sœurs du maréchal de Clérembault, ép. Charles d'Arsac, marquis de Ternay, dont le petit-fils Charles-François, marquis de Ternay, ép. en 1717 Louis Le Febvre de Laubrière.

Burelé, d'argent et de sable de dix pièces, alias de huit burelles et une étoile d'or au 1er quartier.

1658

Jacques de Castelnau, marquis de Castelnau, alla faire son apprentissage des armes en Hollande ; de retour en France il servit aux sièges et prises de Corbie en 1636, du Castelet en 1638, de Hesdin en 1639, d'Arras en 1640, d'Aire en 1641 ; se signala au combat de Fribourg en 1644 et à la bataille de Nordlingue l'année suivante où il servit en qualité de maréchal de bataille, y fut blessé de deux coups de mousquet. En 1647 il fut fait maréchal de camp et gouverneur de la Bassée, puis de Brest en 1648, chevalier des ordres du roi en 1651 ; se trouva aux prises des villes de Dunkerque, de Mouzon, de Sainte-Menehould, d'Arras, de Landrecies, de Condé et de Saint-Guillain ; et au siège de Valenciennes en 1656. Il eut le commandement de l'aile gauche de l'armée à la bataille des Dunes, près Dunkerque et y fut blessé le 16 juin 1658 ; il mourut à Calais le 15 juillet suivant en sa 38e année, ayant été honoré le 20 juin du bâton de maréchal de France.

Il était fils de Jacques de Castelnau-

Bochetel, de la branche de Mauvissière, et de Charlotte Rouxel, fille de de Pierre, baron de Médavy et de Charlotte de Hautemer-Fervacques, fille de Guillaume de Hautemer comte de Grancey, maréchal de France.

Son oncle Jacques Rouxel, comte de Grancey et de Médavy fut aussi maréchal de France.

Il avait ép. au mois de mars 1640, Marie Girard de l'Espinay, dont il eut : 1. Michel, qui suit ; 2. Marie-Charlotte qui ép. Antoine-Charles duc de Gramont, pair de France, fils d'Antoine duc de Gramont, pair et maréchal de France et de Françoise-Marguerite de Chivré.

Michel marquis de Castelnau, gouverneur de Brest, mestre de camp d'un régiment de cavalerie, mort à Utrecht le 2 décembre 1672, à l'âge de 27 ans, de la blessure reçue à l'attaque d'Ameyden, ép. Marie Foucault, fille de Louis comte du Daugnon, maréchal de France, dont il eut : 1. Henriette-Julie seconde femme de Nicolas de Murat, dit le comte de Murat, comte de Gilbertez, baron de Cronces et de Pléaux, colonel d'un régiment d'infanterie ; elle mourut le 24 septembre 1716 dans son château de la Buzardière au pays du Maine ; 2. Marie-Christine, chanoinesse d'Epinal ; 3. et une autre fille.

La branche de Castelnau de Mauvissière ou de la Mauvissière a fourni trois chevaliers de l'ordre de Saint-Michel, plusieurs officiers généraux, un chevalier de l'ordre du Saint Esprit dans la personne de Michel de Castelnau, sieur de la Mauvissière, né vers 1520 ambassadeur en Angleterre auprès de la reine Elisabeth, si célèbre par les Mémoires adressés à Jacques son fils, enfin Jacques marquis de Castelnau, maréchal de France dont la fille Marie-Charlotte de Castelnau épousa Antoine-Charles duc de Gramont, pair et maréchal de France ; cette branche s'est éteinte au commencement du xviiie siècle après avoir contracté des alliances avec les maisons de Courtenay, de Bochetel, de Foucault, de Murat, de Pierre-Buffière, de Rochechouart, etc.— (V. *Armorial de Béarn*, par M. de Dufau de Maluquer, t. II, p. 413.)

La maison de Castelnau de Mauvissière, en Berry, est connue depuis Pierre de Castelnau, sgr de la Rivière et de la Pincerie ; il s'attacha au service de Louis duc d'Orléans, depuis le roi Louis XII, qui le fit écuyer de son écurie, marié en 1482 avec Jeanne de Vallée, dont le fils Jean de Castelnau fut élevé auprès du duc de Bourbon connétable de France qu'il suivit en Italie comme capitaine d'infanterie. C'est lui qui fit bâtir le château de Mauvissière.

Écartelé, aux 1 et 4 d'azur au château d'argent à trois donjons avec leurs girouettes, qui est de Castelnau ; aux 2 et 3 d'or à deux loups passants de sable, qui est de la Loubère ; sur le tout d'or, à 3 chevrons de sable.

1658

Jean de Schulenberg, comte de Montdejeu, chevalier des ordres du roi, gouverneur et bailli de Berry, capitaine du château de Madrid, débuta à l'âge de seize ans comme cornette du prince de Sédan à la défense de la ville de Verceil en Piémont ; il servit depuis sous le comte palatin de Bohême et se trouva au siège de Prague en 1620. Il combattit avec succès dans les troupes du roi pendant les guerres de religion à Saint Jean d'Angély et à Montauban ; il passa ensuite en Allemagne comme mestre de camp d'infanterie ; fut gouverneur de Coblentz et soutint pendant quatorze mois le siège d'Hermenstein ; la place capitula en 1637 sans sa participation ; le roi le fit maréchal de camp au siège de Hesdin ; après sa vaillante conduite au passage de l'Escaut il fut nommé lieutenant général en 1650 et gouverneur d'Arras en 1652 ; il rendit les plus signalés services pendant la guerre de Flandres contre les troupes espagnoles, ce qui lui valut le bâton de maréchal de France au mois de juin 1658.

Il fut en ensuite lieutenant général au pays d'Artois, en 1661, et chevalier des ordres du roi à la fin de la même année ; il échangea les deux gouvernements d'Arras et du pays d'Artois pour celui de la province de Berry en 1665 à la mort du maréchal de Clérembault et mourut dans sa maison de Montdejeu à la fin du mois de mars 1671.

Il était fils de Jean de Schulenberg, sgr de Montdejeu, commandant une compagnie de chevau-légers au siège d'Amiens en 1597 et d'Anne d'Averhoult, mariés le 21 octobre 1596 ; il ép. Madeleine de Roure de Forceville, fille du seigneur de Bazancourt ou Bezaucourt, gouverneur de Doullens et mourut sans enfants.

Il était l'arrière-petit-fils d'Adolphe de Schulenberg, natif d'Allemagne, frère d'un page du roi Louis XI, qui prit du service en France et s'y fit naturaliser. Aloph ép. Jeanne d'Estaires fille de Ferry d'Estaires, sgr de Montgon et de Marguerite de Bournonville et fut l'auteur de la lignée qui finit à la troisième génération avec le maréchal de Montdejeu.

De sable, au chef cousu d'azur chargé de 4 épées d'argent, les gardes d'or, posées en pal.

1658

Abraham de Fabert, né à Metz, fut élevé jeune auprès du duc d'Epernon qui le fit entrer, à l'âge de 13 ans, au régiment des Gardes; à 18 ans il fut major du régiment de Rambures; il servit avec distinction dans l'armée du roi en Allemagne en 1635, sous le cardinal de la Valette et le suivit en Piémont; il se fit remarquer aux affaires de Chivas, de Quiers et de Cazal. Après la mort du cardinal de la Valette, il s'attacha au cardinal de Richelieu qui lui donna une compagnie au régiment des Gardes et, peu de temps après, le renvoya en Piémont comme maréchal de bataille auprès du comte d'Harcourt qui reconnut son mérite aux plus importantes actions du siège de Turin; il eut encore occasion de se distinguer à la bataille de la Marfée, près Sedan, en 1641, et aux sièges de Collioure et de Perpignan, en 1642. Il fut pourvu du gouvernement de la ville et du château de Sedan; il passa encore en Italie et servit comme maréchal de camp à la prise des villes de Piombino et Portolongone. Pendant la Fronde il fut toujours fidèle à la cause du roi et eut le commandement des troupes envoyées au secours de l'électeur de Cologne; il contribua à la conclusion du traité de Tirlemont, en 1653, et remit la ville de Stenay sous l'obéissance du roi. Tant de services rendus à l'Etat avec succès et utilité lui obtinrent, ajoute le P. Anselme, le bâton de maréchal qu'il reçut au mois d'août 1658.

Il avait été nommé pour être chevalier des ordres du roi le 3 décembre 1661, mais n'étant pas en état de satisfaire aux preuves requises par les Statuts de l'ordre, sa modestie et sa modération l'obligèrent à remercier le roi. Il mourut à Sedan de maladie le 17 mai 1662 dans sa 63e année et fut

enterré auprès de sa femme dans l'église des Capucins qu'il avait fait bâtir.

Le roi avait érigé pour lui et ses enfants mâles et femelles les terres de Larrey, de Cévilly, etc., en marquisat sous le nom d'Esternay, par lettres du mois de mai 1650.

Il possédait les seigneuries de Viviers, de Beauvais, de Lanbarrée, de Sézanne, de Chantemerle, de Trésolles en Brie et de Pagny sur Moselle.

Il était le second fils d'Abraham Fabert, maître échevin de la ville de Metz en 1613, sgr des Moulins près Metz, chevalier de l'ordre de Saint Michel au mois d'août 1630, et de Anne des Bernards. Son frère aîné François Fabert, sgr des Moulins, fut maître échevin de la ville de Metz après son père et lieutenant d'artillerie. Sa sœur ép. 1° N... des Jardins, secrétaire de l'infanterie sous le duc d'Epernon; 2° N... de Barton vicomte de Montbas, dans la Marche.

Le maréchal de Fabert ép. le 12 sept. 1631 Claude Richard de Clevant, fille du prévot capitaine et gruier de Pont à Mousson; elle mourut avant lui le 13 février 1661; il eut de son mariage six enfants:

1. Louis, marquis de Fabert, comte de Sezanne, gouverneur de Sedan, colonel du régiment de Lorraine, tué par les Turcs, au siège de Candie, le 23 juin 1669, âgé d'environ 18 ans;

2. et 3. Nicolas et Anne-Abraham-Louis, morts jeunes;

4. Anne-Dieudonnée, ép. 1° le 3 octobre 1657 Louis de Comminges, marquis de Vervins, premier maître d'hôtel du roi; 2° le 3 mars 1677 Claude-François de Mérode, marquis de Trelon, en Flandres;

5. Claude, ép. le 4 février 1663 Char-

les-Henry de Tubières de Grimoard-
Pestels de Levis, marquis de Cailus ;

6. Augélique, ép. 1° Claude Brulart,
sgr de la Tour, marquis de Genlis ;
2° François de Harcourt, III° du nom,
marquis de Beuvron, chevalier des
ordres du roi.

D'or, à la croix de gueules.

1668

François de Créquy, marquis de
Marines, commença ses premières armes au siège d'Arras en 1640, et donna
depuis, des preuves de grand courage
et de grande expérience dans toutes
les occasions où il se trouva. Il fut fait
lieutenant-général des armées du roi,
en 1655, et général des galères en 1661.
Il eut le commandement d'un détache-
ment sur la frontière du Luxembourg,
en 1667, avec lequel il prit Menin et
Courtray pour couvrir le siège de Lille
que le roi faisait en personne. Le 8 juillet 1668 il fut nommé maréchal de
France et employé en 1670 à la con-
quète de la Lorraine, où il se distingua
aux prises de Remiremont, Epinal et
Pont-à-Mousson. Le roi le choisit, en
1672 pour un de ses lieutenants-généraux sous les ordres du vicomte de Turenne, maréchal de France et maréchal-général des camps et armées du
roi, ce qu'il refusa et fut exilé, et rappelé peu après. Il servit en Hollande
et aux Pays-Bas en 1673, où il fut
battu et prisonnier, ne dut sa liberté
qu'en payant une forte rançon. Il servit dans l'armée de Flandres, puis dans
celle d'Allemagne ; eut le gouvernement de la Lorraine et du Barrois, de
Metz et pays Messin et se distingua
dans la campagne d'Alsace à Offen-
bourg, à Kehl, à Strasbourg et à Lau-
dau. Il eut le commandement de l'armée envoyée dans le Luxembourg, et

obligea la capitale de ce duché à capituler le 4 juin 1684. Il mourut à Paris le 4 février 1687.

Il était le quatrième fils de Charles
de Créquy, sire de Créquy et de Canaples et d'Anne de Beauvoir du Roure ;
il ép. Catherine de Rougé, fille de Jacques, sgr de Plessis-Bellière, lieutenant des armées du roi, et de Suzanne
de Bruc, dont la postérité finit en 1702.

D'or, au créquier de gueules.

1668

Bernardin Gigault, marquis de Bellefonds, sgr de l'Isle-Marie et de Gruchy, gouverneur de la ville et château
de Valognes, lieutenant général des
armées du roi, chevalier de ses ordres,
était en Normandie en 1659 pendant
les troubles de la Fronde et resta fidèle au roi. Il servit en Catalogne en
qualité de mestre de camp du régiment
de Champagne en 1650 et 1651, puis
en Guyenne sous le comte d'Harcourt ;
il suivit le marquis du Plessis-Bellière
comme maréchal de camp en Catalogne en 1653 et 1654. L'année suivante
il fut fait lieutenant général des armées et eut le commandement des
troupes en Flandre et en Italie, il fut
chargé de diverses missions en Espagne et en Hollande. La guerre s'étant
déclarée contre l'Espagne en 1667 il
eut le commandement des troupes et
le gouvernement du pays entre la
Sambre et la Meuse et reçut huit blessures dans cette campagne. Le roi
voulant reconnaître ses services le
nomma maréchal de France le 8 juillet
1668. Il fut envoyé ambassadeur extraordinaire en Angleterre en 1670,
puis commandant de l'armée en Hollande en 1673 et de celle de Catalogne
en 1684. Lors du mariage de la dauphine il fut nommé premier écuyer de

cette princesse et chevalier des ordres du roi en 1688, commandeur de Saint-Louis en 1693. Il mourut au château de Vincennes le 4 septembre 1694, âgé de 64 ans, et enterré dans le chœur de la Sainte-Chapelle de ce château.

Il était fils de Henri-Robert Gigault, sgr de Bellefonds, etc., gouverneur de Valognes et de Marie d'Avoynes, fille unique de Robert, sgr du Quesnoy et de Gruchy, et de Jeanne d'Achey de Serquigny, mariés le 29 mai 1622.

Il ép. le 27 décembre 1655 Madeleine Fouquet, fille de Jean, sgr du Chastaing et du Boulay, et de Renée dame de la Remort, dont il eut entr'autres enfants : 1. Louis-Christophe qui suit ; 2. Thérèse-Marie, fille d'honneur de la dauphine, mariée le 8 janvier 1688, avec Antoine-Charles marquis du Châtelet, mestre de camp de cavalerie, gouverneur de Vincennes ; 3. Jeanne-Suzanne, appelée Louise, mariée le 10 janvier 1691 à Charles-François Davy, marquis d'Amfreville, lieutenant-général des armées navales.

Louis-Christophe, marquis de Bellefonds et de la Boulaye, gouverneur de Vincennes et colonel du régiment Royal-Comtois, premier écuyer de la dauphine après son père, ép. Marie-Olympe de la Porte-Mazarini de la Meilleraye, dont : 1. Louis-Charles-Bernardin, qui suit ; 2. Marie-Madeleine-Hortense, mariée le 27 mars 1708 à Anne-Jacques de Bullion, marquis de Fervacques, colonel du régiment de Piémont, maréchal de camp, chevalier des ordres du roi, gouverneur et lieutenant-général du pays du Maine.

Louis-Charles-Bernardin, marquis de Bellefonds et de la Boulaye, mestre de camp de cavalerie et gouverneur de Vincennes, ép. Anne-Madeleine Hennequin d'Ecquevilly, et mourut à l'âge de 22 ans, laissant un fils unique : Charles-Bernardin-Godefroy.

La maison de Gigault de Bellefonds, originaire de Touraine, descend de Hélion Gigault, fils de Jean I Gigault, vivant en 1460 ; ledit Hélion reçut le 19 janvier 1503 hommage de Claude de Veauce pour l'hôtel de Montville dépendant de Bellefonds ; Hélion avait ép. en 1488 Jeanne Grassignon, dame de Bellefonds. Jean II, sgr de Bellefonds et de Marennes, ép. Charlotte de Voisines et en eut plusieurs enfants dont : Jean qui forma la branche aînée et Bernardin qui fit la branche de Bellefonds et fut le grand père du maréchal. Ces deux branches furent maintenues dans leur noblesse la première par jugement de M. Voisin de la Noiraye, intendant de la généralité de Tours le 26 avril 1667 et la seconde par M. de la Poterie, intendant de la généralité de Caen le 12 mars 1641. Cette famille a fait en outre ses preuves pour le Chapitre de Remiremont le 11 septembre 1687 et pour Malte le 25 mai 1714.

La descendance de la branche de Gigault de la Bédollière et sa jonction avec celle de Gigault de Bellefonds et de Marennes a été établie devant Charles-Marie-Louis d'Hozier le 2 mars 1825. (V. le *Bulletin héraldique* de 1888, col. 205-209).

D'azur, au chevron d'or accompagné de trois losanges d'argent.

1668

Louis de Crevant d'Humières IV° du nom, duc d'Humières, vicomte de Brigueil, baron de Preuilly, sgr de Mouchy près Compiègne, grand maître de l'artillerie de France, gouverneur du Bourbonnais, gouverneur et lieutenant général de Flandres, Hainaut et pays conquis et des villes de Lille et de

Compiègne, capitaine des cent gentils-hommes de la maison du roi, s'acquitta glorieusement des emplois qui lui furent confiés et notamment aux prises des places d'Aire, Linck, St-Guillain, Hambourg, Bitche, Courtray, Dixmude à la bataille de Cassel commandée par Philippe d'Orléans, fut fait maréchal de France le 8 juillet 1668.

« Depuis l'année 1650 qu'il fut nommé maréchal de camp, dit M. Ed. de Barthélemy, dans son livre sur *Les ducs et les duchés Français*, il figura sur tous les champs de bataille et pour raconter sa carrière, il faudrait esquisser l'historique des guerres de Louis XIV, dans lesquelles il fut toujours distingué. »

Le roi le fit chevalier des ordres le 31 décembre 1688 et chevalier de Saint-Louis au mois d'avril 1693. Il mourut à Versailles le 30 août 1694. Son corps fut porté dans sa terre de Mouchy, en Picardie.

Il était fils de Louis de Crevant, IIIe du nom, marquis d'Humières et d'Isabelle Phelypeaux d'Herbault.

Il ép. Antoinette de la Châtre, dont il eut un fils unique, colonel d'infanterie, tué au siège de Luxembourg, le 13 mai 1684.

Conformément aux termes des lettres patentes, le duché passa à Louis-François d'Aumont, marquis de Chappes, lieutenant-général, gouverneur de Bourbonnais, marié le 16 mai 1690 à Julie de Crevant d'Humières ; ils n'eurent que deux enfants, un fils mort en 1708 et une fille mariée au duc de Gramont.

Écartelé, aux 1 et 4 contr'écartelé d'argent et d'azur, qui est Crevant ; *aux 2 et 3 d'argent fretté de sable*, qui est d'Humières.

1675

Godefroy comte d'Estrades, chevalier des ordres du roi, vice-roi d'Amérique, gouverneur de Dunkerque et de la personne de Philippe d'Orléans duc de Chartres, depuis duc d'Orléans, petit-fils de France, maire perpétuel de Bordeaux, aussi habile diplomate que vaillant guerrier, fut envoyé à l'âge de 30 ans vers le roi d'Angleterre, le 12 novembre 1637, et vers Henri-Frédéric, prince d'Orange, le 2 décembre suivant ; fit avec beaucoup de succès plusieurs campagnes en Hollande ; maréchal de camp en 1640, ambassadeur près des Etats-généraux et des princes d'Allemagne, eut une grande part dans les négociations qui aboutirent au traité de Munster. Gouverneur de Dunkerque, après la mort du maréchal de Rantzau, en 1650, servit la même année de lieutenant général dans l'armée de Flandres sous le maréchal de Praslin, commanda en 1653 les places et gouvernements de Tours, la Rochelle, Brouage, Oloron, pays d'Aunis et îles adjacentes ; il fut établi la même année (10 octobre 1653) maire perpétuel de Bordeaux et nommé lieutenant général pour commander en chef dans toute la province de Guienne le 4 mai 1654, remplaça le comte de Conti dans le commandement d'un corps d'armée en Catalogne, le 8 mai 1655 ; gouverneur de Mézières en 1656 ; commandant de l'armée du Piémont en 1657, gouverneur de Gravelines avec la survivance pour son fils en 1660.

Le roi l'envoya ambassadeur en Angleterre en 1661 ; puis en Allemagne où il conclut le traité de Bréda ; nommé chevalier de ses ordres en 1661 et vice-roi d'Amérique en 1663. Il eut en 1669 le commandement des troupes à Dunkerque, Bergues, Furnes et le gouvernement de Maëstricht en 1673. Le 30 juillet 1675, le roi le nomma maréchal de France, le premier de cette promotion qui suivit la mort de Turenne, et la même année il fut le premier de ses ambassadeurs extraordinaires et plénipotentiaires aux conférences de Nimègue pour la paix générale qu'il conclut, en 1678, à la gloire du roi. En 1685, après la mort du maréchal Philippe de Montault-Bénac duc de Montault, il fut nommé gouverneur du duc de Chartres, depuis duc d'Orléans, et mourut à Paris, le 26 février 1686, âgé de 79 ans; il fut enterré dans l'église Saint-Eustache.

Il était fils de François II d'Estrades, sgr de Bonel, de Colombes, de Campagnac et de Sigognac, en Gascogne, « l'un des plus sages et valeureux hommes de son temps », dit le P. Anselme, porta les armes pour le service du roi Henri IV contre ceux de la Ligue, gentilhomme de sa chambre et plus tard gouverneur de la ville et duché de Vendosme, marié le 15 octobre 1604 à Suzanne de Secondat, fille de Jean, sgr de Roques, et d'Eléonore de Brenieu; de la famille connue depuis sous le nom de Secondat de Montesquieu.

Il épousa: 1° le 26 avril 1637, Marie de Lallier, fille de Jacques, sgr du Pin, et de Marguerite de Burtio de la Tour; 2° en 1679, Marie d'Aligre, fille d'Etienne, chancelier de France, et de Jeanne l'Huillier, sa première femme, veuve de Michel de Verthamont, sgr de Bréau; il eut du premier mariage cinq enfants: 1. Louis, appelé le marquis d'Estrades, qui lui succéda dans le gouvernement de Gravelines et de Dunkerque et la mairie perpétuelle de Bordeaux, mestre de camp de cavalerie, dont le fils Godefroy-Louis fut

maréchal de camp en 1704, lieutenant général en 1710 et maire perpétuel de Bordeaux; mort en 1717, il eut un fils Louis-Godefroy, mestre de camp de cavalerie, maire perpétuel de Bordeaux, non marié, en 1731; 2. Jean-François, abbé de Moissac et de Sainte-Mélaine de Rennes, ambassadeur à Venise puis en Piémont; 3. Jacques, chevalier de Malte, mestre de camp de cavalerie, mort au siège de Fribourg en 1677; 4. Gabriel-Joseph, dit l'abbé, puis chevalier d'Estrades, colonel du régiment de Chartres, mort des blessures reçues au combat de Steinkerque en 1692; 5. Marie-Anne, religieuse.

La famille d'Estrades, originaire de Gascogne, avait pour auteur François d'Estrades, sgr de Bonel et de Campagnac, marié le 20 novembre 1548 à Antoinette de Veyrières, fille d'Armand, sgr de Veyrières, de Saint-Germain et de Campagnac. C'était le bisaïeul du maréchal, appelé le comte d'Estrades.

Ecartelé, au 1 de gueules au lion d'argent couché sur une terrasse de sinople sous un palmier d'or, qui est d'Estrades; *au 2 d'azur, à la fasce d'argent accompagnée de 3 têtes de léopard d'or, 2 et 1*, qui est La Pole-Suffolck; *au 3, écartelé en sautoir, le chef et la pointe de sinople, à deux bandes de gueules bordées d'or, flanqué d'or avec ces paroles d'azur : Ave Maria à dextre et Gratia plena à senestre*, qui est Mendoze; *au 4 de gueules à sept losanges d'argent, 3, 3, 1*, qui est d'Arnoul.

Arnoul était le nom de la grand'mère paternelle du maréchal, Antoinette Arnoul, fille de Bertrand Arnoul, sgr de Nieuls, de Vignoles et de Moulau, conseiller au parlement de Bordeaux et de Jeanne de Mendoze, mariée le 30 mars 1579 à Jean d'Estrades, enseigne de la compagnie d'ordonnance de M. de Bellegarde, fils de François d'Estrades Ier du nom. .

1675

Philippe de Montault de Bénac, duc et pair de Montault, appelé le maréchal de Navailles, sénéchal de Bigorre, fut successivement capitaine et colonel du régiment de la Marine; eut le commandement de l'armée du roi en Italie en 1658; fut ambassadeur extraordinaire près des princes d'Italie; chevalier des ordres en 1661; général de l'armée auxiliaire envoyée en Candie en 1669 au secours des Vénitiens, sous le duc de Beaufort; commandant général des troupes en Lorraine, Alsace, Champagne et Bourgogne, avec lesquelles il chassa les ennemis et ouvrit la conquête de la Franche-Comté en 1674; il fut créé maréchal de France en 1675 et envoyé en Catalogne l'année suivante où il s'empara de Figuières en 1676, de Puycerda en 1678, et servit jusqu'à la paix conclue à Nimègue; puis nommé gouverneur de Philippe d'Orléans, duc de Chartres, en 1683, il mourut subitement le 5 février 1684, âgé de 65 ans, après avoir possédé les gouvernements de Bapaume, du Havre et de La Rochelle. Ses *Mémoires* ont été imprimés en 1701.

Il était fils de Philippe de Montault, baron de Bénac, sénéchal et gouverneur de Bigorre en 1650, créé duc de Lavedan et de Navailles et pair de France le 12 mai 1650 et mort en 1654; il avait épousé le 30 juillet 1592 Judith de Gontault, dame de Saint-Geniez et de Badefol.

Il ép. le 19 février 1651 Suzanne de Baudéan, fille de Charles, comte de Neuillan, gouverneur de Niort et de Françoise Tiraqueau.

Il eut de son mariage sept enfants:

1. Philippe, mort avant son père, au retour de la prise de Puycerda, à l'âge de 21 ans, non marié;

2. Charlotte-Françoise-Radegonde, abbesse de Sainte-Croix de Poitiers;

3. Françoise, mariée à Charles III de Lorraine, duc d'Elbeuf, pair de France;

4. Gabrielle-Eléonore, mariée à Henri d'Orléans, marquis de Rothelin;

5. Henriette, abbesse de la Saussaye, près Paris;

6. Gabrielle, mariée à Léonard-Hélie de Pompadour marquis de Laurière;

7. Gabrielle, religieuse Ursuline.

Son frère Henry de Montault, sgr d'Audanne, a fait la branche des marquis de Saint-Geniez.

La maison de Montault ou de Montaut est originaire du comté d'Armagnac où elle connue depuis Sicard et Othon de Montault (*de Montcalto*), qui rendirent hommage le premier en 1221, le second en 1297. Sa filiation est établie depuis Jean de Montault, sgr de Bénac, vivant en 1351, dont le petit-fils Arnault, ép. Jeanne de Lavedan, fille du vicomte de Lavedan, et en eut: Annet de Montault, baron de Bénac, qui servit pendant les guerres d'Italie où il fut tué; il avait ép. Isabeau de la Roque (fille de N... de la Roque, sgr de Fontenilles, dont les descendants sont connus depuis sous les noms de la Roche-Fontenilles. (V. *Bulletin héraldique* de 1888, col. 412.)

Jean-Marc de Montault, baron de Montault et de Bénac, fut capitoul de Toulouse en 1536; il ép. le 16 mai 1527 Madeleine d'Andouins, baronne de Navailles, fille de Gaston et de Françoise de Lévis-Mirepoix; devenue veuve elle ép. Bernard de Castelbajac.

Jean-Marc de Montault eut de son mariage onze enfants parmi lesque's

Bernard de Montault, qui fut le grand père du maréchal.

Écartelé, au 1 contr'écartelé d'or et de gueules, qui est Gontaut-Biron; *au 2* de Navarre ; *au 3* de Foix ; *au 4* de Béarn ; *sur le tout : écartelé aux 1 et 4 d'azur à deux mortiers de guerre d'argent posés en pal*, qui est Montault ; *mi-parti* de Comminges ; *aux 2 et 4 d'azur à 2 lapins d'or courant l'vn sur l'autre.*

1675

Frédéric-Armand, *alias* Louis-Armand, comte de Schomberg et de Mertola en Portugal, baron de Labersen et d'Altorff en Allemagne, comte de Coubert et de Vitry en Brie, duc et grand de Portugal, gouverneur de la Prusse ducale, ministre d'Etat de l'électeur de Brandebourg, généralissime de ses armées, duc de Tetfort en Angleterre, chevalier de la Jarretière, fit ses premières armes en Allemagne, puis en Hollande, sous Frédéric-Henri de Nassau prince d'Orange, et sous Guillaume II son fils, à la mort duquel il passa au service de France; eut le gouvernement de diverses places en Flandres; capitaine-lieutenant des gendarmes Ecossais. Il se trouva au siège de Valenciennes en 1656 et dirigea la belle retraite de l'armée française dont Turenne lui avait confié la charge. La paix de 1659 entre la France et l'Espagne, le laissant sans action et sans emploi, il passa en Allemagne et de là en Portugal. Il battit les armées espagnoles commandées par don Juan d'Autriche à Evora en 1663, le duc d'Ossonne, près de Castel Rodrigue, le marquis de Caracène à Montes-Claros, et à Badajcz en 1665, prit Bensez, Guardia et autres places ; et en 1666, Alquerie, Payamogue, San-Lu-

car, en 1667 Forcira ; il était en état de faire les plus grandes conquêtes lorsque la paix fut conclue entre l'Espagne et le Portugal, le 12 février 1668.

Rentré en France où le roi lui rendit en récompense les charges qu'il lui avait retirées à sa sortie du royaume, il eut le commandement de l'armée de Catalogne en 1674 et s'empara de Figuera, Baschara et autres places au mois de mai 1675 et de Bellegarde sur la fin de juillet; il fut nommé maréchal de France le 30 du même mois.

Il se trouva en 1676 au siège de Condé, et après la prise de Bouchain le roi lui confia le commandement de son armée avec laquelle il marcha au secours de Maëstricht assiégé par le prince d'Orange et lui fit lever le siège, le 27 août 1676.

Après la révocation de l'édit de Nantes il quitta la France avec la permission du roi et se retira en Allemagne auprès de l'Electeur de Brandebourg qui le fit son ministre d'Etat et généralissime de ses armées. Il passa en Angleterre avec le prince d'Orange en 1688, et fut envoyé en Irlande en 1689 où il empêcha les progrès de Jacques II Stuart et le battit au delà de la rivière de la Boyne le 22 juillet 1690, et y fut tué.

Il était fils de Menard comte de Shomberg maréchal du haut et bas Palatinat, gouverneur de Julliers et de Clèves; et de Anne Sutton-Dudley.

Il ép. 1° Elisabeth de Schomberg, sa cousine, fille d'Henri de Schomberg-Wezel; 2° Suzanne d'Aumale, dame d'Aucourt, fille de Daniel, sgr d'Aucourt et de Françoise de Saint Pol de Villiers-Outreleau, sans enfants.

Il eut de son premier mariage cinq enfants dont trois furent tués à l'armée, au service de France, combattant sous les ordres de leur père; les deux autres passèrent avec lui en Angleterre; l'un Ménard comte de Schomberg après avoir été colonel d'un régiment de cavalerie en France, fut général de la cavalerie anglaise, lieutenant général du prince d'Orange qui le créa duc de Leinster en 1691; il mourut en 1719 âgé de 80 ans, marié à Charlotte Rhingrave, fille naturelle de Charles-Louis électeur Palatin, dont un fils, Charles comte de Schomberg, marquis d'Harwick, né en 1683, mort en 1713; — l'autre fils du maréchal, Charles, comte de Schomberg fut duc de Tetford en Angleterre, après son père.

De sable, à un écu d'argent en cœur, aux bâtons fleurdelisés d'or passés en croix et en sautoir, qui est Schomberg, *et sur le tout d'argent, au cavalier armé de sable*, qui est Mertola.

1675

Jacques-Henry de Durfort, duc de Duras, capitaine des gardes du corps, gouverneur et lieutenant-général du comté de Bourgogne et de la ville et citadelle de Besançon, chevalier des ordres du roi, servit en Flandre, en Allemagne, en Catalogne, en Italie depuis 1654 jusqu'en 1671 et par des services importants passa successivement du grade de capitaine de cavalerie à ceux de mestre de camp, maréchal de camp et lieutenant-général des armées du roi. Il fut capitaine des gardes du corps en 1671, servit dignement à la conquête du comté de Bourgogne en 1674 dont il mérita le gouvernement; il fut honoré de la dignité de maréchal de France le 30 juillet 1675 après la mort de son oncle le maréchal de Turenne; il fut nommé chevalier des ordres du roi le 31 décembre 1688 et chevalier de l'ordre de Saint Louis nouvellement créé, au mois d'a-

vril 1693; il mourut à Paris le 12 octobre 1704, âgé de 84 ans.

Il était fils de Guy-Aldonce de Durfort, marquis de Duras, et d'Elisabeth de la Tour d'Auvergne de Bouillon.

Il ép. le 15 avril 1668 Marguerite-Félicie de Levis, fille du duc de Ventadour et de Marie de Laguiche. La terre de Duras fut érigée en duché en sa faveur au mois de février 1689.

La branche des ducs de Duras après avoir donné deux autres maréchaux de France en 1741 et 1775, s'est éteinte en 1838 par la mort d'Amédée de Durfort duc de Duras, pair de France en 1814, qui ne laissa que deux filles :

L'aînée épousa 1° le prince de Talmont;

2° Le comte de la Rochejaquelein.

La cadette fut mariée en 1822 au comte de Chastellux, auquel le roi accorda le titre de duc de Rauzan et l'expectative de la pairie de son beau-père.

Ancienne maison chevaleresque qui tire son nom d'une terre située en Agenais entre Lauzerte et Moissac, connue depuis 1063, qui a fait les branches ducales de Duras, de Lorge et de Civrac.

Écartelé, aux 1 et 4 d'argent à la bande d'azur; aux 2 et 3 de gueules au lion d'argent.

1675

Louis-Victor de Rochechouart, duc de Mortemart appelé le duc de Vivonne, pair de France, général des galères, gouverneur de Champagne et de Brie, vice-roi de Sicile, prince de Tonnay-Charente, marquis de Moigneville et d'Everly, premier gentilhomme de la chambre en survivance de son père en 1641. Servit en Flandres en Italie et dans l'armée navale commandée par M. de Beaufort; fut général des galères en 1655; servit en Flandres en qualité de maréchal de camp, alla sous le duc de Beaufort au secours des Vénitiens en Candie et monta l'amiral après la mort de ce général. Le pape Clément IX lui donna des marques de son estime en l'honorant du gonfanon pour le porter et sa postérité dans ses armes. En 1672 il se trouva au fameux passage du Rhin où il fut blessé dangereusement; il assista au siège de Maëstricht; passa en Provence, puis en Sicile avec une armée navale en qualité de vice-roi, en 1675; il battit les troupes espagnoles et leur armée navale devant Messine et devant Palerme et s'empara de plusieurs places en 1676. Le roi pendant son absence l'avait nommé maréchal de France le 30 juillet 1675. Il revint en France en 1677 et obtint la survivance de ses charges pour son fils. Il mourut à Chaillot le 15 septembre 1688, après une longue maladie. Son corps fut porté dans le chœur de l'église des Cordeliers de Poitiers, près de sa mère.

Il était fils de Gabriel de Rochechouart, duc de Mortemart, pair de France, chevalier des ordres du roi et de Diane de Grandsaigne, qui avait obtenu en 1650 l'érection du marquisat de Mortemart en duché-pairie (c'était le père de Mme de Montespan).

Il ép. en 1655 Antoinette-Louise de Mesmes, fille unique et héritière du président de Mesmes et de Marie de la Vallée-Fossez, marquise d'Everly.

Sa postérité est représentée de nos jours par les ducs de Mortemart, connus sous le nom de comtes de Maure au XVIIIe siècle.

Cette maison est issue des anciens vicomtes de Limoges. Le P. Anselme en donne la filiation depuis Aimery Ier cinquième fils de Giraud vicomte de Limoges et de Rothilde, vivant en 1018.

Fascé, ondé d'argent et de gueules de six pièces.

1675

François d'Aubusson III du nom, duc de la Feuillade, pair de France, colonel des Gardes françaises, vice-roi de Sicile, général des armées du roi tant sur mer que sur terre, chevalier des ordres, gouverneur du Dauphiné servit jeune dans les armées, fut blessé à la bataille de Réthel dans le régiment de Gaston d'Orléans, où il était capitaine; servit en Flandre, en Italie, puis en Hongrie où il eut le commandement d'un corps de troupes en qualité de maréchal de camp, en 1664, sous les ordres du comte de Coligny, lieutenant-général. Il revint en France, vainqueur des Turcs à Raab, ramenant cinq pièces de canon qu'il leur avait prises avec trente de leurs étendards.

Le roi l'avait nommé lieutenant-général le 18 octobre 1664, afin que ses troupes pussent revenir en deux corps ayant chacun un lieutenant-général à sa tête; il eut le commandement de l'armée aux sièges de Bergues, de Furnes et de Courtray; il mena à ses frais un corps de 500 gentilshommes au secours des Vénitiens assiégés par les Turcs en Candie. Le roi le pourvut en 1672 de la charge de colonel du régiment des gardes françaises, sur la démission du maréchal de Gramont; il se signala dans la guerre de Hollande en 1673 et suivit le roi en Franche-Comté en 1674 et sa conduite héroïque aux sièges de Besançon, de Dole et de Salins assura la conquête de cette province. Il reçut le bâton de maréchal de France le 30 juillet 1675. Il commanda l'armée en Flandre en l'absence du duc d'Orléans et remplaça le duc de

Vivonne en Sicile comme vice-roi et lieutenant-général de S. M. A la mort du duc de Lesdiguières il eut le gouvernement de Grenoble et du Dauphiné, et fut nommé chevalier des ordres du roi le 31 décembre 1688; il mourut à Paris le 19 septembre 1691 et fut enterré à St-Eustache, sa paroisse.

C'est lui qui fit ériger la statue de Louis XIV sur la place des Victoires, appelée alors place de la Feuillade.

Il était fils puîné de François d'Aubusson II et d'Isabelle Brachet.

Il ép. le 9 avril 1667 Charlotte Gouffier, fille de Henri marquis de Boisy et d'Anne Hennequin; elle lui apporta le duché de Roannais par la démission que lui en fit son frère Artus Gouffier duc de Roannais; créé duc de Roannais pair de France en 1667 il prit le nom de duc de Roannais qu'il changea ensuite en celui de duc de la Feuillade.

Son fils Louis vicomte d'Aubusson, duc de la Feuillade et de Roannais, pair et maréchal de France, gouverneur de Dauphiné etc, né en 1673, mourut sans postérité en 1725.

Maison illustre connue depuis le IXe siècle. C'est la ville d'Aubusson, la seconde de la Marche, qui lui a donné son nom.

D'or, à la croix ancrée de gueules.

1675

François-Henry de Montmorency, duc de Piney-Luxembourg, pair de France, chevalier des ordres du roi, comte de Bouteville, de Luxe, etc., capitaine des gardes du corps du roi, gouverneur de Champagne et Brie, puis de Normandie. Il se trouva à la bataille de Rocroy à l'âge de 15 ans, sous le prince de Condé et le suivit depuis partout, s'étant attaché à sa personne dans les différents partis qu'il prit. Il servit comme lieutenant général dans l'armée envoyée en Franche-Comté en 1667, et plus tard, en 1674, et se fit toujours remarquer par son expérience, sa vigilance et sa fidélité. Il rendit de grands services dans la guerre de Hollande et de Flandre, et força le prince d'Orange à lever le siège de Charleroy en 1674; il servit sous le prince de Condé au sanglant combat de Senef; il fut nommé maréchal de France le 30 juillet 1675. Deux ans après, il se trouva avec le duc d'Orléans à la bataille de Cassel ; en 1678, il repoussa vigoureusement le prince d'Orange à la bataille de Saint-Denis, et le 1er juillet 1690, il gagna la bataille de Fleurus contre le général Waldeck ; il se couvrit encore de gloire au combat de Leuse, à Steinkerque en 1692, à Nerwinde en 1693, qui fut suivi de la prise de Charleroy, et rendit inutiles les efforts du prince d'Orange par cette longue marche, tant louée et tant admirée, qu'il fit en présence des ennemis depuis Vignamont jusqu'à l'Escaut près de Tournay. « Tant de grandes actions qui lui ont été si glorieuses, dit le P. Anselme, lui avaient tellement acquis la confiance des troupes qu'elles se faisaient un plaisir de le suivre partout où il voulait les mener. » Le roi l'avait fait en 1672 capitaine des gardes du corps ; nommé gouverneur de Champagne et de Brie en 1687, de Normandie en 1690 et chevalier de ses ordres en 1689. Il mourut à Versailles le 4 janvier 1695, âgé de 67 ans. Son corps fut porté à Ligny en Barrois.

Il était fils de François de Montmorency comte de Bouteville, décapité le 21 juin 1627 pour avoir enfreint la loi sur les duels, et d'Elisabeth-Angélique de Vienne.

Il ép. le 17 mars 1661 Madeleine-Charlotte-Thérèse de Clermont, duchesse de Luxembourg et de Piney, qui mourut le 21 août 1704; il fut l'auteur des trois branches de Montmorency éteintes de nos jours :

1º De la seconde branche des ducs de Montmorency, par la translation du titre de duc de Montmorency sur la terre de Beaufort, en Champagne, par lettres patentes de 1689. Le premier titre de duc et pair de Montmorency érigé par Henri II en 1551, éteint en 1632 après la décapitation à Toulouse du dernier duc de Montmorency, avait été transféré à la maison de Condé et changé en celui d'Enghien. Cette branche ducale, dite de Beaufort et de Montmorency, s'éteignit en ligne directe avec Charlotte-Anne-Françoise qui ép. le 6 octobre 1767 son cousin Anne-Léon de Montmorency de la branche aînée dite des marquis de Fosseux, et finit avec Anne-Marie-Gaston-Christian, prince de Robecq, grand d'Espagne, non marié, mort en 1855, et avec son cousin germain Anne-Louis-Victor-Raoul, duc de Montmorency, mort en 1862.

Ce dernier avait ép. en 1820 *Euphémie*-Théodora-Valentine de Harchies, veuve du comte Thibaud de Montmorency, son oncle, mort en 1818, et n'en a pas eu d'enfants.

Raoul duc de Montmorency avait eu deux sœurs : la duchesse de Valençay, dont le fils cadet Raoul-Adalbert de Talleyrand-Périgord fut créé duc de Montmorency, en 1864, par l'empereur Napoléon III, et la princesse de Bauffremont-Courtenay.

Le prince de Robecq avait eu trois sœurs : la comtesse de Brissac, la comtesse de la Chatre et la marquise de Biencourt.

2º De la branche de Montmorency-Luxembourg, ducs de Chatillon, à laquelle appartenait Christian-Louis, prince de Tingry, qui fut maréchal de France en 1734, elle finit avec Charles-Emmanuel-Sigismond, marié à Caroline de Loyauté, mort sans enfants le 5 mars 1861 ; et Anne-Henri-Sigismond, mort sans être marié; ils avaient eu deux sœurs : la duchesse de Cadaval et la duchesse de Laval.

3º De la branche de Montmorency Luxembourg, ducs de Beaumont, princes de Tingry, éteints avec deux frères : Anne-Edouard-Louis-Joseph, marié en 1837 à Louise-Marie-Ernestine-Joséphine de Croix, dont deux filles : la vicomtesse de Durfort et la baronne d'Hunolstein ; et Anne-Charles-Maurice-Marie-Hervé, prince de Tingry, mort sans être marié.

D'or, à la croix de gueules cantonnée de seize alérions d'azur.

1675

Henry-Louis d'Aloigny, marquis de Rochefort et du Blanc en Berry, baron de Cors et de Craon, capitaine des Gardes du corps, gouverneur de Lorraine de Barrois, Metz, Toul et Verdun, et du pays Messin, servit dès sa première jeunesse sous Monsieur le Prince. Après la paix des Pyrénées il passa en Allemagne et en Hongrie où il servit sous Messieurs de Coligny et de la Feuillade, et il se distingua en plusieurs occasions en l'une desquelles il reçut une blessure au visage dont il porta depuis la marque. A son retour il fut nommé capitaine des gendarmes du Dauphin le 13 avril 1665 ; il fut nommé maréchal de camp le 1er janvier 1668, et servit dans l'armée du comte de Duras, et ensuite dans celle de Flandres sous le vicomte de Turenne, et puis en Lorraine sous le maréchal de Créquy. Nommé lieutenant-général en 1672 il suivit le roi en cette qualité dans la guerre de Hollande, assista au passage du Rhin et à la prise d'Utrecht.

Le 27 février 1675 il eut le gouvernement de Lorraine, du Barrois et des trois évêchés. Le 30 juillet il fut élevé à la dignité de maréchal de France, et mourut à Nancy, le 22 mai 1676 commandant en chef un corps d'armée sur les rivières de la Meuse et de la Moselle.

Il était fils de Louis, marquis de Rochefort, chevalier des ordres du roi le 16 décembre 1619 et de Marie Habert de Montmort ; Louis d'Aloigny fut bailly de Berry et lieutenant-général en Poitou ; il avait eu la surintendance des batiments, arts et manufactures de France après la démission du duc de Sully et du comte d'Orval, son frère en 1621 et mourut en 1657.

Henry-Louis d'Aloigny ép. Madeleine de Laval, fille de Gilles de Laval Bois-Dauphin et de Madeleine Séguier, dont : 1. Louis-Pierre-Armand, mort à 31 ans brigadier des armées du roi, non marié ; 2. Marie-Henriette mariée 1° à Louis-Fauste de Brichanteau marquis de Nangis, son cousin germain ; 2° à Charles de la Rochefoucauld de Roye comte de Blanzac.

La maison d'Aloigny est originaire du Poitou, connue par filiation depuis le milieu du XIII° siècle.

Elle a produit les branches de Rochefort, de Boismorand, des Bordes, de la Groye, d'Ingrande et du Puy-Saint-Astier. Cette dernière a été maintenue dans la noblesse par jugement de M. Pellot intendant en Guyenne le 31 août 1669.

Cette maison s'est éteinte en la personne de Jean-Baptiste-Thomas-Hippolyte d'Aloigny, ancien chef d'escadrons de chasseurs, retraité colonel, marié à Louise-Emmeline de Saulx-Tavanues (sœur aînée du dernier duc de Saulx-Tavannes), appelé le marquis d'Aloigny, décédé sans postérité le 14 janvier 1868.

De gueules, à 3 fleurs de lys d'argent 2 et 1.

1676

Guy-Aldonce de Durfort, duc de Lorge-Quintin, capitaine des gardes du corps, commença dès l'âge de quatorze ans à donner des marques de son courage et de sa valeur, comme capitaine de cavalerie, et dans la suite comme maréchal de camp et lieutenant général des armées du roi en Flandres, en Hollande et en Allemagne, particulièrement pendant les campagnes dans les années 1674 et 1675, sous le maréchal de Turenne, son oncle, après le décès duquel il se mit à la tête de l'armée et marcha contre les ennemis qu'il mit en déroute à Althenein. Le roi en récompense de tant de services le nomma maréchal de France, le 21 février 1676.

Il l'envoya aussitôt en Flandres investir Condé et lui donna au mois de juillet la charge de capitaine de ses gardes du corps, vacante par le décès du maréchal de Rochefort. A partir de cette époque il servit dans toutes les affaires où le roi s'est trouvé en personne. En 1685 il fut envoyé en Angleterre complimenter le roi sur la mort du roi son frère et sur son avènement à la couronne ; il fut nommé chevalier des ordres le 1er janvier 1689, et investi du commandement de la province de Guienne avec les honneurs et prérogatives de gouverneur pendant la minorité du comte de Toulouse ; le roi y joignit le commandement des troupes de cette province et de celles de Poitou, Saintonge et Angoumois. Il en fut rappelé pour prendre le commandement en chef de l'armée de la Meuse et de l'Alsace, au mois de septembre de la même année. En 1690 il eut le commandement de l'armée d'Allemagne sous Mgr le Dauphin, où il donna des preuves de sa valeur et de la sagesse de sa conduite militaire. Le roi érigea sa terre de Quintin en duché dont les lettres furent vérifiées au parlement le 23 mars 1691. Il fut fait chevalier de Saint-Louis en 1693, gouverneur de Lorraine en 1694, et mourut à Paris le 22 octobre 1702 âgé de 72 ans.

Il était le quatrième fils de Guy-Aldonce de Durfort marquis de Duras et d'Elisabeth de la Tour d'Auvergne-Bouillon.

Il ép. Géneviève Frémont dont il eut un fils qui fut le duc de Lorge. C'est sous ce nom que de nouvelles lettres du mois de décembre 1706, enregistrées le 7, changèrent l'appellation du comté de Quintin.

Guy-Nicolas de Durfort, duc de Lorge, né en 1689, mort en 1758, capitaine des chasses pour le chevreuil du roi, eut de Géneviève Chamillart, Louis de Durfort, duc de Lorge, par arrangement avec son frère aîné qui fut duc de Randan; il fut lieutenant général et n'eut que des filles de Marie Burtault. La seconde ép. le 22 mai 1706 son cousin Jean-Laurent de Durfort-Civrac, comte de Lorge, qui obtint la réérection du duché de Lorge en 1773.

Il fut maréchal de camp et gouverneur de Franche-Comté avant la Révolution, pair de France et lieutenant général sous la Restauration; il mourut en 1825. C'est le quatrième ascendant du duc de Lorge actuel.

Écartelé, aux 1 et 4 d'argent à la bande d'azur, qui est de Durfort; aux 2 et 3 de gueules au lion d'argent, qui est de Lomagne; brisé sur le tout d'un lambel de gueules.

1681

Jean d'Estrées comte d'Estrées, né en 1628, obtint d'abord un régiment de son nom en 1637; servit en Flandre sous les maréchaux de Gassion et de Rantzau, puis encore en Flandre, sous le prince de Condé, les maréchaux de Gramont et de Rantzau; à la suite de cette campagne il fut nommé maréchal de camp le 8 février 1649; il était en cette qualité au siège de Réthel sous le maréchal du Plessis; il fut créé lieutenant-général le 16 juin 1655 et servit aux prises de Landrecies de Condé et de Saint-Guillain. Avec 500 chevaux il défit 1200 hommes qui prétendaient se jeter dans Avesnes.

Le roi voulant rétablir la Marine en 1668 nomma le comte d'Estrées pour lieutenant-général des armées navales; il fit en Amérique une expédition heureuse contre les Anglais et fut créé vice-amiral en 1669; il commanda en 1672 une escadre de 30 gros vaisseaux contre l'amiral hollandais Ruyter et le contraignit par deux fois à plier et a se retirer. L'année suivante il triompha dans un combat naval contre les trois amiraux hollandais réunis Ruyter, Tromp et Flessingue. En 1677 il reprit sur les hollandais l'isle de Cayenne qu'il nous avaient enlevée. Après la paix de 1678 il commanda encore avec succès contre les corsaires dans les îles d'Amérique. Il fut nommé maréchal de France le 24 mars 1681; vice-roi d'Amérique en 1686 et chevalier des ordres du roi en 1688 et de Saint Louis en 1693. Il eut de nouveaux succès contre la flotte espagnole en 1691 et contre la flotte anglaise en 1692.

Il commanda depuis en Poitou et en Bretagne, et fut lieutenant-général des comté et évêché de Nantes, gouverneur de la ville et du château ; il mourut en 1707, et son corps fut porté à Soissons.

Il était fils puîné de François-Annibal I duc d'Estrées, pair maréchal de France et de Marie de Béthune, sa première femme.

Il eut pour fils Victor-Marie duc d'Estrées qui fut maréchal de France, vice-amiral et ministre d'Etat, membre de l'Académie française. La sœur de celui-ci avait épousé un fils de Louvois, dont Louis-Charles-César Letellier, marquis de Courtanvaux, qui fut aussi maréchal de France succéda au titre de duc d'Estrées et mourut sans enfants en 1771.

Ecartelé, aux 1 et 4 d'argent frêté de sable de 6 pièces, au chef d'or chargé de 3 merlettes de sable, qui est d'Estrées ; *aux 2 et 3 d'or au lion d'azur lampassé et couronné de gueules*, qui est de la Cauchie.

1693

Claude de Choiseul, dit le comte de Choiseul, marquis de Francières, sgr d'Irouer et de Fontaine-Beton, gouverneur et bailly de Langres, de Saint-Omer et puis de Valenciennes, servit volontaire en 1649 jusqu'à ce que son père lui cédat la compagnie qu'il avait au régiment de Condé ; il donna des marques de valeur au combat de Vitry-sur-Seine en 1653, puis aux sièges de Mouzon, de Sainte-Menehould et d'Arras en 1654. Il servit sous les maréchaux de Turenne et de la Ferte ; suivit le roi à Marsal en 1663 ; commanda un régiment dans l'expédition de Hongrie et se distingua au siège de Raab ; il fut fait brigadier en 1667, maréchal de camp en 1669 et envoyé en Candie au secours des Vénitiens qui en firent des éloges publiés dans

toute l'Europe. En 1672 il se trouva au passage du Rhin et dans presque toutes les affaires de cette campagne d'Allemagne. Il se couvrit de gloire à Senef en 1674 ; commanda en Lorraine sous le maréchal de Rochefort ; fut fait lieutenant-général en 1676 et commanda l'armée sous le maréchal de Luxembourg. En 1684 l'électeur de Cologne le demanda au roi pour être général de ses troupes avec lesquelles il réduisit la ville de Liège à l'obéissance de cet électeur. Le roi le fit chevalier de ses ordres le 31 décembre 1688 ; il servit sous les maréchaux de Lorge et de Bellefonds et fut lui-même nommé maréchal de France le 27 mars 1693, chevalier de Saint-Louis au mois d'avril suivant. Il alla ensuite servir en Allemagne avec le maréchal de Lorge et commanda le long des côtes de Normandie et en Allemagne jusqu'à la paix en 1696.

Il mourut à Paris le 11 mai 1711 étant doyen des maréchaux de France.

Il était fils de Louis de Choiseul, marquis de Francières et de Catherine de Nicey.

C'était le troisième maréchal de France sorti de la maison de Choiseul et un des plus grands capitaines de son temps. La branche à laquelle il appartenait s'éteignit avant la Révolution.

D'azur, à une croix d'or cantonnée de 18 billettes du même.

1693

François de Neufville duc et pair de Villeroy, chevalier des ordres du roi, gouverneur de Lyon et des provinces de Lyonnais, Forez et Beaujolais, ministre d'Etat, chef du Conseil royal des finances, fit sa première campagne en Hongrie, en 1664, à l'âge de 19 ans, et se trouva au fameux combat de Saint-Gothard où il eut le bras percé d'un coup de flèche. En 1667 il suivit le roi dans la campagne de Flandres en qualité de colonel du régiment d'infanterie de Lyonnais et se distingua aux sièges de Douai, de Tournay et de Lille; il prit part à la conquête du comté de Bourgogne, à la guerre d'Allemagne sous M. de Turenne en 1673, à la seconde conquête de Franche-Comté en 1674, en qualité de maréchal de camp; il fut nommé lieutenant général en 1677, après les prises de Condé et de Bouchain auxquelles il participa d'une façon brillante; le 31 décembre le roi l'honora du collier de ses Ordres. Il servit en Allemagne et en Flandres sous le maréchal de Duras et le Dauphin et se distingua au siège de Namur et au combat de Steinkerque; le roi le fit maréchal de France le 27 mai 1693, et chevalier de Saint-Louis au mois d'avril suivant. A la mort du maréchal de Luxembourg il fut nommé capitaine des gardes du corps. Il commanda l'armée d'Allemagne en 1701, celle de Flandres en 1703, conjointement avec le maréchal de Boufflers, puis dans les Pays-Bas et sur le Rhin où il perdit la bataille de Ramillies le 22 mai 1706. C'est à cette occasion que le roi lui dit ce mot fameux : « M. le maréchal, on n'est plus heureux à notre âge! » et il mourut ministre d'Etat et chef du Conseil royal des finances en 1714; il l'institua par son testament gouverneur de la personne de Louis XV, son arrière petit-fils et son successeur et en remplit les fonctions de 1717 à 1722; Louis XIV avait eu son père, le premier maréchal de Villeroy, pour gouverneur pendant sa minorité. Il mourut à Paris le 18 juillet 1730.

Il était fils de Nicolas de Neufville Ve du nom, duc de Villeroy, pair et maréchal de France et de Madeleine de Créquy.

Il ép. Marie-Marguerite de Cossé-Brissac dont il eut : Nicolas de Neufville, marquis d'Alincourt, puis duc de Villeroy, chevalier des Ordres, capitaine des gardes et lieutenant-général des armées du roi et de la province de Lyonnais, chevalier de Saint-Louis en 1702; il ép. une fille de Louvois et eut pour fils : Louis-François-Anne, marquis de Villeroy, puis duc de Retz et enfin de Villeroy, chevalier des Ordres, gouverneur de Lyon et du Lyonnais, capitaine des gardes, maréchal de camp, qui ép. Renée de Montmorency-Luxembourg et n'en eut pas d'enfants.

D'azur, au chevron d'or accompagné de 3 croix ancrées de même.

1693.

Jean-Armand de Joyeuse, dit le marquis de Joyeuse, baron de Saint-Jean et de Verfeil, chevalier des Ordres du roi, gouverneur de la ville et citadelle de Metz et des trois évêchés, fit ses premières armes en 1648 en qualité de capitaine de cavalerie; il servit sous le comte d'Harcourt et le maréchal du Plessis; il assista aux principaux sièges des villes de Flandre comme mestre de camp de cavalerie; il fut brigadier des armées du roi sous le maréchal de la Ferté, et sous le duc de Luxembourg qu'il suivit en Hollande; puis il alla servir en Roussillon en qualité de maréchal de camp en 1673; il fut fait lieutenant-général en 1677 et servit en Flandre et en Allemagne où il commanda l'armée en l'absence du maréchal de Créquy, au siège de Luxembourg; il passa ensuite en Guyenne avec le duc de Lorge, en 1689, et revint en Allemagne et en Flandre, où il assista au siège de Mons en 1691, étant le plus ancien lieutenant-général ; il fut fait chevalier des Ordres la même année ; il commanda l'armée au siège de Namur, et à la fin de la campagne le roi le nomma maréchal de France, en mars 1693, et chevalier de Saint-Louis. Il commanda l'aile gauche à la bataille de Nerwinde et y fut dangereusement blessé d'un coup de mousquet ; il servit jusqu'à la paix en 1697 et mourut le 1er juillet 1710, sans être marié. Son corps fut enseveli dans l'Eglise de Saint-Paul, sa paroisse.

Il était fils puîné de Antoine-François de Joyeuse, comte de Grandpré et de Marguerite de Joyeuse-Grandpré.

Écartelé, aux 1 et 4 palé d'or et d'azur de 6 pièces, au chef de gueules chargé de 3 hydres d'or, qui est de Joyeuse ; aux 2 et 3 d'azur au lion d'argent à la bordure de gueules, chargée de 8 fleurs de lys d'or, qui est de Saint Didier.

1693

Louis-François duc de Boufflers, pair, chevalier des Ordres du roi et de celui de la Toison d'or, capitaine des gardes du corps, colonel du régiment des gardes françaises, bailli et gouverneur héréditaire de Beauvais et Beauvoisis, gouverneur de Flandres et Haynault, etc., commença à porter les armes en 1662 comme cadet au régiment des gardes ; il se distingua aux sièges de Douai, de Tournay et de Lille ; colonel du régiment royal de dragons en 1669, servit en cette qualité sous le maréchal de Créquy à la conquête de la Lorraine. Le comte de Boufflers, son frère aîné, lieutenant général de la province de l'Isle-de-France et bailli de Beauvais et de Beauvoisis étant mort, le roi lui donna ces deux charges ; il fit partie de l'armée de Turenne en Alle-

magne et fut blessé à la bataille d'Einsisheim où le maréchal de Turenne fut tué en 1675 et commanda l'arrière-garde de l'armée, soutint avec vigueur les efforts des ennemis et facilita les moyens de repasser le Rhin. Il se retira avec ses troupes aux environs de Strasbourg et reprit l'offensive en Allemagne sous le maréchal de Luxembourg en 1676. Il fut fait maréchal de camp en 1677 et servit sous le maréchal de Créquy ; nommé colonel-général des dragons après la mort du marquis de Rannes, il emporta d'assaut le fort de Kehl, en plein jour, et fut nommé lieutenant général des armées en 1681. Il passa en Flandres sous le maréchal d'Humières ; après la reddition de la ville de Luxembourg, il commanda en chef la province de Guienne et en fut nommé gouverneur en 1685, puis gouverneur de la Lorraine après la mort du maréchal de Créquy en 1687. Il commanda en chef l'armée d'Allemagne, s'empara de Mayence et soumit le Palatinat à l'obéissance du roi lorsqu'il fut nommé chevalier des Ordres le 31 décembre 1688. A la mort du maréchal de la Feuillade il fut nommé colonel des gardes françaises ; il lutta avec succès contre le prince d'Orange en Flandre et prit une grande part à la victoire de Steinkerque, bombarda Charleroy et reprit la ville de Furnes. Le roi le nomma maréchal de France le 27 mars 1693 et chevalier de Saint-Louis au mois d'avril suivant. La terre de Cagny fut érigée pour lui en duché sous le nom de Boufflers, par lettres du mois de septembre 1695.

Après la mort du roi d'Espagne il eut le commandement de tous les pays-bas espagnols, avec le duc de Bedmar, pour résister aux troupes hollandaises commandées par le prince d'Orange. Le 30 juin 1703, les hollandais furent battus au combat d'Eckeren et le roi d'Espagne, en reconnaissance de cet important service, le nomma chevalier de la Toison d'or.

En 1704 il fut nommé capitaine des gardes du corps, charge vacante par la mort du duc de Duras, et il se démit à cette occasion de la charge de colonel des gardes françaises. En récompense de sa longue et brillante défense de la ville de Lille qui se termina par une capitulation des plus honorables, le roi le nomma pair de France le 19 mars 1709. Il servit sous le maréchal de Villars, quoiqu'il eut reçu le bâton de maréchal plusieurs années avant lui, et commanda l'aile droite de l'armée à la bataille dite de Malplaquet et disputa longtemps la victoire aux ennemis, bien supérieurs en nombre, « leur quitta enfin le champ de bataille, dit le P. Anselme, couvert de près de quarante mille hommes morts ou blessés, dont il y avait les trois quarts des ennemis, et fit une si belle retraite qu'elle ne fut pas moins estimée que le gain d'une bataille. »

Il mourut à Fontainebleau le 22 août 1711, d'où son corps fut porté dans l'église de Saint-Paul à Paris.

Il était fils de François III comte de Boufflers et de Cagny et d'Elisabeth-Angélique de Guénégaud.

Il ép. Mlle de Gramont dont il eut : Joseph-Marie duc de Boufflers, gouverneur général de Flandres, Lille, Hainault, lieutenant-général, chevalier des Ordres du roi (1706-1747) qui laissa de Madeleine de Villeroy :

Charles-Joseph-Marie duc de Boufflers (1730-1751) colonel du régiment de Navarre qui n'eut de Marie-Anne de Montmorency-Carency qu'une fille mariée en 1766 au comte de Biron.

D'argent, à 3 molettes à six rais de gueules posées 2 et 1, et accompagnées de 9 croisettes recroisettées de même, 3 en chef, 3 en fasce, et 3 en pointe, ces dernières posées 2 et 1.

1693

Anne-Hilarion de Costentin, comte de Tourville, lieutenant général des armées navales, maréchal et vice-amiral de France, fut destiné dès son enfance pour être chevalier de Malte ; il se distingua dans divers combats. En 1669 le roi lui confia le commandement d'un de ses vaisseaux de guerre, et il se trouve à partir de cette époque dans toutes les batailles navales qui se livrèrent de son temps ; il fit plusieurs prises sur les Algériens et autres corsaires de la mer Méditerranée et Adriatique ; il fut chef d'escadre en 1677 et servit sous les ordres du maréchal de Vivonne ; il accompagna le marquis du Quesne dans ses expéditions contre Ruyter. En 1682 il fut nommé lieutenant général des armées navales et se trouva au bombardement et à la prise de Gênes en 1684 ; au bombardement de la ville d'Alger, et la contraignit à demander la paix et à rendre un nombre considérable d'esclaves chrétiens de toutes les nations. Le roi lui donna en octobre 1689 la charge de vice-amiral du Levant ; il gagna le 10 juillet 1690 la bataille de Bevezières dans la Manche, contre les flottes anglaise et hollandaise réunies; en 1691 il soutint avec 44 vaisseaux pendant 11 heures l'effort de 90 navires de la flotte ennemie, et il se serait retiré sans perte si les vents ne lui eussent point été contraires. Il fut honoré de la dignité de maréchal de France au mois de mars 1693, et continua ses services jusqu'à la paix de Riswick en 1697; il mourut à Paris le 27 mai 1701 à l'âge de 89 ans et fut enterré à Saint-Eustache.

Il était le troisième fils de César de Costentin, comte de Fismes et de Tourville, capitaine d'une compagnie d'ordonnance en 1632; gentilhomme de la chambre de Louis de Bourbon prince de Condé et de Lucie de la Rochefoucauld, dame d'honneur de la princesse de Condé, veuve de Geoffroy de Durfort, baron de Cuzaguez.

Il ép. le 15 janvier 1690 Louise-Françoise Laugeois, veuve de Jacques Darot, marquis de la Popelinière, fille de Jacques Laugeois, sgr d'Imbercourt, secrétaire du roi, dont il eut : 1. Louis-Alexandre, colonel d'un régiment de son nom, tué à l'attaque de Denain le 24 juillet 1712, à l'âge de 22 ans; 2. Luce-Françoise, mariée le 26 juillet 1714 à Guillaume-Alexandre de Galard de Béarn, comte de Brassac.

Françoise de Costentin, sœur du maréchal de Tourville, ép. Annet Joubert de la Bastide, sgr de Chateau-Morand, dont le fils Joseph-Charles, marquis de Chateau-Morand, gouverneur-général de Saint-Domingue et de la Tortue, fut lieutenant-général des armées du roi le 1er décembre 1720 et mourut le 30 juin 1722.

La famille de Costentin, sgrs de Tourville, est originaire de Normandie et de la presqu'île du Cotentin, connue depuis Guillaume de Costentin, vivant en 1300 ; la noblesse de ses descendants fut reconnue par arrêt de la Cour des aides de Normandie de l'an 1577, par jugement des commissaires au règlement des tailles du 22 décembre 1635, et par jugement de Chamillart en 1667. La branche aînée dite de Coutainville s'éteignit avec Charlotte-Lucie, morte sans être mariée le 14 janvier 1716, et celle de Tourville, sortie de la précédente au huitième degré, vers 1570, s'éteignit comme nous venons de le voir, dans le cours du XVIIIe siècle.

Le frère aîné du maréchal de Tourville, François-César de Costentin ou Cotentin, comte de Fismes et de Tourville, colonel d'un régiment d'infanterie, maréchal de camp, mort en 1667, avait épousé Jeanne de Sauvage, morte en son château de Vauville, vicomté de Saint-Sauveur-le-Vicomte, en 1703, fille unique de Julien, sgr de Fontenay, de Marcoul et de Vauville et d'Anne de Cotentin de Coutainville (branche aînée de la famille), dont la postérité paraît s'être éteinte à la troisième génération, vers le milieu du XVIIIe siècle.

De gueules, à un bras armé d'argent, sortant du côté senestre de l'écu, tenant une épée de même surmontée d'un casque mis de côté, aussi d'argent.

1693

Anne-Jules duc de Noailles, pair et maréchal de France, chevalier des Ordres du roi, gouverneur du Roussillon, vice-roi de Catalogne, capitaine de la première compagnie des gardes du corps, né le 4 février 1650, suivit le roi en Lorraine en 1663, servit ensuite dans les gardes du roi envoyés au secours des Hollandais contre l'évêque de Munster en 1665; il eut plus tard le commandement dans les expéditions faites en Franche-Comté, en Flandre et en Lorraine. Il suivit le roi comme aide de camp dans les conquêtes sur les Hollandais et en Franche-Comté. En 1677, il fut fait maréchal de camp, duc de Noailles et pair de France sur la démission de son père, puis gouverneur du Roussillon et de la ville de Perpignan. En 1681 il eut le commandement en chef de la province de Languedoc et fut nommé l'année suivante lieutenant général des armées du roi ; il servit en Flandre en 1685 ; pendant trois années consécutives il commanda les camps formés dans la plaine d'Achères. Le 31 décembre 1688 il fut nommé chevalier des ordres du roi, mais c'est en Roussillon et en Catalogne qu'il eut l'occasion de déployer ses grandes qualités militaires, stratégiques et administratives ; il reconquit et organisa le Roussillon en rejetant définitivement les Espagnols au delà des Pyrénées. Le 27 mars 1693 il fut nommé maréchal de France et chevalier de Saint-Louis. En 1694 il prit les villes de Palamos, de Girone, d'Ostalric et de Castel Follit et pendant cette campagne il fut nommé vice-roi de Catalogne. En 1700 le roi le chargea conjointement avec le duc de Beauvilliers de la conduite du roi Philippe V qu'il accompagna avec les ducs de Berry et de Bourgogne jusqu'à l'entrée de ses états. Il mourut à Versailles le 2 octobre 1708 en sa cinquante deuxième année. Son corps fut porté à Paris et enterré à Notre-Dame.

Il était fils d'Anne duc de Noailles, pair de France, lieutenant-général des armées du roi le 12 septembre 1650, capitaine de la première compagnie des gardes du corps, chevalier des Ordres du roi et de Louise Boyer, dame d'atour de la reine Anne d'Autriche.

La maison de Noailles est une des plus anciennes et des plus illustres de la province de Limousin. La terre et le château dont elle porte le nom sont situés près de Brives et de Turenne. Elle établit sa filiation depuis 1248. Les sgrs de Noailles sont connus depuis 1023.

Le père du maréchal avait obtenu l'érection du comté d'Ayen en duché-pairie, par lettres du mois de décembre 1663. Il mourut à Paris en 1678.

Il avait ép. le 13 décembre 1645 Louise Boyer, fille d'Antoine Boyer, sgr de Sainte-Geneviève-des-Bois, et de Françoise de Viguacourt, nièce de deux grands maîtres de Malte.

Anne-Jules, duc de Noailles, ép. le 13 août 1671 Marie-Françoise de Bournonville, fille unique d'Ambroise, duc de Bournonville, chevalier d'honneur de la reine, gouverneur de la ville de Paris, et de Lucrèce-Françoise de la Vieuville. Il eut entr'autres enfants Adrien-Maurice, duc de Noailles, pair de France, comte d'Ayen, etc., grand d'Espagne, chevalier des Ordres du roi et de la Toison d'Or, lieutenant-général des armées du roi, ép. le 31 mars 1698 Françoise-Charlotte-Amable d'Aubigné, nièce de Mᵐᵉ de Maintenon, et fut la tige des ducs de Noailles et de Mouchy.

De gueules, à la bande d'or.

1693

Nicolas Catinat, sgr de Saint-Gratien, né le 1ᵉʳ septembre 1637, commença à servir dans la cavalerie et se distingua au siège de Lille en 1667. Le roi lui donna une lieutenance puis une compagnie dans le régiment des Gardes, où il rendit des services considérables en 1672, 1673 et 1674 dans les guerres de Flandres et de Franche-Comté ; il fut fait, en 1675, major général de l'infanterie française et conserva cette fonction malgré sa nomination de brigadier en 1677 ; il fut commandant à Dunkerque en 1678 et maréchal de camp en 1680. Il eut le commandement des troupes envoyées au duc de Savoie en 1685 pour réprimer les révoltes religieuses qui avaient éclaté dans les vallées. Il déploya tant de sagesse dans cette mission délicate que le roi lui donna le gouvernement de la ville et de la province de Luxembourg.

Après sa nomination comme lieutenant général des armées, il servit à Philisbourg sous Mgr le Dauphin, et ayant le commandement en Italie contre le duc de Savoie il gagna contre lui la bataille de Staffarde qui fut suivie de la prise de Suze en 1690 et de celles de Villefranche, de Nice en 1691, de Montmélian en 1692.

Il fut fait maréchal de France le 27 mars 1693, puis chevalier de Saint-Louis au mois d'avril. Cette même année, le 4 octobre, il battit complètement le duc de Savoie dans la plaine de la Marsaille, en Piémont et lui fit subir des pertes énormes. Il commanda dans le pays jusqu'à la paix en 1696. Il eut de nouveaux succès en Flandres, où il assiégea et prit Ath; dans le commandement des armées du roi, en Italie, il fut blessé à Chiari en 1701 et eut en 1702 le commandement de l'armée d'Allemagne. En 1705 le roi le nomma chevalier de ses Ordres.

Il mourut, sans alliance, le 23 février 1712, dans sa 74ᵉ année, en sa terre de Saint Gratien, près Paris, où il s'était retiré.

Il était fils de Pierre Catinat, sgr de la Fauconnerie, conseiller au parlement de Paris en 1623, mort doyen du parlement en 1676, et de Françoise Poisse, dame de Saint Gratien, fille de Jacques Poisse, aussi conseiller au parlement de Paris, sgr de Saint Gratien et de Catherine Gobin, et d'après Lachesnaye-Desbois de Catherine Tiraqueau.

La famille Catinat était originaire du Perche et connue depuis Nicolas, sgr de Bougis, lieutenant-général du bailliage de Mortagne en 1573. Ses descendants ont donné, outre le maréchal, cinq conseillers au parlement de Paris, et un secrétaire du roi en 1630, Jacques Catinat sgr de Bougis, oncle du maréchal de France.

Le père du maréchal eut seize enfants dont Nicolas était le cinquième. Deux autres suivirent la carrière des armes : Charles-François, sgr de Dircy, né le 25 septembre 1635, lieutenant puis capitaine dans les gardes françaises mourut au siège de Lille en 1667; Guillaume, sgr de Croisilles, né en 1639, capitaine du régiment des Gardes en 1667, après son frère, se retira à cause de ses infirmités et mourut le 19 mars 1701, sans avoir été marié.

Deux autres frères du maréchal entrèrent dans les ordres; une sœur Françoise Catinat, née en 1627 se maria le 21 avril 1652 à Claude Pucelle, fameux avocat au parlement de Paris et mourut en 1702. Les autres enfants moururent jeunes.

Cette famille s'éteignit avec l'arrière nièce du maréchal, Marie-Renée Catinat, fille de Pierre, conseiller au parlement de Paris, sgr de Saint-Mars et de Marie Fraguier, fille d'un conseiller au parlement, mariée : 1° en 1724 à Jean-Antoine de Saint-Simon, marquis de Courtomer, mestre de camp du régiment de Soissonnais, mort deux mois après son mariage ; 2° le 29 août 1726 à Guillaume de Lamoignon sgr de Montrevault, maître des requêtes, puis président à mortier au parlement de Paris, dont elle n'eut pas d'enfants.

Marie-Françoise, sœur de Marie-Renée, née le 3 décembre 1703, épousa Jean-François Le Vayer, maître des requêtes, mort le 5 mai 1764.

D'argent, à la croix de gueules, chargée de neuf coquilles d'or.

1702

Louis-Hector de Villars, duc et pair, chevalier des Ordres du roi et de la Toison d'or, commença fort jeune à servir dans l'armée sous le maréchal de Bellefonds, son cousin, dont il fut aide de camp ; il servit en 1672 dans l'armée du Rhin ; il fit la campagne de 1673 sous les ordres de Turenne, passa en Flandre en 1674 et fut blessé au combat de Senef. Il obtint un des trois régiments qui vaquèrent à cette époque et continua la guerre sous les ordres des maréchaux de Luxembourg et de Créquy ; se trouva aux sièges de Condé, d'Aire, de Saint-Omer, de Maestrick, à la bataille de Cassel et plus tard à la prise du fort de Kell en 1678. Il fut nommé commissaire général de la cavalerie en 1688, après avoir rempli avec succès diverses missions auprès des princes d'Allemagne. Dans la campagne de 1692 il défit le prince de Wurtemberg et l'obligea à capituler. L'hiver suivant il fut nommé maréchal de camp et servit sous le marquis de Boufflers ; à la suite de cette campagne il fut nommé lieutenant-général (mars 1693), puis gouverneur de Fribourg, passa en Italie où il se trouva au siège de Valence, revint sur le Rhin et la paix faite en 1697, il fut en qualité d'envoyé extraordinaire délégué vers l'Empereur à Vienne. La mort du roi d'Espagne amena une nouvelle guerre qui le remit à la tête de l'armée ; il secourut l'électeur de Bavière qui s'était déclaré pour la France et battit les ennemis à Fredelinghem, le 14 octobre 1702 et les rejeta au-delà du Rhin. A la suite de cette importante victoire il fut nommé maréchal de France le 20 octobre 1702. L'année suivante il s'empara de Kell (9 mars 1703) et après la jonction de ses troupes avec celles du duc de Bavière il termina la campagne par la célèbre victoire d'Hochstedt le 20 septembre. De retour en France il eut le commandement des troupes envoyées en Languedoc pour apaiser les troubles provoqués par les Camisards.

Le roi l'honora du titre de duc le 21 janvier 1705 et du collier de ses Ordres le 2 février suivant. Nommé commandant en chef de l'armée sur la Moselle, il obligea les ennemis coalisés, commandés par des généraux d'une grande réputation, à s'éloigner de nos frontières. En 1706 il eut encore le commandement de l'armée d'Allemagne et après divers avantages obtenus sur les troupes impériales les obligea à repasser le Rhin. L'année 1707 fut marquée par de nouveaux succès militaires en Allemagne ; en 1708 il commande l'armée en Dauphiné ; en 1709, celle de Flandre à la tête de laquelle il se signala à la célèbre bataille dite de Blangies ou de Malplaquet, le 11 septembre ; il y reçut une dangereuse blessure en donnant des preuves éclatantes de sa valeur. Le roi le fit pair de France au mois de septembre 1709 ; il fut reçu au parlement le 7 avril 1710. Le duché pairie de Villars fut assis sur la terre de Vaux le Vicomte qu'il avait acquise depuis peu, sous le nom de Villars. Il eut la même année le gouvernement et la lieutenance générale des villes, pays et évêchés de Metz et Verdun et le gouvernement de la citadelle de Metz, vacante par le décès du maréchal de Joyeuse. L'année 1712 fut marquée par la célèbre victoire de Denain (24 juillet), la prise de Marchiennes, du fort de Scarpe, des villes de Douai, du Quesnoy, de Bouchain, qui nous rendit maîtres de la Flandre. Le roi le récompensa de tant de victoires en lui donnant le gouvernement de Provence vacant par la mort du duc de Vendome. En 1713 il prit la ville de Landau après cinquante-six-jours de tranchée ouverte et fit la garnison prisonnière de guerre (20 août) ; un mois après il battit le général de Vaubonne dans son camp retranché à Ettingen (20 septembre); prit la ville de Fribourg, le fort et le château et fut nommé gouverneur de cette place.

Le roi d'Espagne lui envoya l'ordre de la Toison d'or à la fin de cette même année. En 1714 il signa le traité de Radstadt (6 mars) comme plénipotentiaire du roi, avec le prince Eugène de Savoie, plénipotentiaire de l'Empereur. Il représenta le connétable au sacre de Louis XV en 1722, et mourut à Turin en 1734.

Il était fils de Pierre, marquis de Villars, sgr de la Chapelle, chevalier des Ordres du roi en 1654, lieutenant-général des armées du roi en 1657, et de Marie Gigault de Bellefonds, tante du maréchal.

De ce mariage sont nés huit enfants:

1. Louis-Hector, maréchal de France;
2. Félix, abbé de Moustiers en Argonne;
3. Armand, dit le comte de Villars, chef d'escadre 1705 et lieutenant général des armées du roi 1708;
4. Thérèse, mariée le 22 juin 1677 à Jean de Frétat, sgr de Lorme, de Boissieux, etc.;
5. Marie-Louise, mariée le 11 février 1699 à François-Eléonor de Choiseul-Traves;
6. Laurence-Eléonore, non mariée;
7. Charlotte, mariée à Louis de Vogüé, sgr de Gourdan, en Vivarais;
8. Agnès, religieuse à St-André de Vienne, puis abbesse de Chelles.

Louis-Hector ép. le 1er février 1702 Jeanne-Angélique de la Rocque de Varengeville, nommée dame du palais de la reine en 1725, (fille de Pierre de la Rocque et de Charlotte-Angélique de Courtin), dont:

Honoré-Armand, né le 4 octobre 1702, duc et pair de France, grand d'Espagne, prince de Martigues, vicomte de Melun, gouverneur général des pays et comté de Provence, l'un des quarante de l'Académie française 1734, brigadier des armées du roi, chevalier de la Toison d'or en 1736, mort en 1770. Il avait ép. le 5 août 1721 Amable-Gabrielle de Noailles, dame du palais de la Reine en 1727, après la duchesse de Noailles sa mère, dame d'atours en 1742, morte en 1771, dont une fille unique:

Amable-Angélique, née le 18 mars 1723, mariée le 5 février 1744 à Guy-Félix Pignatelli, comte d'Egmont; devenue veuve le 3 juillet 1753 elle se fit religieuse du Calvaire, près le Luxembourg à Paris le 18 juin 1754.

Le père du maréchal de Villars avait obtenu l'érection en marquisat de sa terre de Masclas. Il mourut en 1698. Le maréchal obtint au mois de janvier 1705 l'érection des vicomtés de Vaux et de Melun, avec la seigneurie de Mency en *duché* sous le nom de Villars, pour lui, ses enfants et descendants en ligne directe, puis en *duché-pairie* au mois de septembre 1709. L'héritier de la grandesse d'Espagne est aujourd'hui le marquis de Vogüé, représentant la branche aînée de sa maison, qui en avait hérité de la branche de Vogüé-Gourdan, celle-ci héritière du dernier duc de Villars, fils du maréchal, mort sans enfants.

La maison de Villars était originaire de Lyon et connue avant 1500 par filiation suivie, d'après le P. Anselme, t. v. p. 101, depuis Pierre de Villars qui épousa Suzanne Jobert ou Joubert, veuve de Jean Chapoton, fille de Jacques Joubert et d'Agnès du Bourg de Génevray, dont il eut trois fils: 1. François, lieutenant particulier, civil et criminel du présidial de Lyon, mort en 1582, auteur d'une branche éteinte à la troisième génération ; 2. Claude, auteur de la branche des sgrs de la Chapelle, celle du maréchal; 3. Pierre, évêque de Mirepoix, puis archevêque de Vienne, mort en 1590.

D'azur, à trois molettes d'or, au chef d'argent, chargé d'un lion passant de gueules.

1703

Noël Bouton, marquis de Chamilly, chevalier des ordres du roi, gouverneur de Strasbourg, naquit le 6 avril 1636, commença à servir au siège de Valenciennes en 1656, sous le maréchal de la Ferté. Il suivit en Portugal le maréchal de Schomberg et servit quatre années sous ses ordres, prenant part à toutes les actions qui s'y passèrent, notamment à la bataille de Montesclaros, en qualité de capitaine. Il eut un régiment de cavalerie en 1667, et après la paix, en 1668, suivit le duc de la Feuillade en Candie où il fut dangereusement blessé. A son retour il rejoignit son frère le comte de Chamilly, qui commandait un corps d'armée dans le Luxembourg, où il fut fait colonel du régiment de Bourgogne, en 1672, et se distingua dans toutes les actions de cette campagne. Brigadier des armées en 1673, il eut le gouvernement de Grave et soutint, en 1674, un siège de quatre mois dans cette place; il ne la rendit au prince d'Orange qu'après plusieurs ordres réitérés du roi et obtint la plus honorable capitulation qui ait été accordée. Le 18 décembre de cette même année il fut nommé maréchal de camp et gouverneur d'Oudenarde. Blessé deux fois au siège de Gand et à celui d'Ypres, en 1676, il fut fait lieutenant général en 1678. Oudenarde ayant été rendu par la paix de Nimègue il fut pourvu du gouvernement de Fribourg, le 26 février 1679 et de celui de Strasbourg en 1685. Il servit comme lieutenant général à l'armée d'Allemagne en 1691 et commanda l'attaque de Heidelberg qui fut emporté l'épée à la main et força le château à se rendre. Il eut encore de grands succès dans cette campagne et battit un corps de cavalerie commandé par le général Vaubonne. En 1701, le roi lui confia le commandement des provinces de Poitou, d'Aunis et Saintonge où il commanda encore en 1702, et l'année d'après le roi le nomma maréchal de France le 14 janvier 1703. Il fut reçu chevalier des Ordres du roi le 2 février 1705 et mourut à Paris le 8 janvier 1715 en sa 79e année, sans postérité.

Il était fils de Nicolas Bouton, comte de Chamilly, baron de Montagu et de Nanton, gentilhomme de la chambre du roi, maréchal de camp en 1638, conseiller d'Etat en 1645, et de Marie de Cirey, fille de Bénigne, sgr de Magny-sur-Thil, conseiller au Parlement de Bourgogne, et de Marie Jacquot.

Il ép. le 9 mars 1679 Elisabeth du Bouchet, fille unique de Jean-Jacques du Bouchet, sgr de Villeflix, des Tournelles, des Arches et de Bournonville, et de Madeleine d'Elbenne, dont il n'eût pas d'enfants.

Le frère aîné du maréchal, Hérard Bouton comte de Chamilly, maréchal de camp en 1658, aide de camp de la personne du roi dans la conquête de la Franche-Comté, gouverneur du château de Dijon, en 1660, ép. le 2 octobre 1660, au château de Beaumesnil, Catherine le Conte de Nonant, fille de Jacques le Conte, marquis de Nonant, et de Marie Dauvet des Marais. Leur postérité finit par cinq filles à la seconde génération.

La maison Bouton, sgr de Savigny,
du Fay, de Corberon de la Tournelle,
de Chamilly, de Montagu, de Nanton,
de Pierre et de Vauvry, est connue en
Bourgogne depuis N... Bouton, sgr de
Savigny vivant en 1300, dont la postérité a donné des chambellans à la
cour des ducs de Bourgogne, des baillis à Chalon, des capitaines-châtelains
de Sagy, des écuyers de la grande écurie du roi de France, des gentilshommes
de sa chambre, des officiers distingués
aux armées, dont plusieurs maréchaux
de camp, lieutenants généraux, et un
maréchal de France.

De gueules, à la fasce d'or.

1703

Victor-Marie d'Estrées, duc et pair,
vice-amiral de France, chevalier des
Ordres du roi, grand d'Espagne de la
première classe, comte de Cœuvres,
premier baron du Boulonnais, sgr de
Tourpes, vice-roi d'Amérique, lieutenant-général au comté Nantais, gouverneur des ville et château de Nantes,
membre du Conseil de régence, président du Conseil de marine, l'un des
quarante de l'Académie française, né
en 1660, commença de servir en 1678,
sous le maréchal de Créquy, comme
enseigne-colonel du régiment de Picardie; capitaine de vaisseau en 1679,
servit deux ans en cette qualité contre
les Algériens; se trouva au siège de
Luxembourg en 1684, reçut en survivance cette même année la charge
de vice-amiral exercée par son père, le
maréchal d'Estrées, et rang de lieutenant-général à condition qu'il servirait
encore deux campagnes comme capitaine de vaisseau et trois autres comme
chef d'escadre.

Il prit part au bombardement de
Tripoli en 1685 et à celui d'Alger en
1688, sous les ordres de son père ; fut
blessé au siège de Philisbourg en 1688;
commanda comme vice-amiral en 1690
à la bataille gagnée sur les Anglais et
Hollandais à Bevesières, fit une descente en Angleterre et alla finir la
campagne en Allemagne. Il commanda en chef les vaisseaux et galères qui
contribuèrent aux prises de Nice,
d'Oneille et de Villefranche en 1691 ;
il assiégea et prit la ville de Roses en
Catalogne en 1693 et contribua au
siège et à la prise de Barcelone par le
duc de Vendome en 1697. L'appui qu'il
donna aux sujets fidèles de Philippe V
à Naples en 1701 et 1702 lui valut de
la part de ce prince le titre de lieutenant-général de ses mers et celui de
grand d'Espagne. Il accepta avec la
permission de Louis XIV qui voulut y
ajouter la dignité de maréchal de
France, le 14 janvier 1703 ; il fut nommé chevalier des Ordres du roi le 7
février 1705 et prit le nom de maréchal
d'Estrées, après la mort de son père,
étant connu auparavant sous le nom
de maréchal de Cœuvres. En 1707 le
roi lui donna le gouvernement des
ville et château de Nantes, la lieutenance générale du Comté Nantais et la
vice-royauté honorifique d'Amérique;
il fut reçu le 23 mars 1715 à l'Académie française à la place du cardinal
d'Estrées, son oncle, et mourut sans
enfants en 1737.

Il était fils de Jean comte d'Estrées,
maréchal et vice-amiral de France,
chevalier des Ordres du roi et de Marie-Marguerite Morin. Il épousa Louise
de Noailles dont il n'eut pas d'enfants.
Le duché d'Estrées s'éteignit avec lui
et les terres qui le composaient passèrent à sa sœur aînée mariée au fils de
Louvois, dont le fils Louis-Charles-Ma-
rie-César Le Tellier, marquis de Courtanvaux, fut lieutenant-général, puis

maréchal de France en 1757; il épousa 1° Mlle de Champagne la Suze; 2° Mlle Brulart de Puisieulx et mourut en 1771 sans enfants de ces deux unions. En 1763 le roi Louis XV l'avait autorisé par brevet à porter le titre de duc d'Estrées.

Écartelé, aux 1 et 4 fretté d'argent et de sable, au chef d'or, chargé de trois merlettes de sable, qui est d'Estrées; aux 2 et 3 d'or au lion d'azur, couronné et lampassé de gueules, qui est la Gauchie.

1703

François-Louis Rousselet, marquis de Chateauregnaud, chevalier des Ordres du roi, né le 22 septembre 1637, servit dans les armées de terre en 1658 et 1659 et en plusieurs sièges, passa en 1661 dans le service de mer, fut capitaine de vaisseau en 1664 et se distingua en plusieurs occasions par des actions de valeur; chef d'escadre en 1673, combattit avec succès contre la flotte hollandaise commandée par le jeune Ruyter, puis contre l'amiral Eversen. En 1681 il fut fait grand prieur de Bretagne de l'ordre de Saint-Lazare, et lieutenant général des armées navales en 1688; il remporta une victoire complète sur les ennemis à Bantry en Irlande, et fit au retour une prise de sept vaisseaux richement chargés; il commandait l'avant-garde au combat de Bevesières en 1690, et eut la meilleure part au gain de la bataille. Le roi le fit grand croix de l'ordre de Saint-Louis en 1693 et lui donna le commandement de l'armée navale qu'il conduisit de Toulon à Brest malgré les efforts des ennemis. En 1701 le roi d'Espagne le nomma capitaine général de la mer et la même année Louis XIV lui donna la charge de vice-amiral du Levant. Il passa la

même année aux Indes Occidentales avec une flotte de vingt-huit vaisseaux pour s'opposer aux irruptions des flottes combinées d'Angleterre et de Hollande. A son retour en Europe, mal secondé par les Espagnols il fut forcé de se retirer dans le port de Vigo en Gallice, où il mit le feu à ses vaisseaux et les fit sauter plutôt que de les voir tomber aux mains des ennemis, « après néanmoins qu'il eut fait décharger et mettre en sûreté presque tout l'argent et les effets dont sa flotte était chargée. »

Le roi le nomma maréchal de France le 14 janvier 1703; il fut pourvu de la lieutenance générale au gouvernement de la haute et basse Bretagne le 12 avril 1704, et commanda en chef pendant plusieurs années sous l'autorité du comte de Toulouse, amiral de France, gouverneur de cette province; il fut fait chevalier des Ordres le 2 février 1705 et mourut à Paris le 15 novembre 1716; il fut enterré à Saint-Sulpice.

Il était fils de François II Rousselet, marquis de Chateauregnaud et de Louise de Compans, fille de Noël de Compans, sgr d'Arcis et de Villiers sur Orge et de Louise Dreux.

Il ép. le 30 juillet 1684 Marie-Anne-Renée de la Porte, fille unique et héritière de René de la Porte, en Bretagne et de Anne-Marie du Han, dont il eut: 1. François-Louis-Ignace, tué au combat de Malaga en 1704; 2. Anne-Albert, chevalier de Malte de minorité; 3. Emmanuel, qui suit; 4. Andrée-Marie-Dreuse, mariée le 22 mai 1710 à Louis-Jean-Baptiste Goyon de Matignon comte de Gacé, chevalier des Ordres du roi, fils de Charles-Auguste, maréchal de France et de Marie-Elisabeth Berthelot.

Emmanuel Rousselet marquis de Chateauregnaud, capitaine de vaisseau, chevalier de Saint-Louis, lieutenant général de la haute et Basse-Alsace, ép. 1° Marie-Emilie de Noailles, fille d'Anne-Jules, maréchal de France et de Marie-Françoise de Bournonville ; 2° Anne-Julie de Montmorency, fille de Léon, marquis de Fosseux et de Marie-Madelaine-Jeanne de Poussemothe de l'Estoile, dont : 1. Marie-Anne née le 20 octobre 1726, ép. le 13 avril 1746 Jean-Baptiste-Charles comte d'Estaing; 2. Marie-Charlotte, née le 20 septembre 1728, ép. le 15 juin 1752 François de Veragne, comte de Bélestat.

Cette famille était connue depuis François Rousselet, sgr de la Pardieu, de Jaunage et de la Bastie en Dauphiné et de Lille en Normandie, mort avant le 5 novembre 1564, ép. Méraude de Gondy, fille d'Antoine, sgr du Perron et de Marie-Catherine de Pierrevive, sœur du cardinal de Gondy, et du maréchal duc de Retz ; elle survécut à son mari et partagea avec ses frères au mois de février 1574. De ce mariage naquit un fils unique Albert Rousselet filleul d'Albert de Gondy, son oncle, alors comte de Retz ; il fut gentilhomme de la chambre du duc de Savoie en 1583, puis chevalier de l'Ordre du roi et gentilhomme de sa chambre en 1605, conseiller d'Etat en 1616, gouverneur des ville et château de Machecoul et de Belle Isle; il acquit la terre de la Blanchardière en Bretagne et la baronie de Chateauregnauld en Touraine, celle-ci érigée en marquisat par lettres patentes du mois de décembre 1620 et mourut en 1621. Il avait ép. le 1er avril 1585 Madeleine le Mareschal dame de Noyers, fille aînée de Nicolas le Mareschal baron de Noyers, en Normandie, et de Cécile de Croismare, dont François, qui fut le père du maréchal de Chasteauregnaud.

D'or, à un arbre de sinople fruité d'or.

1703

Sébastien le Prestre, chevalier, sgr de Vauban, de Basoches, de Pierre Pertuis, de Pouilly, de la Chaume, et d'Espiry, chevalier des Ordres du roi, commissaire général des fortifications, gouverneur de la ville de Douai et de la citadelle de Lille, né en 1653; commença à servir à l'âge de 17 ans et révéla dès sa jeunesse des talents et un génie extraordinaire pour les fortifications, qu'il fit connaître aux deux sièges de Sainte-Menehould en 1652 et 1653, à Stenay en 1654, à Landrecies, Condé et Saint-Guillain en 1655, à Valenciennes en 1656, à Montmédy en 1657, à Gravelines, Ypres, et Oudenarde en 1658.

Il eut une compagnie au régiment de Picardie en 1663, une lieutenance aux Gardes en 1667, le gouvernement de la citadelle de Lille en 1668. Il fut brigadier des armées du roi en 1674 ; maréchal de camp en 1676; commissaire général des fortifications en 1678 ; gouverneur de Douai en 1680 ; lieutenant-général des armées du roi le 24 août 1688. Il prit une part glorieuse aux sièges et prises de Philisbourg, de Manheim et de Franckenthal sous Mgr le Dauphin. Le roi lui fit présent par une distinction peu ordinaire de quatre pièces de canon à son choix à prendre dans les arsenaux de ces trois places.

En 1689 il eut le commandement de l'armée dans les Flandres, et fut nommé grand-croix de l'ordre de Saint-Louis; il eut le commandement des troupes dans les trois Evêchés et dans la basse Bretagne; il se trouva en 1697 au siège d'Ath, sous le maréchal de Catinat; il y fut blessé et le roi le nomma maréchal de France le 14 janvier 1703, chevalier de ses Ordres le 2 février 1705.

Après la bataille de Ramillies en 1706

il eut le commandement d'un corps de troupes en Flandres avec lequel il conserva en état de défense les côtes de la mer. Il mourut à Paris le 30 mars 1707, âgé de 74 ans.

Son corps fut enseveli en sa terre de Basoches, en Bourgogne.

Il avait porté la manière de fortifier les places, de les attaquer et de les défendre à un degré de perfection auquel personne jusqu'à lui n'était encore parvenu. Il en a fortifié plus de trois cents et a eu la conduite principale et la direction en chef des attaques à cinquante-trois sièges, à vingt desquels le roi Louis XIV commanda en personne et Mgr le Dauphin à trois autres.

Sébastien de Vauban était fils d'Urbain le Prestre, sgr de Vauban, et d'Edmée de Carmignolles, fille de Jean et de Françoise Prévost.

Il ép. le 25 mars 1660 Jeanne d'Osnay, dame d'Espiry, fille de Claude et d'Urbaine de Roumiers, dont il eut deux filles : 1. Charlotte, mariée le 15 novembre 1679 à Jacques de Mesgrigny, comte de Villebertin, fille de Nicolas, sous-lieutenant des gendarmes de la reine, maréchal des camps et armées du roi et d'Edmée-Georgette de Régnier ; 2. Jeanne-Françoise, mariée en janvier 1691 à Louis Bernin de Valentiné, marquis d'Ussé, contrôleur général de la maison du roi, fils de Louis Bernin, sgr de Valentiné, et de Catherine Coudreau.

La maison de Vauban, connue depuis Pierre dit le Prestre, damoiseau, qui émancipa son fils Jean le Prestre en 1388, était originaire de Bourgogne. Un de ses descendants passa en Nivernais, avec Jean II le Prestre, petit fils de Jean Ier, ci-dessus nommé, qui épousa en 1460 Jeanne de Faye, fille de Jacques de Faye écuyer ; Thibaud, né de cette union testa à Nevers le 11

août 1513 ; il avait ép. Héliette de Franay, dont le fils Emery, écuyer, fut le premier seigneur de Vaubau, fief situé dans la paroisse de Bazoches, aujourd'hui commune du canton de Lormes, arrondissement de Clamecy (Nièvre). Sa postérité à la dernière génération se divisa en deux branches. Le maréchal appartenait à la branche cadette qui finit, comme nous l'avons vu par les deux filles du maréchal.

La branche aînée qui a fait les preuves de cour en 1785 s'est éteinte de nos jours avec François-Joseph-Sébastien-Edmond le Prestre, comte de Vauban, grand officier de la Légion d'honneur, général du génie, décédé en 1871, marié à N... Roux du Chatelet, dont il n'a pas eu d'enfants ; la comtesse de Vauban est morte au mois de mars 1889, à Bordeaux. Elle habitait le château de Roux (Pas-de-Calais) et à Evreux (Eure).

La terre de Vauban avait été rachetée par le maréchal à son cousin-germain Paul le Prestre, sgr de Vauban, chef de la branche aînée qui a donné trois lieutenants généraux et des officiers de grand mérite. Au mois d'août 1725, la terre de Saint-Cernin, en Maconnais, incorporée à celle de Boyer fut érigée sous le nom de comté de Vauban en faveur d'Antoine le Prestre, chevalier, lieutenant général des armées du roi, grand-croix de l'ordre de Saint-Louis, gouverneur des ville et château de Béthune, pour lui et ses descendants mâles, dont le dernier est mort en 1871.

D'azur, au chevron d'or, accompagné de trois trèfles de même, à un croissant d'argent mis en chef.

1703

Conrad de Rosen, comte de Bolweiler, dans la haute Alsace, chevalier des

Ordres du roi, entré fort jeune, en 1651, au service de France où il fut attiré par Rainol ou Reinhold de Rosen de Gross-Ropp, lieutenant-général des armées du roi, son parent.

Il était colonel de cavalerie en 1669, se trouva à la bataille de Senef en 1674, et mérita d'être fait seul brigadier ; il continua de servir en Allemagne et fut fait maréchal de camp en 1677 ; il se trouva au siège de Cambray, et servit en Allemagne sous le maréchal de Créquy en 1678 et en Piémont, sous le marquis de la Trousse, lieutenant-général en 1682; il commanda en chef en Languedoc en 1686, lieutenant-général en 1688, eut le commandement des troupes qui passèrent en Irlande en 1692 avec le roi d'Angleterre, qui l'honora du titre de maréchal d'Irlande. Le roi Louis XIV le fit mestre de camp-général de la cavalerie légère en 1690 ; il servit ensuite en Allemagne et en Flandres où il battit les ennemis à la journée de Nerwinde, à la tête de la maison du roi, comme lieutenant-général de l'aile droite. Il commanda l'armée du camp de Compiègne en 1698, qui devait s'opposer à celle de Mgr le duc de Bourgogne, pour apprendre la guerre à ce prince (c'étaient les grandes manœuvres du temps), et fut fait maréchal de France le 14 janvier 1703.

Il avait été fait grand-croix de Saint-Louis au mois de mai 1693 et plus tard chevalier des Ordres du roi le 2 février 1705. Après sa nomination comme maréchal le roi lui permit de vendre sa charge de mestre de camp général de la cavalerie 222,500 livres au marquis de Montperoux. Il mourut en son château de Bolweiler le 3 août 1715, âgé de 87 ans.

Il était fils de Fabien de Rosen, sgr de Klein-Ropp et de Reiskum et de Do-rothée baronne de Kahlen, sa seconde femme.

Il ép. le 3 février 1660, Marie-Sophie de Rosen-Gross-Ropp, fille aînée de Reinhold de Rosen, sgr de Gross-Ropp en Livonie, lieutenant général des armées du roi, lequel se voyant sans enfants mâles appela son parent et lui donna avec tous ses biens sa fille qu'il avait eue de Anne-Marguerite d'Eppe.

Conrad de Rosen, abjura en 1681, avec ses enfants la religion luthérienne dans laquelle il était né. Il eut de son mariage :

1. Reinhold-Charles, qui suit ;

2. Georges-Christophe, page de la grande écurie du roi, en 1681, capitaine au régiment du Roi, infanterie, tué à Nerwinde à l'âge de 23 ans ;

3. Anne-Jeanne, mariée le 13 novembre 1682 à Nicolas-Frédéric, comte de Rottembourg, capitaine dans le régiment du comte de Rosen, son beau-père, régiment qu'il lui céda à l'occasion de son mariage; il devint maréchal de camp et mourut en 1715, laissant de son mariage: a. Conrad de Rottembourg, brigadier des armées du roi, ambassadeur extraordinaire en Espagne, nommé chevalier des Ordres du roi le 11 janvier 1731 ; b. et quatre filles dont trois furent religieuses, et la quatrième ép. le comte de Vaudrey Saint-Remy, en Franche-Comté ;

4. Marie-Sophie, mariée le 18 mars 1684 à Mainrad baron de Planta de Wildenberg, lieutenant-colonel d'infanterie, tué à Nerwinde en 1693, dont deux fils: a. Frédéric-Mainrad; b. Charles-Guillaume.

5-6-7. Et trois filles : Louise-Marie; Jeanne-Renée ; Catherine-Madeleine, religieuses de la Visitation à Nancy.

Reinhold-Charles, né le 10 janvier 1666, capitaine puis colonel du régiment de Rosen, après son beau-frère le comte de Rottembourg, en 1696 ; brigadier en 1704, maréchal de camp en 1709, commandeur de l'ordre de Saint-Louis en 1715, lieutenant-général en 1718 ; ép. le 13 juillet 1698 Marie-Béatrix Octavie de Grammont, en Franche-Comté, fille de Jean-Gabriel comte de Grammont et de Hélène Aymée de Montagu-Boutavant, dont il eut : 1. Conrad, mort à 16 ans ; 2. Anne-Armand né le 19 juillet 1711, qui suit ; 3. Éléonor-Félix, né le 2 septembre 1713, reçu chevalier de Malte de minorité en 1719, qui obtint une commission de capitaine dans le régiment de de son frère, en 1730 ; mestre de cavalerie, mort sans alliance en 1741.

Reinhold-Charles de Rosen obtint des lettres-patentes d'érection de la baronie de Bolweiler en marquisat en 1739 et mourut en 1744.

Anne-Armand de Rosen, marquis de Bolwiller ou Bolweiler, comte d'Ettenwiller, baron de Conflandey, du chef de sa mère, fut mestre de camp d'un régiment de cavalerie allemande de son nom en 1729 ; brigadier en 1740, maréchal de camp en 1744, lieutenant général des armées du roi en 1748 et mourut à Paris le 28 novembre 1749 ; il fut inhumé à Saint Sulpice. Il ép. le 24 juillet 1731 Jeanne-Octavie de Vaudrey, fille unique de Nicolas-Joseph comte de Vaudrey, baron de Saint Rémy, Montot et Beroncourt, et de Charlotte de Rottembourg, dont il eut : 1. Eugène-Octave-Augustin qui suit ; 2. Louise-Jeanne-Charlotte, chanoinesse de Remiremont, et quatre enfants morts en bas âge.

Eugène-Octave-Augustin, comte de Rosen puis marquis de Bollwiller, baron de Conflandey, sgr de Dettvillers, mestre de camp du régiment de Wurtemberg 1749, incorporé dans Royal-Allemand en 1761, chevalier de Saint-Louis en 1758, colonel d'infanterie d'un régiment de son nom en 1762 qui prit le nom de Dauphiné en 1763 ; brigadier puis maréchal de camp, ép. Marie-Antoinette-Louise de Harville de Trainel, dont une fille, Sophie, mariée le 3 février 1779 à Charles-Louis-Victor prince de Broglie, né le 12 septembre 1756.

La maison de Rosen originaire d'Allemagne, est de race chevaleresque, connue depuis les croisades où elle figure dans les ordres Teutonique et des Porte-Glaives.

D'après une attestation de la noblesse du duché de Livonie, donnée au XVIIe siècle, confirmée en 1717 par le czar Pierre-le-Grand, une branche de la maison de Rosen était fixée dans cette province, dès le temps que le christianisme y a été établi. Chrestien de Rosen, chevalier de l'ordre Teutonique, « aussi noble que pieux et vertueux », y était venu d'Allemagne avec beaucoup d'autres chevaliers, qui conquirent cette province après plusieurs combats et la délivrèrent des payens et des idolâtres qui l'occupaient. Les descendants de la maison de Rosen donnèrent de vaillants capitaines aux armées des rois de Suède, et se répandirent en Russie, en Pologne, en Prusse et en France.

D'or, à trois roses de gueules 2 et 1.

Cimier : *Une queue de paon.*

Supports : *Deux belettes.*

1703

Nicolas du Blé, marquis d'Huxelles, sgr de Cormatin, chevalier des ordres du roi, gouverneur de la Haute et Basse-Alsace, des ville et chateau de Châlon-sur-Saône, lieutenant-général au duché de Bourgogne, ministre du conseil de régence et président des affaires étrangères, né en 1652, porta d'abord le titre de comte de Ténare, fut dans sa jeunesse destiné à l'église et pourvu de l'abbaye de la Bussière du vivant de son frère aîné, après la mort duquel il fut nommé capitaine et gouverneur de la ville et citadelle de Châlon en 1669; pendant le siège de Besançon le roi lui donna le régiment d'infanterie vacant par le décès du marquis de Béringhem son cousin; il fut brigadier d'infanterie en 1677 et servit dans l'armée de Flandres en 1678, fut maréchal de camp en 1683, lieutenant-général en 1688, servit au siège de Philisbourg, sous Mgr le dauphin et y fut blessé; le roi nomma chevalier de ses Ordres le 31 décembre 1688; il défendit la ville de Mayence pendant cinquante-six jours de tranchée ouverte et ne la rendit que sur l'ordre exprès du roi le 8 septembre 1689. Il eut le commandement de l'Alsace en 1690 et servit dans l'armée d'Allemagne de 1693 à 1702; il fut fait maréchal de France le 14 janvier 1703. Avec le cardinal de Polignac il fut un des plénipotentiaires du traité d'Utrecht en 1710 et arriva à conclure la paix le 11 avril 1713. Il fut ministre du conseil de régence, président du conseil des affaires étrangères, gouverneur de Strasbourg; conseiller d'Etat du roi en tous ses conseils en 1726; se retira en décembre 1729 et mourut le 10 décembre 1730, sans avoir été marié.

Il était fils de Louis-Chalon du Blé, marquis d'Huxelles, comte de Bussy et de Ténare, sgr de Cormatin, gouverneur de Châlon-sur-Saône, etc., et de Marie de Bailleul, veuve de François de Brichanteau, marquis de Nangis, fille de Nicolas de Bailleul, baron de Château Gontier, sgr de Valetot, de Soisy et d'Etiolles, président à mortier au parlement de Paris, chancelier de la reine, et surintendant de ses finances et de Marie Mallier. De ce mariage naquirent deux enfants : 1. Louis-Chalon, né le 29 août 1648, mort à Candie, sans avoir été marié; 2. Nicolas, qui fut maréchal de France.

Louis-Chalon, le père du maréchal, avait obtenu un brevet de maréchal de France, et un autre pour être chevalier des Ordres, lorsqu'il fut blessé mortellement au siège de Gravelines où il commandait une attaque dans la nuit du 8 au 9 août 1658. Son corps fut porté à Châlon et enterré à côté de celui de son père dans l'église des Minimes.

La maison du Blé est connue depuis Geoffroy (*dominus de Oblato*) vivant en 1235, sgr de Cormatin et de Massilie, en Bourgogne. Cette maison s'éteignit à la fin du XVe siècle dans celle de Laye, également ancienne en Bresse, par le mariage de Catherine du Blé, fille de Claude, sgr de Cormatin et d'Agnès d'Essertines, avec Huguenin de Laye, sgr de Cussy la Colonne et de Mandelot, substitué aux biens, nom et armes de la maison du Blé. Pétrarque du Blé, sgr de Cormatin, né de ce mariage, ép. le 14 octobre 1527 Catherine de Villars, fille aînée de Claude, sgr de Sercy, baron d'Huxelles et d'Anne de Grolée C'est ainsi que la terre d'Huxelles entra dans cette maison. Jacques du Blé son petit fils, maréchal de camp et chevalier des Ordres du roi ou du Saint-Esprit était qualifié marquis d'Huxelles; il mourut d'une mousquetade reçue au siège de Privas en 1629. C'était le grand père du maréchal Nicolas du Blé, marquis d'Huxelles, qui fut le dernier de cette maison.

De gueules, à trois chevrons d'or, qui est du Blé.

1703

René de Froulay, comte de Tessé, baron d'Ambrières, de Châteauneuf et de Vernie, grand d'Espagne, chevalier des Ordres du roi, colonel-général des dragons, général des galères, lieutenant-général des provinces du Maine, du Perche et du pays de Laval, fit ses premières campagnes en 1669 ; il servit en Allemagne sous le maréchal de Créquy, colonel d'un régiment de dragons ; se trouva au siège de Fribourg. En 1683 il commanda en chef dans les provinces de Languedoc et de Dauphiné ; fut mestre de camp général des dragons en 1684, maréchal de camp et chevalier des Ordres du roi en 1688 ; commanda dans le Palatinat, puis en Piémont. Il fut fait lieutenant-général et colonel-général des dragons, en 1692, contribua au gain de la victoire remportée à la Marsaille en 1693, fut chargé des négociations de la paix avec le duc de Savoie et du mariage du duc de Bourgogne, avec la princesse sa fille.

Il accompagna Philippe V jusqu'aux frontières d'Espagne en 1701 et fut fait maréchal de France le 14 janvier 1703 ; grand d'Espagne en 1705, commanda les troupes d'Espagne contre celles du Portugal. Revenu en France il eut le commandement de l'armée du roi en Dauphiné et en Provence contre le duc de Savoie et le prince Eugène qu'il força de lever le siège de Toulon en 1707. Il fut envoyé ambassadeur extraordinaire à Rome en 1708 ; général des galères après la mort du duc de Vendôme en 1712, et s'en démit en 1716 en faveur du chevalier d'Orléans, et mourut le 30 mars 1725.

Il était fils de René, sire de Froulay II du nom, comte de Tessé, lieutenant général des armées du roi, et de Madeleine de Beaumanoir, dame de Maugé, fille du marquis de Lavardin, gouverneur du Maine et de Marguerite de la Baume-Suze.

Il ép. le 10 juin 1674 Marie-Françoise Auber, baronne d'Aunay, près de Caen, fille unique d'Antoine Auber, baron d'Aunay et de Françoise de Villette, dont il eut sept enfants ; son fils aîné, René-Mans de Froulay, comte de Tessé, vicomte de Beaumont et de Frenoy, marquis de Lavardin et de Lessart, grand d'Espagne, chevalier des Ordres du roi, fut lieutenant-général de ses armées, gouverneur du pays du Maine du Perche et Laval, premier écuyer de la reine, etc., ép. le 13 avril 1706, Marie Elisabeth-Claude-Pétronille Bouchu, fille unique d'Etienne-Léonard Bouchu, marquis de Lessart, conseiller d'Etat, et d'Elisabeth Rouillé de Meslay ; sa postérité finit avec : 1. René-Marie, qui fut héritier substitué de Léonard Bouchu son aïeul ; maréchal de camp, chevalier des Ordres du roi, ép. le 26 juin 1755 Adrienne-Catherine de Noailles, fille aînée du duc de Noailles et de Catherine-Charlotte-Françoise de Cossé-Brissac ; 2. Armand-Elisabeth, dit le comte de Froulay, chevalier de Malte, mort à 25 ans, non marié.

La maison de Froulay, originaire du Maine, est connue depuis Guillaume, sgr de Froulay, tué à la bataille de Castillon, gagnée contre les Anglais, en 1453. Elle s'est divisée en deux branches, celle des comtes de Tessé, illustrée par le maréchal de Tessé, et celle des comtes puis marquis de Froulay, représentée au xviiⁱe siècle par Charles-Elisabeth de Froulay, marquis de Froulay, maréchal de camp en 1745, mort de ses blessures reçues à la bataille de Lawfeld en 1747, marié à Gabrielle de la Mothe-Houdancourt, fille unique du maréchal de France de ce nom et de Estelle-Thérèse de la Roche-

10

Courbon, dont il ne laissa pas de postérité.

D'argent, au sautoir de gueules, endenté en bordure de sable.

1703

Nicolas-Auguste de la Baume, marquis de Montrevel, chevalier des Ordres du roi, né en 1645, commença de donner des marques de sa valeur aux sièges de Douai, de Tournay, de Lille et d'Oudenarde en 1667. Il servit ensuite dans les guerre d'Allemagne, sous le maréchal de Turenne, et en Hollande. Il contribua à chasser les ennemis de l'Alsace et le roi lui donna la charge de lieutenant de roi en Bresse, Bugey, Valromey et pays Charolais sur la démission de son père; il servit comme mestre de camp dans les campagnes de Flandres aux sièges de Condé et d'Aire; brigadier de cavalerie en 1677, contribua à la victoire de Cassel; commissaire-général de la cavalerie en 1677, suivit le roi aux sièges de Gand et d'Ypres; se trouva en 1684 au siège de Luxembourg; maréchal de camp en 1688, servit sous les maréchaux d'Humières et de Luxembourg; lieutenant-général en 1693, fit les campagnes d'Allemagne et de Flandres sous les ordres du Dauphin; fut fait maréchal de France le 14 janvier 1703; commanda en chef dans la province de Languedoc, puis en Guienne à la place du marquis de Sourdis; chevalier des Ordres du roi en 1705, retourna en Guienne pour y commander jusqu'en 1716, puis en Alsace et Franche-Comté. Il mourut à Paris le 11 octobre 1716 en sa 74e année et fut enterré à St-Sulpice. Il était fils de Ferdinand de la Baume, comte de Montrevel, lieutenant-général des armées du roi, etc., et de Marie Olier-Nointel. Il avait ép. en 1665 Isabelle de Veyrat de Paulian, dame de Cuisieux, fille de Jean, sgr de Paulian ou Paulhan, en Languedoc, et d'Isabelle de Saint-Gilles, dont il n'eut pas d'enfants.

La maison de la Baume est une des plus anciennes de la province de Bresse, qui a donné des cardinaux, des archevêques de Besançon, deux grands maîtres des arbalétriers, deux maréchaux de France, un maréchal et amiral de Savoie, dix-sept gouverneurs et lieutenants-généraux de provinces, des chanoines comtes de Lyon, deux chevaliers de Saint-Michel sous Louis XII et François Ier; deux du Saint-Esprit, quatre de la Toison d'or, et quatre de l'Annonciade. Elle est connue par filiation depuis 1140. Elle a fait les branches dites de Montrevel, de Mont-Saint-Sorlin, comtes et marquis de Montrevel.

D'or, à la bande vivrée d'azur.

1703

Camille d'Hostun, marquis de la Baume de Tallard, puis duc d'Hostun, né à Lyon le 4 février 1652, commença à servir à quinze ans comme guidon de la compagnie des gendarmes anglais. Le grade de brigadier récompensa sa conduite aux batailles de Mulhouse et de Turckheim en 1674 et 1675.

Il avait pris part à la conquête de la Franche-Comté et fut de toutes les campagnes en Hollande (1676-1678), aux sièges de Courtray, de Dixmude et de Luxembourg (1684), et passa à l'armée d'Allemagne. Il obtint le grade de lieutenant-général le 30 mars 1693, après l'invasion du Palatinat et fut ambassadeur à Londres en 1698.

A la reprise des hostilités il retourna en Allemagne sous les ordres de Boufflers et ses succès lui valurent le bâton de maréchal, dans la promotion du 14 janvier 1703 ; il eut encore l'occasion de se distinguer à la bataille de Spire qui amena la délivrance de l'Alsace.

Investi du commandement en chef de l'armée d'Allemagne en 1704, l'insuffisance de ses plans amena le désastre d'Hochstedt, dans lequel douze mille Français tombèrent sur le champ de bataille et seize mille furent emmenés prisonniers, parmi lesquels le maréchal lui-même. Conduit à Nottingham, près de Londres, Tallard subit une captivité de sept ans.

A sa rentrée le titre de duc d'Hostun lui fut donné par lettres-patentes du mois de mars 1712 (par l'érection du marquisat de la Baume en duché), avec le gouvernement de Franche-Comté.

Maintenu en 1717 au Conseil de régence, il fut ministre d'Etat, membre de l'Académie des sciences et chevalier des Ordres du roi. Il mourut à Paris le 30 mars 1728 et fut enterré dans l'église Sainte-Elisabeth, à la Porte du Temple ; il a été connu sous le nom de maréchal de Tallard.

Il était fils de Roger d'Hostun et de Gadagne, marquis de Charmes et de la Baume, maréchal de camp, sénéchal du Lyonnais, et de Catherine de Bonne, fille d'Alexandre de Bonne, sgr d'Auriac, vicomte de Tallard, et de Marie de Neufville de Villeroy.

Il épousa le 28 décembre 1677, Marie-Catherine de Grolée-Viriville la Tivolière, fille de Charles et de Catherine de Dorgeoise, dont il eut deux fils et une fille :

1. François, brigadier d'infanterie, fut tué à Hochstedt, marié avec sa cousine Charlotte-Louise d'Hostun, sans enfants ;

2. Et Marie-Joseph d'Hostun, baron d'Arlan, puis duc d'Hostun après avoir été prieur du Plessis-Grimond ; il fit bravement la guerre et mérita ainsi de voir ériger en pairie le duché que son père lui laissa en 1715. Il fut brigadier d'infanterie, gouverneur de Besançon, chevalier des Ordres du roi en 1724 ; il ép. Gabrielle de Rohan-Soubise, fille d'Hercule-Mériadec, duc de Rohan-Rohan, pair de France, prince de Soubise, et d'Anne-Geneviève de Lévis-Ventadour, dont il eut : Louis-Charles qui suit ; 3. Catherine-Fernande, mariée en 1704 à Gabriel-Alphonse, marquis de Sassenage, et de Pont-en-Royans, mort en 1706.

Louis-Charles d'Hostun, duc de Tallard, puis duc d'Hostun, par cession de son père en 1731, colonel du régiment de Tallard, ép. le 21 décembre 1732, Victoire de Prie, fille et héritière de Louis, marquis de Prie, brigadier des armées du roi et chevalier de ses ordres et de la fameuse marquise de Prie, née Agnès Berthelot, dont il n'eut pas d'enfants ; il mourut avant son père en 1739.

La maison d'Hostun, sgr d'Hostun, en Dauphiné, est connue par filiation suivie depuis Guillaume d'Hostun, qui fit son testament en 1311. D'après les lettres-patentes de 1712, la maison d'Hostun serait sortie de la maison de Claveson.

Elle a fait les branches des sgrs de la Baume d'Hostun, comtes de Verdun ; et celle des comtes de Tallard, marquis de la Baume d'Hostun, puis ducs d'Hostun et pairs de France, formée par le maréchal et ses descendants.

La branche d'Hostun, dite des comtes de Verdun, finit avec Charlotte-Louise d'Hostun de Gadagne, morte en 1750 dans sa soixante huitième année, mariée à : 1° François d'Hostun, marquis de la Baume, son cousin ; 2° à Renaud-

Constant, dit le marquis de Pons, en Saintonge, dont postérité.

De gueules, à la croix engreslée d'or.

1703

Henri duc d'Harcourt, duc et pair de France, chevalier des Ordres du roi, lieutenant-général de la province de Normandie et de celle de Franche-Comté, gouverneur du vieux palais de Rouen et de la ville de Tournay, capitaine des gardes du corps, commença à servir à l'âge de 18 ans en qualité de cornette dans le régiment du marquis de Thury, son oncle, en 1673, aide de camp du maréchal de Bellefonds, puis du maréchal de Turenne en 1674, à l'armée du Rhin, fit les campagnes d'Allemagne et de Flandres ; fut pourvu en 1677 du régiment de Picardie, prit part aux sièges de Cambray et de Fribourg ; brigadier des armées du roi en 1683, maréchal de camp en 1688 ; commanda la province de Luxembourg en 1690 ; lieutenant-général, gouverneur de Tournay, chevalier de Saint-Louis en 1694, contribua par sa jonction avec le maréchal de Luxembourg à la victoire de Nerwinde ; commanda l'armée de la Moselle en 1695 et 1696, arrêta la marche de l'armée impériale commandée par le landgrave de Hesse ; ambassadeur en Espagne de 1697 à 1700 ; accompagna le roi Philippe V en 1701 et le suivit jusqu'à Madrid ; fut nommé par ce prince chevalier de la Toison d'or, mais il n'accepta cette distinction que pour le comte de Sezanne, son frère. Il reçut le bâton de maréchal de France le 14 janvier 1703 ; capitaine d'une compagnie des gardes du corps et chevalier des Ordres du roi le 2 février 1705. Il eut le commandement de l'armée sur le Rhin et reprit Hagenbach en 1709 ; commanda l'ar-

mée en Flandre et en Allemagne en 1710 et 1711 ; le roi le désigna pour être gouverneur du roi Louis XV ; il fut membre du conseil de régence, et mourut à Paris le 19 octobre 1718, âgé de 64 ans.

Il était fils de François III d'Harcourt, marquis de Beuvron, chevalier des Ordres du roi, et de Catherine Le Tellier de Tourneville, sa première femme.

Il avait épousé le 31 janvier 1687, Marie-Anne-Claude Brulart, fille de Claude Brulart, marquis de Genlis, et d'Angélique Fabert, qui était la seconde femme de son père.

Il avait obtenu l'érection du marquisat de Thury en duché sous le nom d'Harcourt, au mois de novembre 1700, puis en pairie en 1709 ; et a été l'auteur de la branche des ducs d'Harcourt marquis de Beuvron et de Saint-Bris, comtes de Lillebonne.

De gueules, à deux fasces d'or.

1703

Ferdinand, comte de Marchin et du Saint-Empire, marquis de Clermont-d'Entragues, comte de Graville, baron de Dunes, sgr de Maisières et de Modave, gouverneur de Valenciennes, chevalier des Ordres du roi, né à Malines en 1656, vint en France après la mort de son père, n'ayant encore que 17 ans ; servit dans les gendarmes de Flandres en 1673 ; brigadier de cavalerie en 1688, commanda la gendarmerie en Allemagne sous le maréchal de Duras, puis en Flandres sous le maréchal de Luxembourg ; fut blessé à la bataille de Fleurus, 1690 ; maréchal de camp en 1693, servit avec distinction à Nerwinde et à la prise de Charleroi ; chevalier de Saint-Louis en 1695 ; directeur général de la cavalerie de l'armée, servit en Italie, 1696-1697 ; fut

fait lieutenant-général au mois de juin
1701 ; le roi le nomma la même année
son ambassadeur extraordinaire en
Espagne pour accompagner Philippe V;
se trouva au combat de Luzzara où il
eut deux chevaux tués sous lui en
1703 ; rappelé en France la même année le roi le nomma chevalier de ses
Ordres ; servit en Allemagne sous le
maréchal de Villars ; gouverneur d'Aire avec permission d'en disposer ; fit la
campagne d'Allemagne avec le duc de
Bourgogne et se distingua à Brisach,
à Spire, à Landau ; fut nommé maréchal de France le 14 janvier 1703. Il
commanda l'armée en Bavière et fut
blessé à la bataille d'Hochstedt le 15
août 1704 ; l'année suivante il eut le
commandement de l'armée du Rhin
avec le maréchal de Villars, et s'empara de Wissembourg ; fut gouverneur
de Valenciennes, passa en Italie où il
servit sous le duc d'Orléans ; blessé
devant Turin le 7 septembre 1706 ; il
mourut prisonnier des ennemis le 9
septembre et fut enterré dans la cathédrale de Turin.

La maison de Marchin, ou Marcin,
originaire du pays de Liège, est connue
depuis Renebong de Marchin, qui ép.
en 1457 Lente Jeavien, fille de Jean,
écuyer, et de Anne Ahin, alias de
Beaufort. Son fils Colart de Marchin ép.
Jeanne Colon dame de Chanteraine,
dont la postérité au quatrième degré
était représentée par Jean-Gaspard-
Ferdinand, comte de Marchin et du
Saint-Empire, sgr de Chanteraine et
de Modave, chevalier de l'ordre de la
Jarretière, mestre de camp général
aux Pays-Bas pour S. M. Catholique ;
puis lieutenant-général du roi en Catalogne, gouverneur de Stenay : quitta
le service de France pour reprendre
celui d'Espagne ; capitaine général des
armées espagnoles dans les Pays-Bas ;

commanda les troupes anglaises de
terre et de mer, sous les ducs d'Yorck
et de Glocester ; chevalier de l'ordre de
la Jarretière en 1658. L'empereur le
créa comte de Marchin et du Saint-Empire au mois d'août de la même année;
battu par le maréchal de Créquy au
siège de Lille en 1667, il fut contraint
de se retirer derrière la ville de Gand.
Il mourut en 1673 ; il avait épousé Marie de Balsac, seconde fille d'Henry de
Balsac, marquis de Clermont d'Entragues, et de Louise L'Huillier de Bou-
lancourt. Elle devint seule héritière de
tous les biens de sa maison, après la
mort de sa sœur aînée Louise de Balsac, mariée le 3 septembre 1647 à Louis
de Bretagne-Avaugour, comte de Ver-
tus, morte sans enfants en 1682.

De ce mariage vinrent deux enfants:
1. Ferdinand, comte de Marchin, maréchal de France, mort sans être
marié ; 2. Louise-Henriette-Agnès,
morte non mariée.

Ils obtinrent tous les deux au mois
de février 1661 des lettres de naturalité
enregistrées à la chambre des comptes
de Paris.

*Écartelé, aux 1 et 4 d'argent à un
poisson de gueules mis en pal*, qui est
Marchin ; *aux 2 et 3 d'azur à trois sautoirs d'argent 2 et 1 ; au chef d'or, à
trois sautoirs d'azur*, qui est Balsac.

1706

Jacques de Fitz-James, duc de Berwick, de Fitz-James, alias de Warty,
près Clermont en Beauvoisis, de Liria
et de Xerica, au royaume de Valence,
pair de France et d'Angleterre, grand
d'Espagne de 1re classe, gouverneur du
haut et bas Limousin, commandant en
Guienne, etc., chevalier des Ordres du
roi et de ceux de la Jarretière, de la
Toison d'or et de Saint-Louis, né en

1671, commença dès sa plus tendre jeunesse à suivre le parti des armes ; se trouva au siège et à la prise de Bude en Hongrie, en 1686, où il fut blessé ; au commencement de l'année 1687 l'empereur le fit général de bataille de ses armées contre les Turcs. A son retour en Angleterre, dans l'espace de deux ans, le roi son père le créa duc de Berwick, lui donna deux régiments, l'un de cavalerie et l'autre d'infanterie le créa chevalier de la Jarretière, gouverneur de Portsmouth, capitaine de ses gardes et membre du conseil privé en 1689, Forcé de se retirer en France à la suite des évènements d'Angleterre, le roi le nomma lieutenant-général ; il se distingua dans la campagne de Flandres et fut prisonnier à la suite de la bataille de Nerwinde, puis échangé avec le duc d'Ormond.

Nommé capitaine-général des armées du roi Jacques en 1696 il remplit avec éclat les devoirs d'une pareille situation et s'acquitta glorieusement de ses divers commandements.

Après la paix de Riswick il passa définitivement au service de la France et fut colonel d'un des nouveaux régiments Irlandais; servit de nouveau en Flandres en qualité de lieutenant-général de 1701 à 1703.

Le roi lui accorda à la fin de cette campagne des lettres de naturalité, et lui donna le commandement des troupes envoyées au roi d'Espagne. Il se couvrit de gloire dans cette campagne par la prise de cinq villes et forteresses ; le roi d'Espagne le récompensa par la Grandesse de 1re classe en 1704. De retour en France il fut mis à la tête des troupes envoyées en Languedoc contre les Camisards en 1705 et rétablit en peu de temps la tranquillité de cette province. Il eut le commande-

ment en chef des troupes envoyées dans le comté de Nice et s'empara de la ville et de la forteresse le 14 novembre 1705, il soumit le pays sous l'obéissance du roi et fut nommé maréchal de France le 15 février 1706.

Dans une nouvelle campagne en Espagne il prit Carthagène, gagna la fameuse bataille d'Almanza en 1707 et se distingua au siège de Lérida sous le duc d'Orléans. C'est en récompense de ces nouveaux services que le roi d'Espagne lui donna au titre de *duché* les villes de Liria et de Xerica, avec une nouvelle grandesse de première classe pour l'un de ses enfants à son choix. A son retour en France le roi Louis XIV lui donna le gouvernement du Limousin. Il commanda en Flandres sous le duc de Bourgogne et, en 1709, il eut le commandement en chef de la province de Dauphiné où il fit échouer les projets du duc de Savoie ligué avec les Allemands.

Le roi lui accorda l'érection de la terre de Warty en duché-pairie au nom de Fitz-James le 23 mai 1710. Il remporta de nouveaux succès en Flandres avec le duc de Villars ; et revint en Catalogne prendre le commandement en chef comme généralissime des armées des deux couronnes; il prit Barcelone en 1714 après deux mois de siège et fut nommé conseiller du conseil de régence et général en chef de l'armée du roi d'Espagne en 1719. Il avait en 1721 dans sa main le gouvernement militaire des provinces de Guienne, Béarn, Navarre, Limousin, Auvergne, Bourbonnais, Forez, Pays de Foix, Roussillon et partie du Vivarais et réunissait ainsi une autorité que personne n'avait eu avant lui. En 1724 le roi le nomma chevalier de ses Ordres et gouverneur de Strasbourg en 1730 ; il fut tué d'un coup de canon dans la tranchée devant Philipsbourg le 12 juin 1734.

Il était fils naturel de Jacques II, roi de la Grande Bretagne et de Arabelle Churchill, sœur de Jean Churchill duc de Marlborough. Il ép. 1° Henorée de Burck ; 2° Anne de Buckley, fille de Henry et de Sophie Stuart, dame d'honneur de la reine d'Angleterre.

Du premier mariage il eut : Jacques, duc de Léria et de Xérica grand d'Espagne de 1re classe, chevalier de la Toison d'or, gentilhomme de la chambre de S. M. Catholique, colonel du régiment d'infanterie de Limmerick, brigadier des armées du roi d'Espagne, puis maréchal de camp, ambassadeur d'Espagne en Russie, marié à Catheride Portugal-Colomb, fille du duc de Veraguas et la Vega, dont plusieurs enfants (Branche Espagnole).

Du second mariage : 1. Jacques, duc de Fitz-James, gouverneur du Limousin, mestre de camp d'un régiment d'infanterie, mort à Paris en 1721 sans enfants de Victoire-Félicité de Durfort, fille du duc de Duras et d'Angélique-Victoire de Bournonville ;

2. François, abbé de Saint-Victor à Paris ; évêque de Soissons en 1739, mort en 1764 ;

3. Henri, gouverneur du Limousin, colonel du régiment de Berwick, mort en 1731 ;

4. Charles, né en 1712, qui suivra ;

5. Edouard, né en 1712, lieutenant général, mort en 1748 ;

6. 7. Deux fils morts jeunes ;

8. Henriette, ép. en février 1723 Jean-Baptiste-Louis de Clermont d'Amboise, marquis de Renel et de Monglas, comte de Cheverny, gouverneur de Chaumont en Bassigny, mestre de camp d'un régiment d'infanterie ;

9. Louise-Anne, mariée au marquis de Montaigu ;

10. Sophie ;

11. Emilie, mariée au marquis des Cars ;

12. 13 et deux filles mortes jeunes.

Charles comte de Fitz-James, puis duc et pair, en 1764, maréchal de France en 1775, ép. Sophie Goyon de Matignon. C'est de ce mariage que sont issus les ducs de Fitz-James d'aujourd'hui, par Jean-Charles, marié à Marie de Thiard de Bissy, dont Edouard, marié à N... de la Touche, dont Jacques, pair de France, marié à Marguerite de Marmier, père du duc actuel.

Ecartelé, aux 1 et 4 contrecartelé de France et d'Angleterre ; *au 2 au lion de gueules dans un double trécheur fleurdelysé de même, qui est d'Ecosse ; au 3 d'azur à la harpe d'or, qui est d'Irlande ; à la bordure renfermant tout l'écu componé de 16 pièces ou compons, 8 d'azur et 8 de gueules ; les compons d'azur chargés chacun d'une fleur de lis d'or, et ceux de gueules d'un léopard d'or.*

Devise : *1689 semper et ubique fidelis, 1789.*

1708

Charles-Auguste Goyon de Matignon comte de Gacé, baron de Briquebec, de Blosseville, de la Houlette et d'Orglandes, gouverneur et lieutenant-général pour le roi du pays d'Aunis, de La Rochelle et de l'île de Ré, etc., servit jeune sous le nom de chevalier de Thorigny, capitaine de cavalerie au régiment de Longueville en 1667, passa en Candie où il fut blessé, servit en Hollande sous Condé en 1673, en Allemagne sous le maréchal de Turenne, colonel du régiment de Vermandois, se trouva au combat de Turckheim ayant pris le nom de comte de Gacé, après la mort de son frère; se trouva au siége de Limbourg, à la bataille de Trèves, sous le maréchal de Créquy ; au siège de Condé et à celui de Bouchain en 1676 ; au siège de Luxembourg en 1684 ; gouverneur d'Aunis ; eut ordre de suivre le roi d'Angleterre en Irlande en qualité d'aide de camp ; servit à son retour dans l'armée de Flandres sous le maréchal de Luxembourg et fut nommé lieutenant général le 10 mai 1693. Il suivit le duc de Bourgogne en Flandres en 1702, et l'année suivante le maréchal de Villeroy ; prit part à divers sièges sous le duc de Vendôme. Le roi lui donna le commandement des troupes qui accompagnaient en 1708 le roi d'Angleterre en Écosse et le brevet de maréchal de France le 18 février 1703 avec la qualité d'ambassadeur extraordinaire. Cette expédition n'ayant pas eu le succès qu'on en attendait, il revint en France, continua à servir en Flandres sous le duc de Bourgogne et le maréchal duc de Vendome, au combat d'Oudenarde, chevalier des Ordres du roi le 2 février 1724, mourut à Paris le 6 décembre 1729 et fut enterré aux Carmélites du faubourg Saint-Jacques.

Il était le second fils de François de Goyon, sire de Matignon, comte de Thorigny, et d'Anne Malon de Bercy. Il fut l'auteur de la branche des comtes de Gacé ; il avait épousé le 8 avril 1681 Marie-Elisabeth de Berthelot. Cette branche s'est éteinte avec l'arrière petit-fils du maréchal décédé à Naples en 1783, marié à Marie-Elisabeth-Emilie le Tonnelier de Breteuil, dont une fille unique, Anne-Louise-Caroline de Goyon de Matignon, duchesse de Montmorency, décédée à Paris le 27 mars 1846.

D'argent, au lion de gueules, armé lampassé et couronné d'or.

Devise : *Honneur à Gouyon.*

1709

Jacques Bazin, sgr de Bezons, chevalier des Ordres du roi, gouverneur de la ville et citadelle de Cambray, grand'-croix de l'Ordre de Saint-Louis, commença à servir en Portugal sous le comte de Schomberg en 1667 ; après la paix de Portugal il servit en Catalogne comme aide de camp de M. du Passage qui commandait l'armée ; il passa en Candie avec le duc de la Feuillade en 1668 ; capitaine de cavalerie dans le régiment des cuirassiers en 1671 il se trouva au passage du Rhin et à toutes les actions de ce régiment jusqu'en 1674 ; colonel de cavalerie il servit dans l'armée de Flandres jusqu'à la paix de Nimègue en 1678. Il servit au siège de Philisbourg en 1688 comme brigadier, prit part au combat de Walcourt en 1689 et à la bataille de Steinkerque en 1690. Il fut fait maréchal de camp en 1693 ; puis directeur général de la cavalerie; à la bataille de Nerwinde il commandait un corps de réserve et continua de servir jusqu'à la paix de Riswick en 1697. Gouverneur de Gravelines ; il reprit la place de Ath occupée par les Hollandais en 1700. Attaché au corps d'armée du maréchal de Villeroy il le suivit en Allemagne puis en Italie et se trouva au combat de Chiary. Lieutenant-général en 1702, il servit sous le duc de Vendôme dans la campagne d'Italie et fut nommé commandant de la place de Mantoue. Il prit part à toutes les actions de cette guerre, au passage du Pô, aux sièges de Verceil, d'Yvrée et de Verrue et fut fait grand'croix de l'Ordre de Saint-Louis en 1704. Il eut le commandement de l'armée qui gardait la frontière depuis Genève jusqu'à l'embouchure du Rhône pour s'opposer, avec le maréchal de Tessé, à l'entrée des ennemis en France. Il se trouva avec lui à l'action de Sainte-Catherine et à la levée du siège de Toulon. Il resta en Provence jusqu'en 1708.

Il fut nommé cette même année gouverneur de la ville et citadelle de Cambray, puis envoyé en Espagne sous les ordres du duc d'Orléans et assista au siège et à la prise de Tortose. Le roi le nomma maréchal de France le 5 mai 1709. L'année d'après il eut le commandement des troupes assemblées sur la Moselle et ensuite de celles de l'armée du Rhin avec le maréchal d'Harcourt.

Il commanda au siège de Landau qui fut pris le 20 août 1713; il entra comme conseiller au Conseil de régence en 1715 et fut reçu chevalier des Ordres du roi en 1724; mourut le 22 mai 1733 à l'âge de 80 ans.

Il était fils de Claude Bazin, sgr de Bezons, qui fut avocat général au Grand Conseil en 1639, conseiller d'Etat en 1648, intendant du Soissonnais, puis de Languedoc où il demeura 20 ans; il reprit sa place au Conseil en 1673 et mourut en 1684, doyen de l'Académie française. De son mariage le 10 novembre 1641, avec Marie Target, fille de Louis, secrétaire du roi, Claude Bazin, sgr de Bezons, avait eu six enfants :

1. Louis Bazin de Bezons, conseiller au parlement de Metz, puis de Paris en 1668, maître des requêtes, conseiller d'Etat en avril 1686, et successivement intendant des provinces de Limousin, d'Orléanais en 1681, de Lyon, 1684, de Bordeaux en 1686, où il mou-

rut le 9 août 1700, sans postérité de Jeanne de Guénegaud, fille de Jean-François, maître des requêtes, ambassadeur en Portugal, chancelier de l'Ordre de Saint-Lazare, mort à Paris le 29 mai 1720 à l'âge de 80 ans;

2. Jacques Bazin de Bezons, maréchal de France, qui suit;

3. Omer, chevalier de Malte, en 1661;

4. Armand, évêque d'Aire en 1685, archevêque de Bordeaux en 1698, puis de Rouen en 1719, mort en 1721;

5. Suzanne, mariée à Louis le Blanc, maître des requêtes;

6. Marie, religieuse, prieure perpétuelle du monastère du Bon-Secours, au faubourg Saint-Antoine à Paris.

Jacques Bazin de Bezons, maréchal de France, ép. en 1694 Marie-Marguerite le Menestrel, fille d'Antoine, secrétaire du roi, grand audiencier de France et de Marguerite Barbier du Metz, dont il eut sept enfants :

1. Louis-Gabriel marquis de Bezons, qui fut mestre de camp d'un régiment de cavalerie, gouverneur de Cambray, maréchal de camp en 1738, ép. le 28 novembre 1723 Marie-Anne des Maisons dont il eut :

a. Jacques-Gabriel, qui suit;

b. Alexandre-Louis;

c. Marie-Marguerite-Françoise, mariée le 16 mars 1743 à Henri de Poudenx;

d. Françoise-Gabrielle-Jacqueline;

e. Louise-Josephe, ép. le 7 mai 1753 Philippe-Jacques d'Hericy, marquis de Vaussieux;

2. Armand, évêque de Carcassonne en 1730;

3. Jacques-Etienne, capitaine de cavalerie dans le régiment de son frère;

4. Marie-Suzanne, ép. en janvier 1716 Jean-Hector *alias* Henri de Fay

de la Tour-Maubourg, brigadier des armées du roi ;

5. Marie-Marguerite ép. Jean-Claude de Lastic, marquis de Saint-Jal, vicomte de Beaumont ;

6. Louise-Jeanne, religieuse au monastère de Bousecours ;

7. Catherine-Scholastique ép. Hubert-François d'Aubusson, dit le comte de la Feuillade.

La famille Bazin originaire de la Champagne est connue, d'après le P. Anselme, depuis Claude Bazin, sgr du Fayel qui épousa Marie Chanterel, dame de Bezous, fille de Guillaume, sgr de Bezons et de Champigny.

De ce mariage vint un fils Claude, trésorier de France au bureau des finances de Chalons en Champagne, marié à Suzanne Talon, fille d'Omer Talon, avocat au parlement, maître des requêtes de la Reine Marguerite et de Suzanne Choart mariée le 9 février 1616. Son petit-fils était le maréchal de Bezons.

Jacques-Gabriel Bazin, marquis de Bezons, maréchal de camp en 1758, lieutenant-général le 25 juillet 1762, ép. le 18 septembre 1752 Anne-Marie de Briqueville, fille d'Henri, marquis de la Luzerne, et de Marie-Anne-Catherine Boutet de Guignonville dont : Armande-Marie-Gabrielle, née le 26 juillet 1753 ; 2. Gabriel-Jacques, né le 21 février 1755.

De Jacques-Gabriel, marquis de Bezons, seigneur de Maisons, qui prit part aux assemblées de la noblesse de Bayeux, en 1789 naquit une autre fille Clémence, restée unique, qui ép. le 22 octobre 1816 François-Julien, marquis de Nettancourt, colonel dans la garde royale.

L'abbé de Champigny, prêtre, chanoine de la Sainte-Chapelle royale du Palais à Paris, prieur de St-Pierre de Mont-de-Marsan au diocèse d'Aire, mort le 31 août 1736 âgé de 78 ans, était de la même famille et cousin issu de germain, dit le P. Anselme, du feu maréchal de Bezons.

D'azur, à trois couronnes ducales d'or 2 et 1.

1709

Pierre de Montesquiou d'Artagnan, chevalier des Ordres du roi, gouverneur de la ville et château d'Arras, lieutenant-général en Artois, directeur général de l'infanterie, fut élevé page du roi en sa petite écurie en 1660, porta le mousquet au siège de Pignerol en 1665, servit dans les mousquetaires en Hollande pendant la guerre contre l'évêque de Munster, puis aux sièges de Douay, de Tournay, de Lille et de Besançon ; il servait dans le régiment des gardes en 1662 pendant la guerre de Hollande, au combat de Senef en 1674. Le roi l'envoya en 1682 dans toutes les places du royaume pour faire observer par l'infanterie un exercice uniforme que S. M. avait elle-même réglé. Il fut major-général de l'armée de 1683 à 1688 ; puis nommé brigadier d'armée et envoyé en 1689 à Cherbourg menacé d'une descente par le prince d'Orange. Maréchal de camp en 1691, il servit aux sièges de Mons, de Namur, au combat de Steinkerque en 1692, à la bataille de Nerwinde en 1693 dont il apporta la nouvelle au roi qui lui donna le gouvernement de la ville et citadelle d'Arras, la lieutenance générale de la province d'Artois avec un régiment d'infanterie ; lieutenant-général des armées le 3 janvier 1696 et directeur général de l'infanterie en Flandres et dans les Pays-Bas. Il commanda ensuite en Brabant et continua la guerre en ce pays auprès du duc de Bourgogne ; il commanda l'infanterie de l'aile droite à la bataille de Malplaquet où il eut trois chevaux tués sous lui pendant la retraite menée en si bon ordre que les ennemis ne purent l'entamer. C'est après cette action que le roi l'honora de la dignité de maréchal de France le 20 septembre 1709. Il servit en Flandres en 1710 avec le maréchal duc de Villars. En 1712 il eut une grande part dans les avantages remportés à Denain, à Marchiennes, à Douay, au Quesnoy et à Bouchain. Il commanda en Bretagne depuis 1716 jusqu'en 1720, entra au Conseil de régence le 16 juin 1720 et fut nommé au mois d'octobre commandant en Languedoc, Provence et Cévennes ; il mourut au Plessis-Piquet, près Paris où il fut enterré, le 12 août 1725, âgé de 85 ans.

Il était le 4e fils d'Henri de Montesquiou, sgr de Tarasteix, et de Jeanne de Gassion, fille de Jacques de Gassion, président au parlement de Navarre et de Marie d'Esclaux ; sœur de Jean de Gassion, maréchal de France.

Il ép. 1° Jeanne de Peaudeloup, sans enfants ; 2° Elisabeth L'Hermitte d'Hiéville, fille unique de Philippe L'Hermitte, sgr d'Hiéville en Normandie et de Marie-Catherine d'Angennes de la Loupe, dont il eut : 1. Louis, né le 6 janvier 1701, colonel d'infanterie en 1717, mort le 5 juillet de la même année de la petite vérole ; 2. Catherine Charlotte, morte à l'âge de deux ans.

Les branches actuelles de la maison de Montesquiou, dites de Fézensac et d'Artagnan, descendent de Henri de Montesquiou frère aîné du maréchal.

La nomination du maréchal de Montesquiou d'Artagnan, en 1709, fut la dernière faite par le roi Louis XIV.

D'or, à deux tourteaux de gueules, posés l'un sur l'autre en pal.

TABLE ALPHABÉTIQUE DES NOMS

CONNÉTABLES DE FRANCE

Adam, 1079................................. 8
Adel, Adelme ou Aleaume, 1071....... 8
Albéric, 1060.............................. 7
Albert de Luynes, 1621 (Charles d')... 17
Albret, 1402 (Charles, sire d')........ 14
Armagnac, 1415 (Bernard VII, comte d'). 14
Artois, 1271 (Robert d').............. 10
Artois, comte d'Eu, 1392 (Philippe d').. 13
Baudry ou Balderic, 1065.............. 7
Beaujeu, 1240 (Humbert V, sire de)... 9
Beaujeu, 1277 (Humbert de)........... 10
Bonne, duc de Lesdiguières, 1622 (François de)............................... 17
Bourbon, comte de la Marche, 1354 (Jacques de)................................ 12
Bourbon, 1483 (Jean II, duc de)...... 16
Bourbonnais, 1515 (Charles III, duc de). 16
Bretagne, 1425 (Artus III, duc de)..... 15
Brienne, 1329 (Raoul Ier de)........... 11
Brienne, 1344 (Raoul II de).......... 11
Brienne, 1356 (Gauthier VI, comte de). 12
Burchard, 807............................ 7
Castille, dit d'Espagne, 1351 (Charles de)...................................... 11
Chatillon, 1302 (Gautier ou Gaucher de). 11
Chaumont, 1107 (Gaston de).......... 8
Chaumont, 1108 (Hugues de).......... 8
Clermont en Beauvoisis, 1174 (Raoul Ier comte de)............................ 8
Clermont de Necle, 1285 (Raoul de).... 10
Clisson, 1380 (Olivier IV, sire de)..... 13
Fiennes, sire de Tingry, 1359 (Robert de)...................................... 12
Gautier, 1069............................ 7
Guesclin, 1370 (Bertrand du)......... 12
Lorraine, 1418 (Charles duc de)....... 15
Luxembourg, 1411 (Valeran de)....... 14
Luxembourg, 1465 (Louis de)......... 15
Mello, 1194 (Dreux de)............... 9
Montfort l'Amaury, 1231 (Amaury VI, comte de)............................. 9
Montmorency, 1083 (Thibault de)..... 8
Montmorency, 1138 (Mathieu Ier de)... 8
Montmorency, 1218 (Mathieu II de)... 9
Montmorency, 1538 (Anne duc de)..... 16
Montmorency, 1593 (Henri I duc de)... 16
Neauphle-le-Chatel, 1174 (Simon, sgr de) 8
Sancerre, 1397 (Louis de)............. 14
Stuart, 1424 (Jean)................... 15
Trasignies, 1248 (Gilles dit le Brun, sgr de)...................................... 10

MARÉCHAUX DE FRANCE

Albert, duc de Chaulnes, 1619 (Honoré d') 83
Albon de Saint-André, 1547 (Jacques d') 52
Albret, 1452 (Jean d').................. 40
Albret, comte de Miossans, 1653 (Charles-Phébus d')........................ 112
Aloigny, marquis de Rochefort, 1675 (Henry-Louis d')....................... 125
Amboise, 1506 (Charles d')............ 44
Annebaut, 1538 (Claude d')........... 48
Anselin ou Anselme, 1067............. 19
Armagnac, 1461 (Jean bâtard d')...... 41
Arras, 1202 (Nevelon d')............... 20
Aubusson, duc de La Feuillade, 1675 (François d').......................... 123

TABLE 159